JOHN ECKHARDT

MANUAL

de LIBERACIÓN y GUERRA ESPIRITUAL

CASA CREACIÓN
Para vivir la Palabra

Para vivir la Palabra

MANTÉNGANSE ALERTA;
PERMANEZCAN FIRMES EN LA FE;
SEAN VALIENTES Y FUERTES.
—1 CORINTIOS 16:13 (NVI)

Manual de liberación y guerra espiritual por John Eckhardt
Publicado por Casa Creación
Miami, Florida
www.casacreacion.com
Copyright © 2021 por Casa Creación

Library of Congress Control Number: 2014940782
ISBN: 978-1-62136-852-6
E-book ISBN: 978-1-62136-923-3

Desarrollo editorial: Grupo Nivel Uno, Inc.
Diseño interior y adaptación genereal: *Grupo Nivel Uno, Inc.*

Publicado originalmente en inglés bajo el título:
Deliverance and Spiritual Warfare Manual
Published by Charisma House, A Charisma Media Company,
Lake Mary, FL 32746 USA
Copyright © 2014 John Eckhardt
Todos los derechos reservados.

Visite la página web del autor: www.johneckhardtministries.com

Nota de la editorial: Aunque el autor hizo todo lo posible por proveer teléfonos
y páginas de Internet correctas al momento de la publicación de este libro, ni la
editorial ni el autor se responsabilizan por errores o cambios que puedan surgir luego
de haberse publicado.

Impreso en Colombia

21 22 23 24 25 LBS 9 8 7 6 5 4 3 2 1

CONTENIDO

Introducción: Repose de todos sus enemigos. 5

PARTE 1:
ENTIENDA la BENDICIÓN de la LIBERACIÓN
1. La liberación es una expresión de la misericordia
   y de la compasión de Dios 10
2. El pan de los hijos 17

PARTE 2:
SAQUE la VIGA de su PROPIO OJO
3. ¿Necesita liberación? 26
4. ¡Sacúdase y libérese! 38

PARTE 3:
MINISTRE LIBERACIÓN
5. Sane a los que necesitan ser curados 56
6. ¡Échelo fuera! 68
7. El conocimiento trae liberación 83

PARTE 4:
PREPARARSE PARA LA BATALLA ESPIRITUAL
8. La batalla está lista 90
9. Las armas de nuestra milicia, parte 1 98
10. Las armas de nuestra milicia, parte 2 109
11. Destruya demonios obstinados y fortalezas difíciles 124

PARTE 5:
ATE al HOMBRE FUERTE

12 Doble ánimo: El plan maestro de Satanás
    para destruir a la humanidad 136
13 Leviatán, rey del orgullo................................ 150
14 Behemot 161
15 Belial, el gobernador maligno........................... 167
16 Demonios marinos y otros espíritus animales............. 181
    Conclusión:
    La liberación y la guerra espiritual
    hacen avanzar el Reino de Dios 196
    Apéndice A:
    Estrategias del ministerio y la guerra espiritual
    para situaciones específicas 203
    Apéndice B:
    Recursos de guerra espiritual, oración y liberación
    recomendados 213
    Glosario:
    Términos de liberación y guerra espiritual 214
    Notas 251

Introducción

REPOSE DE TODOS SUS ENEMIGOS

Ahora Jehová mi Dios me ha dado paz por todas partes;
pues ni hay adversarios, ni mal que temer.
—1 REYES 5:4

EL LIBRO DE Jueces (traducido como "libertadores") nos muestra la misericordia de Dios para liberar a Israel de sus enemigos. El resultado fue que la tierra tuvo reposo.

Entonces clamaron los hijos de Israel a Jehová; y Jehová levantó un libertador a los hijos de Israel y los libró; esto es, a Otoniel hijo de Cenaz, hermano menor de Caleb. Y el Espíritu de Jehová vino sobre él, y juzgó a Israel, y salió a batalla, y Jehová entregó en su mano a Cusan-risataim rey de Siria, y prevaleció su mano contra Cusan-risataim. *Y reposó la tierra* cuarenta años; y murió Otoniel hijo de Cenaz.

JUECES 3:9 11, ÉNFASIS AÑADIDO

Así fue subyugado Moab aquel día bajo la mano de Israel; y reposó la tierra ochenta años.

—JUECES 3:30

Así perezcan todos tus enemigos, oh Jehová; Mas los que te aman, sean como el sol cuando sale en su fuerza. Y la tierra reposó cuarenta años.

—JUECES 5:31

No debería haber temor alrededor del ministerio de liberación en usted o en alguien más. El temor es lo que usa el enemigo para evitar que busquemos liberación y seamos hechos libres para encontrar reposo en Cristo. ¡El día en que usted puede ser hecho libre de todos sus enemigos espirituales y luego ser equipado para mantenerse libre es un buen día! La liberación está diseñada para hacerlo entrar en reposo. La liberación de los demonios lo hará entrar en reposo.

El reposo es paz (*shalom*) y prosperidad. *Paz* es una palabra todo incluyente que abarca prosperidad, seguridad, salud, protección, ser fructíferos y abundancia. Según la definición hebrea, podemos sustituir la palabra *prosperidad* con *shalom* (paz).

La religión nos ha condicionado para creer que la vida debería estar llena de problemas y que un día por allí nos iremos al cielo y que entonces tendremos paz y reposo de todos nuestros enemigos. La paz y el reposo no es solamente para el cielo, sino también para aquí y ahora en la Tierra. No es algo que vendrá un día. Está aquí y es suyo. Jesús es el Príncipe de Paz, y mora en su corazón a través de la persona del Espíritu Santo. Su paz es sobrenatural. Ya está hecho. Todo lo que tiene que hacer es caminar en fe y es suyo. Sus días no deberían estar llenos de problemas. Eso no significa que no vayan a haber problemas, pero puede levantarse y decirle a los problemas que se vayan. Usted no tiene que vivir una vida de preocupación y ansiedad. La paz es suya. La prosperidad es suya. Incluso cuando vengan los problemas, no deberían quitarle su paz. La paz es lo que usted tiene como santo de Dios.

El evangelio es que Jesucristo vino y murió para que usted pudiera experimentar el *shalom* de Dios. El castigo—el precio—de nuestra paz fue sobre Él. Fue golpeado y crucificado para que pudiéramos tener paz. Todos los que creen y vienen bajo el gobierno del Mesías pueden tener paz.

Usted puede tener prosperidad y vivir en seguridad, y todas las malas bestias serán expulsadas de su vida. Usted no será atormentado por los demonios. Usted tendrá la bendición de Dios. Es la garantía de su pacto de paz. Le pertenece a los santos de Dios. Así que no importa lo malas que lleguen a ser las noticias, no permita que el diablo le quite su paz y su *shalom*.

No importa que esté sucediendo, diga: "Jehová *Shalom*, tú eres mi paz. Eres mi prosperidad. Eres el que me da *shalom*. Me rehúso a ser atormentado por el diablo, a ser molestado, acosado, oprimido, empobrecido o quebrado. Me rehúso a no tener la paz de Dios porque Jesús fue castigado por mi paz. Soy un santo de Dios. Estoy en un pacto. Tengo derecho a la paz. Puedo caminar en ese pacto. Caerán a mi lado mil, y diez mil a mi diestra; mas a mí no llegará porque tengo un pacto de shalom".

Si usted se llama hijo de Dios, pero no experimenta paz y reposo, y su vida está rodeada de mucha contienda y confusión, algo anda mal. Necesita estar al tanto de quién es usted en Cristo, la autoridad que le ha dado y el arsenal de armas con las que lo ha equipado para luchar y ganar su paz de vuelta. La paz es su derecho como hijo de Dios.

Algunas veces podemos estar tan inmersos en el conflicto que comenzamos a pensar que es normal tener problemas. Algunos no consideran estar viviendo a menos que sea difícil. Pero eso no es por lo que Jesús murió para que usted tuviera. Él dice:

Venid a mí todos los que estáis trabajados y cargados, y yo os haré descansar.

—MATEO 11:28

Dios nos da reposo de nuestros enemigos y convierte nuestra tristeza en gozo.

Como días en que los judíos tuvieron paz de sus enemigos, y como el mes que de tristeza se les cambió en alegría, y de luto en día bueno; que los hiciesen días de banquete y de gozo, y para enviar porciones cada uno a su vecino, y dádivas a los pobres.

—ESTER 9:22

Dios le dio a David reposo de sus enemigos.

Aconteció que cuando ya el rey habitaba en su casa, después que Jehová le había dado reposo de todos sus enemigos en derredor.

—2 Samuel 7:1

Jesús liberó a un hombre de un demonio en día de reposo en la sinagoga (Marcos 1:21–25). El día de reposo es una imagen del reposo que se encuentra en Cristo. Jesús desató a una mujer del poder de Satanás en día de reposo (Lucas 13:16).

Usted puede tener una buena vida. Este libro le dará las herramientas y las armas que necesita para ordenar tener buenos días en su vida, para estar en paz y lleno de bendición y prosperidad. Será fortificado y facultado para hablar bendición y prosperidad sobre sus vecinos, sus atribulados familiares y sus compañeros de trabajo. Usted entonces no solamente tendrá paz en su vida, sino que también se convertirá en un pacificador.

La gente próspera es gente llena de paz. Son bendecidos. Tienen más que suficiente. Aman la vida y ven días buenos. Son ciudadanos del Reino de Dios celestial porque han sido redimidos de las maldiciones del pecado y de la muerte.

El Señor también ha ordenado paz y reposo hacia usted. Ha establecido la victoria para usted sobre todo poder del enemigo. Los demonios son enemigos. Son enemigos de la paz, el gozo, la salud y la prosperidad. La liberación le dará reposo y la guerra espiritual le dará el entrenamiento, las estrategias y la resistencia para que pueda seguir viviendo abundantemente bajo las bendiciones de pacto de Dios.

ENTIENDA la BENDICIÓN de la LIBERACIÓN

PARTE 1

Capítulo 1

LA LIBERACIÓN ES UNA EXPRESIÓN DE LA MISERICORDIA Y DE LA COMPASIÓN DE DIOS

Bendito el Señor Dios de Israel, que ha visitado y redimido a
su pueblo, y nos levantó un poderoso Salvador en la casa de
David su siervo, como habló por boca de sus santos profetas
que fueron desde el principio; salvación de nuestros enemigos,
y de la mano de todos los que nos aborrecieron; para hacer
misericordia con nuestros padres, y acordarse de su santo pacto.
—LUCAS 1:68–72

CUANDO VINO JESÚS, vino a traer juicio, pero también vino para traer misericordia: salvación, liberación, sanidad que son todas manifestaciones de la misericordia de Dios. Algunas veces pensamos que nuestra liberación y sanidad están basadas en lo que hacemos y no hacemos, pero nuestra liberación y sanidad están basadas en la misericordia de Dios, la benevolencia de Dios y la lealtad de Dios a su pacto. Dios está conectado con usted; y ha hecho un pacto con usted a través de Jesucristo.

Lucas 1:67–72 (citado arriba) está diciendo que la salvación vino a Israel porque Dios recordó su pacto con Abraham y que Dios estaba por llevar a cabo la misericordia prometida a Abraham.

Y sigue diciendo: "Del juramento que hizo a Abraham nuestro padre, que nos había de conceder que, librados de nuestros enemigos, sin temor le serviríamos en santidad y en justicia delante de él, todos nuestros días" (vv. 73–75).

Así que vemos la misericordia conectada con el pacto. Dentro del pacto hay misericordia, benevolencia, compasión, perdón, sanidad, liberación, redención.

Jesús fue la promesa y el cumplimiento del pacto. Usted puede ver que su ministerio en la Tierra estuvo lleno de las obras del pacto. En Juan 10:31–38 Jesús habla acerca de las obras que estaba haciendo. Estaba sanando a los enfermos y echando fuera demonios, haciendo las obras de su Padre y muchos judíos no entendieron lo que estaba sucediendo. Pero Él aclaró en este pasaje que estas eran las obras del Padre. Aclaró que lo que estaba haciendo no había sido hecho por su propia cuenta. Lo que hizo fue una extensión del Padre: sanando, liberando, rescatando y dejando ir libre a la gente. No estaba haciendo estas cosas en su propio poder. Las estaba haciendo por la unción y el poder del Espíritu de Dios. Estaba cumpliendo el pacto que Dios el Padre hizo con Abraham. La misericordia de Dios estaba siendo revelada a través de las obras de Cristo:

- Sanando a los enfermos.
- Echando fuera demonios.
- Resucitando muertos.
- Limpiando a los leprosos.
- Abriendo los ojos al ciego.
- Destapando los oídos del sordo.
- Soltando lenguas mudas.

La misericordia de Dios estaba manifestándose a través de Jesús: la misericordia, la compasión, la benevolencia de Dios por Israel; su amor salvándolos, sanándolos, liberándolos y restaurándolos. Jesús les demostró—a ellos y a nosotros—que Él es la representación de Dios, quien está preocupado por los que sufren, los enfermos, los lastimados, los que están sangrando y muriendo. Jesús fue una manifestación visible de misericordia: misericordia en acción. Todo gracias al pacto de Dios con Abraham; esta misma manifestación de misericordia ahora viene a usted.

DIOS ES FIEL A SU PACTO

Dios no puede romper el pacto. Es imposible para Dios mentir. No puede detractarse de esa palabra. Dios no puede mentir. Dios es absolutamente fiel y comprometido con el pacto. Este es uno de los aspectos esenciales de Dios. Él es leal con su pueblo. Él jamás violará el pacto. Él no traicionará a su pueblo.

Podemos confiar y depender del pacto de Dios porque Él está comprometido con sus promesas. Cuando se hace un pacto, la persona que entra en él jura por alguien mayor que sí mismo. Esto era así porque si el pacto se rompía alguna vez, esa persona sería juzgada y tendría que rendirle cuentas a esa otra persona mayor que él. Cuando Dios primero estableció su pacto con Abraham hizo un juramento, y como no pudo jurar por ninguno mayor, juró por sí mismo.

Porque cuando Dios hizo la promesa a Abraham, no pudiendo jurar por otro mayor, juró por sí mismo.

—Hebreos 6:13

Dios es el mayor de todos. No hay nadie mayor que Él. Esto significa que podemos confiar por completo en nuestro pacto con Dios, contar con él y depender de él. Dios no puede mentir. Él permanecerá fiel a su Palabra y a su pacto de misericordia.

Al venir Jesús a la Tierra y traer salvación y liberación, podemos ver la personificación de la fidelidad de Dios. Desde el tiempo de Abraham, Isaac y Jacob, a través de Moisés, David y los profetas, Dios prometió enviar un libertador. Su nombre fue Jesús, "porque él salvará a su pueblo de sus pecados" (Mateo 1:21).

Por eso es que en los Evangelios vemos que la gente se acerca a Jesús con sus problemas diciendo: "Hijo de David, ten misericordia de mí". Entendían que cuando el Mesías—el Hijo de David—viniera, le extendería la misericordia de Dios a Israel. Lo vemos en la profecía de Zacarías que señalé en la sección anterior.

Zacarías estaba declarando que el Mesías había venido y que Israel podría ver a través de Jesús la mayor manifestación de la fidelidad y misericordia de Dios conocida por el hombre: salvación. Su encarnación fue la manifestación de eterna salvación y de eterna redención. De modo que no solamente realizaría milagros por Israel, sino que también aseguraría su redención eterna, salvación, perdón, y los traería al Reino.

La misericordia viene a los gentiles

Contrario a lo que quizá nos hayamos dado cuenta, Jesús no vino a ministrar a todos. Su propósito principal era cumplir con las promesas del pacto de Dios hechas a Abraham y a Israel, para confirmarlas, para cumplirlas para extenderle misericordia a Israel, para salvar al remanente.

Jeremías 31:31–34 dice:

He aquí que vienen días, dice Jehová, en los cuales haré nuevo pacto con la casa de Israel y con la casa de Judá. No como el pacto que hice con sus padres el día que tomé su mano para sacarlos de la tierra de Egipto; porque ellos invalidaron mi pacto, aunque fui yo un marido para ellos, dice Jehová. Pero este es el pacto que haré con la casa de Israel después de aquellos días, dice Jehová: Daré mi ley en su mente, y la escribiré en su corazón; y yo seré a ellos por Dios, y ellos me serán por pueblo. Y no enseñará más ninguno a su prójimo, ni ninguno a su hermano, diciendo: Conoce a Jehová; porque todos me conocerán, desde el más pequeño de ellos hasta el más grande, dice Jehová; porque perdonaré la maldad de ellos, y no me acordaré más de su pecado.

Él no vino a ministrar a los judíos y a los gentiles. Cuando los gentiles vinieron a Él para ser ministrados, quedó impresionado por su fe.

Vemos esto probado en la historia de la mujer gentil que vino a Jesús y le pidió que sanara a su hija. Jesús dijo: "No soy enviado sino a las ovejas perdidas de la casa de Israel [...] No está bien tomar el pan de los hijos, y echarlo a los perrillos" (Mateo 15:24–26). Eso no parece como una respuesta compasiva o misericordiosa: llamar a alguien un perrillo. Ella persistió, y dijo: "Sí, Señor; pero aun los perrillos comen de las migajas que caen de la mesa de sus amos" (v. 27). Básicamente ella estaba diciendo: "Yo no quiero lo que le pertenece al pueblo de Dios. Solo quiero lo que ellos no quieren". Entienda que Dios podía haber sanado y liberado a todos en Israel, pero Israel no estaba tomando todo lo que Dios tenía. Así que había algunas migajas disponibles. Las migajas es lo que sobra. Y como Israel había dejado atrás mucho de lo que Dios tenía para ellos, Jesús sanó a su hija.

La gente quizá no entiende por qué Jesús le respondió en la manera en que lo hizo. Usted tiene que recordar que ella era una gentil y no estaba bajo un pacto con Dios. Ella no tenía el derecho de clamar por misericordia. Ella no tenía pacto; ninguna relación con Dios. La misericordia está conectada con el pacto. Cuando usted tiene un pacto con Dios, usted puede recibir misericordia. La misericordia está disponible para usted.

Echemos un vistazo a otra historia en Lucas 17:12–18:

Y al entrar en una aldea, le salieron al encuentro diez hombres leprosos, los cuales se pararon de lejos y alzaron la voz, diciendo: ¡Jesús, Maestro, ten misericordia de nosotros! Cuando él los vio, les dijo: Id, mostraos a los sacerdotes. Y aconteció que mientras iban, fueron limpiados. Entonces uno de ellos, viendo que había sido sanado, volvió, glorificando a Dios a gran voz, y se postró rostro en tierra a sus pies, dándole gracias; y éste era samaritano. Respondiendo Jesús, dijo: ¿No son diez los que fueron limpiados? Y los nueve, ¿dónde están? ¿No hubo quien volviese y diese gloria a Dios sino este extranjero?

Creo que esta historia del leproso samaritano que volvió está en la Biblia para mostrar que Israel recibió mucha misericordia de Dios, pero no la apreciaron. El samaritano (un gentil) estaba agradecido. Los externos están más agradecidos que los de adentro. Los de adentro lo dan por sentado. El samaritano volvió y le agradeció a Jesús. Estaba contento de haber sido sanado. Entendió que él no era judío, que no estaba en el pacto, pero que aun así fue sanado. Los otros nueve siguieron felices su camino. Muchos de los que están en el pacto con frecuencia no son agradecidos por la misericordia de Dios. La dan por sentada.

Solamente el remanente de la casa de Israel recibió el ministerio de Jesús y su cumplimiento del pacto. El resto de Israel endureció su corazón. Así que Dios extendió su misericordia a los gentiles. ¡Esos somos nosotros! Seremos salvados. Seremos sanados. Seremos liberados. Siempre fue el plan de Dios que su misericordia fuera a las naciones o a los gentiles. Romanos 15:8–9: "Pues os digo, que Cristo Jesús vino a ser siervo de la circuncisión para mostrar la verdad de Dios, para confirmar las promesas hechas a los padres, y para que los gentiles glorifiquen a Dios por su misericordia".

Pero recuerde que la misericordia está conectada al pacto. Con el fin de que los gentiles reciban la misericordia de Dios, Dios tuvo que hacer un nuevo pacto.

El Nuevo Pacto hace que la misericordia de Dios esté disponible para usted

Jesús se sentó con sus discípulos la noche de Pascua y dijo: "Esta copa es el nuevo pacto en mi sangre, que por vosotros se derrama" (Lucas 22:20). Hizo un nuevo pacto con esos doce hombres, el nuevo Israel de Dios. Ahora a través de Cristo todos hemos entrado en un nuevo pacto con Dios. De modo que todos los que fueron salvos en Israel fueron salvos mediante este nuevo pacto. Entonces los gentiles se conectaron con el pacto y comenzaron a recibir misericordia. Como usted tiene un pacto a través de la sangre de Jesús y usted es un creyente, ¡se le extiende misericordia!

La misericordia es una de las fuerzas más poderosas que existen. La misericordia está conectada con la compasión y la benevolencia. La palabra hebrea para *misericordia* es *checed*. Se traduce al español como "misericordia, benignidad, benevolencia, bondad, amablemente, misericordioso, favor, bien, gentileza, conmiseración".[1] Una palabra hebrea relacionada *racham*, habla todavía más de cerca sobre la misericordia de pacto de Dios. Significa "amar, amar profundamente, tener misericordia, ser compasivo, tener afecto entrañable, tener compasión".[2]

Usted la puede ver aquí en 2 Reyes 13:23:

> Mas JEHOVÁ tuvo misericordia de ellos, y se *compadeció* [o tuvo misericordia] de ellos y los miró, a causa de su pacto con Abraham, Isaac y Jacob; y no quiso destruirlos ni echarlos de delante de su presencia hasta hoy.
>
> —ÉNFASIS AÑADIDO

La palabra *compasión* en este versículo es la misma palabra hebrea *racham*, utilizada para *misericordia* en otros lugares en el Antiguo Testamento (vea Éxodo 33:19; Salmo 102:13; Proverbios 28:13; Isaías 14:1; 30:18). La idea es que la misericordia, la compasión y la conmiseración de Dios son para el pueblo de su pacto. La misericordia mueve a Dios y lo lleva a actuar a nuestro favor. Por eso es que digo que la liberación de todos nuestros enemigos es central para este nuevo pacto de misericordia.

Todavía es movido hoy para rescatarnos y liberarnos incluso ahora. Él ve nuestra condición. Escucha nuestro gemir. Ve nuestro cautiverio. Envió a que su Hijo viniera en persona a cumplir con la sorprendente magnitud de su pacto de misericordia y compasión extendida a nosotros: el pueblo de su pacto, los hijos y las hijas de Abraham.

¡SU MISERICORDIA PERDURA PARA SIEMPRE!

Uno de los salmos más grandes en la Biblia es el Salmo 136. Los rabinos lo llaman el Gran *Halal*. Consistentemente dice: "Alabad a Jehová, porque él es bueno, porque para siempre es su misericordia". Menciona todas las cosas que Dios hizo por Israel. Lo que este pasaje está diciéndole es que si usted sabe que la misericordia de Dios está en su vida, debe estar agradecido por ello. La acción de gracias es una respuesta a la misericordia de Dios. Nadie debería obligarlo a alabar y agradecer a Dios. Cuando usted entiende la misericordia, la gracia, el perdón, la sanidad, la liberación y compasión de Dios en su vida, cada vez que entre a la casa de Dios, usted aplaudirá y alabará a Dios, levantará las manos y le agradecerá. Su misericordia es de generación en generación. Nunca se acaba. Nunca termina. Su misericordia es para siempre. Eso es algo por lo cual agradecerle a Dios.

La frase *para siempre es* significa: "continúa existiendo [...] permanece firme bajo sufrimiento o infortunio sin rendirse".[3] La palabra *siempre* significa: "por un tiempo ilimitado, en todo tiempo, continuamente".[4] Por lo tanto, el significado de estas palabras clave nos habla del amor de Dios poderoso, firme, digno de confianza, tenaz, sin fin.

Así que a medida que hablemos de la liberación y usted desee más y más ser hecho libre, usted necesitará creer que Dios es misericordioso, que Dios lo sanará, que Él lo liberará, que Él tiene compasión, y que Él es movido por su condición. No piense que a Dios no le importa. Dios se preocupa profundamente y moverá el cielo y el infierno para venir en su rescate. Cuando usted esté recibiendo ministración, sepa que es la manifestación de la gran compasión, misericordia y benevolencia del Espíritu de Dios y el Padre hacia usted. Las liberaciones, las sanidades y los milagros son una manifestación del amor del Padre fluyendo hacia usted y a través de usted.

Creo que cuando obtengamos una revelación plena del pacto de la misericordia de Dios fluyendo a través de nosotros veremos más milagros en el cuerpo de Cristo. Cuando nos rindamos al Espíritu de Dios y permitamos que el amor del Padre y su compasión fluya a través de nosotros, veremos los ojos de los ciegos abiertos, los oídos de los sordos destapados y a los cojos andar. No podemos fluir en milagros, sanidad y liberación, ni experimentarlos sin la misericordia de Dios. Cada uno de nosotros deberíamos ser canales de la misericordia de Dios para un mundo perdido y herido.

Nadie merece sanidad y liberación. Es el pacto de misericordia de Dios que nos extiende esos beneficios. Es la fidelidad de Dios al pacto lo que lo hace. No tiene nada que ver con ninguno de nosotros fuera de nuestra elección de recibir a Jesús. Y Jesús no vino a juzgarnos y darnos una paliza; vino a extendernos misericordia y a sanarnos y a liberarnos. ¡Gracias a Dios por su misericordia de pacto sobre nuestra vida!

Capítulo 2

EL PAN DE LOS HIJOS

Deja primero que se sacien los hijos, porque no está bien
tomar el pan de los hijos y echarlo a los perrillos.
—MARCOS 7:27

EL MINISTERIO DE liberación es una parte esencial de la vida
de cada iglesia y de cada creyente. Debería ser incorporado en
cada comunidad y ser acogido por todos los creyentes. El ministerio de liberación lo fortalecerá y lo preparará para una manifestación mayor del poder de Dios. Necesitamos no tenerle temor a un ministerio de liberación *válido*.

La liberación proviene de Dios y es parte de la bendición de estar en pacto con Él. Solamente destruye lo que es del diablo; jamás destruye lo que es del Espíritu Santo. Como la liberación es una obra del Espíritu Santo, hace crecer a los santos y edifica a la iglesia. Derriba las fortalezas del enemigo, pero edifica la obra de Dios.

DESNUTRICIÓN ESPIRITUAL

Y he aquí una mujer cananea que había salido de aquella región clamaba, diciéndole: ¡Señor, Hijo de David, ten misericordia de mí! Mi hija es gravemente atormentada por un demonio [...] Respondiendo él, dijo: No está bien tomar el pan de los hijos, y echarlo a los perrillos.

—MATEO 15:22, 26

La mujer era griega, y sirofenicia de nación; y le rogaba que echase fuera de su hija al demonio. Pero Jesús le dijo: Deja primero que se sacien los hijos, porque no está bien tomar el pan de los hijos y echarlo a los perrillos.

—MARCOS 7:26–27

En ambas referencias de la Escritura Jesús se refiere a la liberación como "el pan de los hijos". Esas cinco palabras contienen una revelación con respecto a la importancia del ministerio de liberación. La liberación es pan para los hijos de Dios. Es parte de la dieta espiritual de la que cada creyente tiene el derecho de participar. Cuando la liberación no es parte de la dieta de un creyente (o grupo de creyentes), el resultado es desnutrición espiritual. Estoy convencido de que hay multitudes que están desnutridas espiritualmente porque no están recibiendo el pan de los hijos.

Pan, simplemente definido, es alimento o sustento. *Sustento* es definido como "un medio de soporte, manutención o subsistencia [...] el estado de ser sostenido [...] algo que da apoyo, supervivencia o fuerza".[1] Los cristianos necesitan pan para sobrevivir. Sin el cual habrá desmayo y debilidad. La razón por la que tantos creyentes están débiles o desmayan es porque no han recibido liberación, que es el pan de los hijos.

Tanto Mateo como Marcos registran que Jesús dijo "el pan de los hijos". No obstante, varias palabras de Marcos nos dan una comprensión adicional: "Deja primero que se sacien los hijos". La palabra *sacien* también significa quedar satisfechos. Así como el apetito natural no se puede satisfacer sin pan, el apetito espiritual no se puede satisfacer sin liberación. La iglesia ha estado tratando de traer liberación al mundo al mismo tiempo de ignorar las palabras de Jesús: "Deja primero que se sacien los hijos" (Marcos 7:27). En otras palabras, ¡no podemos brindar al mundo liberación con éxito hasta que la traigamos a la iglesia y seamos liberados nosotros mismos!

El pan no es un alimento de lujo. Es un *alimento básico*. Un *recurso básico* es definido como "algo que tiene uso o atractivo amplio y constante, elemento que sostiene o principal".[2] Cuando nos referimos a que algo es principal, estamos diciendo que es un asunto, o cosa, de importancia primaria. *Principal* también se define como "más importante, de mayores consecuencias o influencia: capital".[3]

Como el pan es un alimento básico y como la liberación es llamada "el pan de los hijos", entonces podemos concluir que la liberación es de importancia primaria para la vida del creyente. Es un elemento de sustento o un elemento principal de nuestra dieta espiritual.

El hace brotar la hierba para el ganado, y las plantas para el servicio del hombre, para que él saque alimento de la tierra, y vino que alegra el corazón del hombre, para que haga brillar con aceite su rostro, y *alimento que fortalece el corazón del hombre.*
—Salmo 104:14–15, NBLH, énfasis añadido

El pan fortalece el corazón. La traducción al inglés de Berkeley dice: "y pan para mejorar la salud del hombre". La liberación ciertamente mejorará su salud. Usted no será saludable sin participar de este pan. La versión Dios Habla Hoy dice: "el pan que le da fuerzas".

El pan nos hace fuertes. Una carencia de pan produce debilidad, que es el resultado de la desnutrición. La traducción al inglés de Harrison dice: "También con pan, para refrescar el cuerpo humano".[4] La liberación refresca.

Cada creyente necesita refrescarse. La liberación, como parte de la dieta de cualquier creyente, generará que vengan salud, fuerza y refresco a la vida de los que participen del pan de los hijos.

APACIENTE LA GREY

Ruego a los ancianos que están entre vosotros, yo anciano también con ellos, y testigo de los padecimientos de Cristo, que soy también participante de la gloria que será revelada: Apacentad la grey de Dios que está entre vosotros, cuidando de ella, no por fuerza, sino voluntariamente; no por ganancia deshonesta, sino con ánimo pronto.

—1 Pedro 5:1–2

Entonces cuídense a sí mismos y cuiden al pueblo de Dios. *Alimenten y pastoreen al rebaño de Dios*—su iglesia, comprada con su propia sangre—sobre quien el Espíritu Santo los ha designado ancianos.

—Hechos 20:28, NTV, énfasis añadido

La Biblia en inglés Bible in Basic English traduce Hechos 20:28 de esta manera: "Para alimentar a la iglesia de Dios".

Como la liberación es el pan de los hijos y a los ancianos se les manda alimentar la grey, entonces es responsabilidad de los pastores ministrar y enseñar liberación a la iglesia de Dios.

A la mayoría de los pastores se les ha enseñado que alimentar a la iglesia es simplemente predicar y enseñar la Palabra de Dios. La mayoría de las iglesias conducen estudios bíblicos y predican sermones los domingos como maneras de apacentar la grey de Dios. No obstante, hay muchos creyentes que han escuchado sermones, asistido a muchos estudios bíblicos y todavía no están satisfechos.

Van de iglesia en iglesia y de congreso en congreso con "comezón de oír" tratando de saciarse a través de escuchar otro mensaje más. Aunque creo que predicar y enseñar son una parte importante de apacentar la grey, sostengo que si la liberación no es parte vital del ministerio de una iglesia, la grey no está siendo alimentada apropiadamente.

En otras palabras, predicar y enseñar son parte de apacentar la grey, pero sin liberación, el alimento está incompleto. Alimentar a la iglesia de Dios es más que sermones y estudios bíblicos. Si la liberación es el pan de los hijos, entonces los pastores son culpables de no alimentar adecuadamente a la grey si han descuidado la liberación.

> Vino a mí palabra de Jehová, diciendo: Hijo de hombre, profetiza contra los pastores de Israel; profetiza, y di a los pastores: Así ha dicho Jehová el Señor: ¡Ay de los pastores de Israel, que se apacientan a sí mismos! ¿No apacientan los pastores a los rebaños?
>
> —Ezequiel 34:1–2

Ezequiel da una palabra profética contra los pastores que no alimentan al rebaño. Pronunció un "ay" en su contra. Un "ay" es una calamidad o problema que viene sobre aquel que es pronunciado. Los pastores que descuidan ministrar liberación a la grey, suministrándoles pan, están en peligro del juicio de Dios. Esta es una palabra aleccionadora cuando considera que la liberación es parte de apacentar la grey.

> Coméis la grosura, y os vestís de la lana; la engordada degolláis, mas no apacentáis a las ovejas. No fortalecisteis las débiles, ni curasteis la enferma; no vendasteis la perniquebrada, no volvisteis al redil la descarriada, ni buscasteis la perdida, sino que os habéis enseñoreado de ellas con dureza y con violencia.
>
> —Ezequiel 34:3–4

Esta es obviamente una referencia a descuidar ministrar liberación al pueblo de Dios. En lugar de ello, el Señor señala la fuerza y crueldad con la que el rebaño ha sido tratado. Esta es una referencia al control y dominio religioso. El juicio del Señor viene sobre los pastores que no han alimentado al rebaño sino que más bien lo han gobernado con dureza y severidad.

Reunir contra dispersar

> Y andan errantes por falta de pastor, y son presa de todas las fieras del campo, y se han dispersado.
>
> —Ezequiel 34:5

El resultado del descuido espiritual del pueblo de Dios por parte de los pastores: están dispersados. ¿Podría el descuido de la liberación causar que el pueblo del Señor sea dispersado? ¡La respuesta es un sí atronador!

Con el fin de ver esto más claramente, quiero llamar su atención a la declaración de nuestro Señor Jesús en el Evangelio de Mateo: "El que no es conmigo, contra mí es; y el que conmigo no recoge, desparrama" (Mateo 12:30).

El contexto de estas palabras habladas por nuestro Señor son en referencia a la liberación. Los fariseos lo habían acusado de echar fuera demonios por Beelzebú, el príncipe de los demonios (v. 24). Jesús responde diciendo que estaba echando fuera demonios por el Espíritu de Dios (v. 28). Entonces hace esta declaración: "...el que conmigo no recoge, desparrama" (v. 30). Jesús identifica la liberación como un ministerio de reunión. Los que se oponen a él de hecho están desparramando o dispersando.

Esto es exactamente lo que le profetizó Ezequiel a los pastores. No habían alimentado al rebaño, y el resultado fue que la ovejas fueron dispersadas. La liberación, el pan de los hijos, hace que el rebaño se junte; la oposición al ministerio de liberación causa que se dispersen.

El pueblo de Dios se ha vuelto presa de todas las bestias del campo. Las bestias representan a espíritus malignos. Los espíritus malignos de hecho se alimentan de los rebaños porque no hay pastores alimentándolos con el pan de la liberación.

> Anduvieron perdidas mis ovejas por todos los montes, y en todo collado alto; y en toda la faz de la tierra fueron esparcidas mis ovejas, y no hubo quien las buscase, ni quien preguntase por ellas.
>
> —EZEQUIEL 34:6

Cuando las ovejas no reciben liberación, terminan errando y siendo dispersadas sobre la faz de la Tierra. Terminan siendo presa de las bestias del campo. El punto a subrayar es que el Señor no culpa a las ovejas; le adjudica la responsabilidad a los pastores.

A menudo he dicho que cuando el Señor ve a sus ovejas en esta condición, busca al pastor. El pastor es el responsable por la condición del rebaño. El pastor es responsable de alimentar al rebaño y protegerlo de los estragos del enemigo.

> Por tanto, pastores, oíd palabra de JEHOVÁ: Vivo yo, ha dicho JEHOVÁ el Señor, que por cuanto mi rebaño fue para ser robado, y mis ovejas fueron para ser presa de todas las fieras del campo, sin pastor; ni mis pastores buscaron mis ovejas, sino que los pastores se apacentaron a sí mismos, y no apacentaron mis ovejas.
>
> —EZEQUIEL 34:7–8

El Señor es su pastor

Cuando está desnutrido, usted es susceptible a la enfermedad, padecimientos y otros ataques sobre el cuerpo y la mente. La infección y la enfermedad a menudo invaden el cuerpo porque está demasiado débil para combatirlas. Esto también es cierto en la esfera del espíritu.

Cuando no tiene una dieta espiritual apropiada, usted es vulnerable a la infección. Se vuelve vulnerable y susceptible a los ataques demoníacos. Se vuelve una víctima de las artimañas y estratagemas del diablo. Por eso es que la liberación debe ser parte de su dieta espiritual.

Usted debe participar del pan de los hijos si va a ser lo suficientemente fuerte para repeler los ataques del enemigo. El enemigo depredará sobre cualquier debilidad que resulte de la desnutrición espiritual.

Pero no pierda la esperanza si su iglesia no es una iglesia que opere en liberación. El Señor ha prometido rescatarlo y visitarlo con su presencia. Él será su pastor (vea Salmo 23). A usted no le faltará el sustento vital de la liberación y protección de los ataques del enemigo.

> Por tanto, oh pastores, oíd palabra de Jehová. Así ha dicho Jehová el Señor: He aquí, yo estoy contra los pastores; y demandaré mis ovejas de su mano, y les haré dejar de apacentar las ovejas; ni los pastores se apacentarán más a sí mismos, pues yo libraré mis ovejas de sus bocas, y no les serán más por comida.
> —Ezequiel 34:9–10

La Nueva Versión Internacional dice: "Arrebataré de sus fauces a mis ovejas" (NVI). La traducción al inglés de Moffat dice: "Rescataré mi rebaño de su codicia". Como los pastores no alimentaron al rebaño, el Señor exigirá que le devuelvan la grey. Él mismo lo rescatará a usted .

> Entonces se levantó con sus nueras, y regresó de los campos de Moab; porque oyó en el campo de Moab que Jehová *había visitado a su pueblo para darles pan.*
> —Rut 1:6, énfasis añadido

El Señor lo visitará personalmente y le dará el pan de la liberación. Él ha visto su hambruna, y Él tendrá misericordia de usted al enviarle liberación, el pan de los hijos. Este es el día de la visitación.

> Bendito sea el Señor, Dios de Israel, porque nos ha visitado y ha traído redención para Su pueblo, y nos ha levantado un cuerno de salvación en la casa de David Su siervo.
> —Lucas 1:68–69, NBLH

Cuando viene la visitación, viene la liberación (un cuerno de salvación). Cuando venga la visitación, usted recibirá pan. Usted será lleno y satisfecho. Usted nunca será verdaderamente satisfecho aparte de una visitación del Señor.

Como reconoce su rebaño el pastor el día que está en medio de sus ovejas esparcidas, así reconoceré mis ovejas, y las libraré de todos los lugares en que fueron esparcidas el día del nublado y de la oscuridad. Y yo las sacaré de los pueblos, y las juntaré de las tierras; las traeré a su propia tierra, y las apacentaré en los montes de Israel, por las riberas, y en todos los lugares habitados del país. En buenos pastos las apacentaré [...] allí dormirán en buen redil...

—EZEQUIEL 34:12–14

El Señor promete visitarlo y darle pan. Él lo alimentará en buenos pastos. Allí dormirá en buen redil. El Señor lo está trayendo de un mal redil a un buen redil donde puede recibir pan. Él lo visitará en los lugares donde ha sido echado y dispersado y lo traerá de vuelta para descansar en buenos pastos. Él lo buscará y lo visitará.

BALANCE ENTRE LA LIBERACIÓN Y LA PALABRA

El respondió y dijo: Escrito está: No sólo de pan vivirá el hombre, sino de toda palabra que sale de la boca de Dios.

—MATEO 4:4

Como he usado el pan como una imagen para la liberación, quiero reiterar que la liberación es una parte vital de la dieta espiritual del creyente. Sin liberación a usted le estará faltando en su dieta y se desnutrirá espiritualmente. No obstante, debo enfatizar que la liberación, aunque es una parte vital, es solamente una parte de ser alimentados.

No podemos vivir solamente de pan (liberación), sino de cada palabra que sale de la boca de Dios. Estudiar y recibir la Palabra de Dios también es una parte vital de una dieta espiritual apropiada. Esto incluye predicación y enseñanza ungidas, y también profecía, que es la palabra del Señor. Necesitamos liberación, pero también necesitamos la Palabra. No seremos fuertes sin revelación, ciencia, profecía y doctrina (1 Corintios 14:6). Estos, además de la liberación, deben ser componentes de la dieta del pueblo de Dios.

Una dieta es definida como nutrición habitual. Se deriva de la palabra griega *diaita* que significa "manera de vivir". En otras palabras, debe ser nuestra manera de vivir.

No importa cuantos demonios sean echados fuera de la vida de una persona, volverán a menos que la persona viva su vida de acuerdo con la Palabra de Dios. Necesitamos desarrollar buenos hábitos espirituales cuando se trata de la Palabra y la liberación.

El ministerio profético también es una parte importante de la dieta de un creyente. La profecía edifica, exhorta y consuela (1 Corintios 14). La palabra profética edifica a los santos. Así como los alimentos naturales desarrollan el cuerpo natural, la profecía edifica al hombre espiritual. La profecía provee nutrición espiritual al pueblo de Dios. La profecía es una parte de "toda palabra que sale de la boca de Dios" (Mateo 4:4).

En conclusión, una dieta apropiada para cada hijo de Dios incluye predicación ungida, enseñanza, ministerio profético, estudio bíblico y liberación. El resultado serán creyentes saludables, fuertes y maduros e iglesias locales fuertes. No podemos darnos el lujo de sobreenfatizar y subenfatizar uno u otro. ¡Los necesitamos todos!

SAQUE la VIGA de su PROPIO OJO

Capítulo 3

¿NECESITA LIBERACIÓN?

Por cuanto *todos* pecaron,
y están destituidos de la gloria de Dios.
—ROMANOS 3:23, ÉNFASIS AÑADIDO

TODOS NOSOTROS TENEMOS necesidad de liberación de vez en vez. No hay excepciones. A medida que crecemos en el Señor y en nuestro discernimiento podemos comenzar a entender cuando necesitamos victoria espiritual en ciertas áreas de nuestra vida. Muchas veces como creyentes podemos percibir obstáculos en nuestra vida que evitan que vivamos plenamente en el Espíritu. La liberación es un proceso continuo en la vida del creyente. Es un obsequio para nosotros de parte de Dios para evitar que seamos atormentados por el enemigo y que vivamos en nuestros propios ciclos de cautividad.

En su libro *Cerdos en la sala* Frank e Ida Hammond mencionan siete aspectos de nuestra vida que muestran señales de que necesitamos liberación. Estos son:

1. Problemas emocionales
2. Problemas mentales
3. Problemas de lenguaje
4. Problemas sexuales
5. Adicciones
6. Padecimientos físicos
7. Error religioso[1]

Cuando estos problemas comienzan a salir a la superficie en nuestras vidas, nos sentimos como si no estuviéramos teniendo éxito. Es probable que nos sintamos deprimidos, rechazados, separados de Dios y demás. Esto es lo que quiere el enemigo. Pero tenemos la ayuda del Espíritu Santo quien puede revelarnos las áreas en las que necesitamos ser liberados. También se nos instruye que usemos nuestra autoridad en contra del enemigo y lo echemos fuera, terminando su reino en nuestra vida.

ES PROBABLE QUE NECESITE LIBERACIÓN SI...

Con base en más de treinta y cinco años en el ministerio de liberación, he descubierto que la gente que necesita liberación ha experimentado una o más de las cosas que he mencionado aquí. Estas son situaciones que le abren la puerta al enemigo para entrar a nuestras vidas. Estas experiencias le dan un derecho legal de estar allí. ¡Pero usted tiene la autoridad de echarlo fuera, ser lleno del Espíritu Santo y cerrarle la puerta al enemigo para siempre!

Lo aliento a que ore por dirección del Espíritu Santo mientras revisa esta lista. Permítale mostrarle qué podría haber abierto la puerta a algunas de las cosas que usted está experimentando en la vida. No permita que el enemigo añada peso o culpa a algo que el Señor no lo está dirigiendo a tratar. Pero pida denuedo y valentía para tratar con lo que Él le muestre. Lo guiaré en cómo buscar ayuda para lo que descubra en el siguiente capítulo.

Es probable que necesite liberación si...

1. Fue concebido en adulterio o fornicación. Esto puede abrir la puerta al espíritu de lujuria.
2. Sus padres consideraron abortarlo. Esto puede abrir la puerta a espíritus de rechazo, muerte y temor.
3. Usted fue dado en adopción. Esto puede abrir la puerta a espíritus de rechazo, abandono y temor de abandono.
4. Usted fue abandonado por uno o por ambos padres. Esto puede abrir la puerta a espíritus de abandono y temor de abandono.
5. Usted fue huérfano. Esto puede abrir la puerta a espíritus de rechazo y abandono.
6. Usted sufrió abuso de niño. Esto puede abrir la puerta a espíritus de rechazo, temor y herida.
7. Usted fue violado o abusado sexualmente. Esto puede abrir la puerta a espíritus de lujuria, vergüenza y herida.
8. Su madre tuvo un embarazo difícil. Esto puede abrir la puerta a espíritus de temor que entren a través del trauma.
9. Su madre sufrió un parto largo y difícil. Esto puede abrir la puerta a espíritus de temor que entren a través del trauma.
10. Usted casi murió durante los primeros años de vida. Esto puede abrir la puerta a espíritus de muerte y muerte prematura.
11. Tuvo compañeros de juegos imaginarios. Esto puede abrir la puerta a espíritus de rechazo y soledad.
12. Ha estado enfermo crónicamente toda su vida. Esto puede abrir la puerta a espíritus de enfermedad y muerte.

13. Usted sufrió discapacidades en su niñez. Esto puede abrir la puerta a espíritus de rechazo, vergüenza y temor.
14. Usted fue expuesto a la pornografía temprano en la vida. Esto puede abrir la puerta a espíritus de lujuria y perversión.
15. Usted vio algo traumático como un asesinato o un accidente fatal. Esto puede abrir la puerta a espíritus de temor y muerte.
16. Usted creció en una zona de guerra. Esto puede abrir la puerta a espíritus de temor y muerte.
17. Ha sido ridiculizado toda su vida. Esto puede abrir la puerta a espíritus de rechazo, temor al rechazo y autorrechazo.
18. Huyó de casa temprano en la vida. Esto puede abrir la puerta a espíritus de rechazo y rebelión.
19. Ha estado deprimido de manera crónica. Esto puede abrir la puerta a espíritus de depresión, rechazo, tristeza y soledad.
20. Ha sido diagnosticado como maníaco-depresivo o esquizofrénico. Esto puede abrir la puerta a espíritus de rechazo, rebelión y a una raíz de amargura.
21. Ha tenido discapacidades de aprendizaje. Esto puede abrir la puerta a espíritus de rechazo y temor.
22. Ha sido encarcelado. Esto puede abrir la puerta a espíritus de rechazo, vergüenza y depresión.
23. Su(s) padre(s) fue alcohólico. Esto puede abrir la puerta a espíritus de rechazo y vergüenza.
24. Sus padres pasaron por un divorcio o separación. Esto puede abrir la puerta a espíritus de rechazo y vergüenza.
25. Sus padres discutían y peleaban en casa. Esto puede abrir la puerta a espíritus de confusión y temor.
26. Usted está enojado a amargado con sus padres, hermanos o hermanas. Esto puede abrir la puerta a espíritus de enojo y amargura.
27. Fue expuesto a las drogas a una edad temprana. Esto puede abrir la puerta a espíritus de rechazo y hechicería.
28. Es homosexual o lesbiana o fue introducido a esos estilos de vida. Esto puede abrir la puerta a espíritus de lujuria y perversión.
29. Tiene un historial de perversión sexual. Esto puede abrirle la puerta a espíritus de lujuria y perversión.
30. Toda su vida ha sido propenso a los accidentes. Esto es señal de una maldición.
31. Tiene un historial de pobreza en la vida de su familia. Esta puede ser la manifestación de espíritus de pobreza y vergüenza.

32. Ha adoptado un estilo de vida de hacer trampa o hurtar. Esta puede ser la manifestación de espíritus de mentira y engaño.
33. Ha sido un jugador crónico o un despilfarrador. Esta puede ser la manifestación de espíritus de lujuria y adicción.
34. Es adicto al alcohol, las drogas, la nicotina o los alimentos. Esta puede ser la manifestación de espíritus de adicción y/o glotonería.
35. Tiene miedo de estar solo. Esta puede ser la manifestación de espíritus de temor.
36. Usted tiene temor de dejar la casa. Esta puede ser la manifestación de espíritus de temor.
37. Usted se siente extremadamente incómodo alrededor de la gente. Esta puede ser la manifestación de espíritus de rechazo y temor.
38. Usted se siente intensamente celoso de los demás. Esta puede ser una manifestación de espíritus de celos y esquizofrenia.
39. Usted odia ciertos grupos de personas (p. ej. judíos, negros, blancos, hispanos y demás). Esta puede ser la manifestación de espíritus de odio e intolerancia.
40. Participó en el ocultismo alguna vez. Esto puede abrir la puerta a espíritus de hechicería y de lo oculto.
41. Usted tiene historial de masonería en su familia. Esto puede abrir la puerta a espíritus de hechicería y de lo oculto.
42. Usted ha asistido a una sesión espiritista. Esto puede abrir la puerta a espíritus de hechicería, brujería, adivinación y de lo oculto.
43. Se siente atraído a los adivinadores, asesores o psíquicos. Esto puede abrir la puerta a espíritus de adivinación y brujería.
44. Usted participó en las artes marciales. Esto puede abrir la puerta a espíritus de control mental, hechicería y de lo oculto.
45. Usted participó en yoga o meditación trascendental. Esto puede abrir la puerta a espíritus de control mental y de lo oculto.
46. Usted estuvo involucrado en una religión falsa. Esto puede abrir la puerta a espíritus de religión, confusión y engaño.
47. Usted participó en un aborto. Esto puede abrir la puerta a espíritus de asesinato y muerte.
48. Usted pasó por un divorcio, separación o una mala relación. Esto puede abrir la puerta a espíritus de herida, control y rechazo.
49. Usted ha sido controlado por sus padres o cualquier otra persona o grupo de personas. Esto puede abrir la puerta a espíritus control mental, temor y control.

50. Tiene jaquecas crónicas o confusión mental. Esta puede ser la manifestación de espíritus de control mental y confusión.
51. Se le dificulta leer la Biblia u orar. Esta puede ser una manifestación de Leviatán (espíritu de soberbia).
52. Se le dificulta asistir a la iglesia. Esta puede ser una manifestación de Leviatán (espíritu de soberbia).
53. Se le dificulta adorar o alabar a Dios. Esta puede ser una manifestación de Leviatán (espíritu de soberbia).
54. Odia ser tocado por las personas. Esta puede ser una manifestación de espíritus de temor de dar y recibir amor.
55. Tiene miedo de confiar en la gente o de acercarse a las personas. Esta puede ser la manifestación de espíritus de rechazo y desconfianza.
56. Es un mentiroso crónico. Esta puede ser la manifestación de espíritus de mentira y engaño.
57. Usted es un soñador despierto crónico. Esta puede ser la manifestación de espíritus de rechazo y fantasía.
58. Usted es atormentado por pesadillas. Esta puede ser la manifestación de espíritus de rechazo y tormento.
59. Tiene un problema con la masturbación. Esta puede ser la manifestación de espíritus de lujuria, masturbación y perversión.
60. Se viste provocativamente o seductoramente. Esta puede ser la manifestación de espíritus de lujuria y prostitución.
61. Lleva demasiada joyería o maquillaje. Esta puede ser la manifestación de espíritus de rechazo y autorrechazo.
62. Se ha tatuado o tiene múltiples perforaciones. Esta puede ser la manifestación de espíritus de rechazo y rebelión.
63. Chismea, calumnia y murmura constantemente. Esta puede ser la manifestación de espíritus de celos y rebelión.
64. Ha intentado suicidarse o ha pensado en matarse. Esta puede ser la manifestación de espíritus de rechazo, autorrechazo, suicidio y rebelión.
65. Desea atención constante. Esta puede ser la manifestación de espíritus de rechazo.
66. Constantemente recae y deja la iglesia. Esta puede ser la manifestación de doble ánimo.
67. Va de iglesia en iglesia. Esta puede ser la manifestación de doble ánimo.
68. Tiene problemas para dejar ir el pasado. Esta puede ser la manifestación de falta de perdón y amargura.

69. Es paranoico y piensa que la gente quiere atraparlo. Esta puede ser la manifestación de espíritus de temor, desconfianza y paranoia.

70. Usted es o ha sido miembro de una iglesia legalista. Esto puede abrir la puerta a espíritus de religión, control mental y hechicería.

71. Tuvo un pastor controlador o proviene de una iglesia o denominación controladora. Esto abre la puerta a espíritus de hechicería, religión y control.

72. Usted todavía está llorando la muerte de un ser querido aunque han pasado años. Esto puede abrir la puerta a un espíritu de luto.

73. Constantemente escucha voces. Esta puede ser una manifestación de espíritus de esquizofrenia y paranoia.

74. Se le dificulta conservar un empleo, encontrar un empleo o pagar sus cuentas. Esta puede ser la manifestación de espíritus de pobreza y vagabundeo.

75. Siempre se aprovechan de usted, lo maltratan o es tratado de manera inapropiada por otras personas. Esto puede abrir la puerta a espíritus de rechazo y abuso.

76. Usted ha tenido abortos espontáneos o es estéril. Esto puede abrir la puerta a espíritus de enfermedad y esterilidad.

77. Es asmático, tiene problemas de sinusitis o epilepsia. Esto puede abrir la puerta a espíritus de enfermedad.

78. Tiene habilidades psíquicas, puede leer la mente de las personas o conocer cosas que no provienen del Señor. Esta puede ser la manifestación de espíritus psíquicos y ocultos.

79. Fue consagrado al diablo a una edad temprana. Esto puede abrir la puerta a espíritus de brujería y muerte.

80. Usted ha sido rebelde y desobediente toda su vida. Esta puede ser una manifestación de espíritus de rechazo, rebelión o doble ánimo.

81. Culpa a otras personas por todos sus problemas. Esta puede ser la manifestación de espíritus de acusación.

82. No puede descansar o tiene insomnio. Esta puede ser la manifestación de espíritus de insomnio, inquietud y tormento.

83. Usted es un perfeccionista y se enoja cuando las cosas no son perfectas. Esta puede ser una manifestación de espíritus de rechazo, perfeccionismo, soberbia y doble ánimo.

84. Usted es perezoso, flojo, descuidado y desorganizado. Esta puede ser una manifestación de espíritus de rechazo y doble ánimo.

85. Odia bañarse y mantenerse limpio. Esta puede ser la manifestación de espíritus impuros
86. Es adicto a ejercitarse y hacer dietas. Esta puede ser la manifestación de espíritus de rechazo y autorrechazo.
87. Usted está exageradamente preocupado por su apariencia. Esta puede ser la manifestación de espíritus de rechazo, vanidad y autorrechazo.
88. Se siente feo y poco atractivo. Esta puede ser la manifestación de espíritus de rechazo y autorrechazo.
89. Usted es adicto al trabajo y trabaja hasta el agotamiento. Esta puede ser la manifestación de espíritus de rechazo y doble ánimo.
90. Usted es demasiado religioso. Esta puede ser la manifestación de espíritus religiosos y legalismo.
91. Se le dificulta creer que Dios lo ama. Esta puede ser la manifestación de espíritus de rechazo, autorrechazo, duda e incredulidad.
92. Tiene miedo de perder su salvación y de irse al infierno. Esta puede ser una manifestación de los espíritus de duda, temor, religión y legalismo.
93. Está obsesionado con la muerte y con morirse. Esta puede ser la manifestación del espíritu de muerte y temor.
94. Es un vagabundo o un errante. Esta puede ser la manifestación de espíritus de rechazo y pobreza.
95. Se le dificulta someterse a la autoridad. Esta puede ser la manifestación de espíritus de rechazo y rebelión.
96. Usted es inabordable y hostil hacia la gente. Esta puede ser una manifestación de espíritus de ira, odio, rechazo y rebelión.
97. Usted se siente atraído a las pistolas y las armas o mantenerlas en su posesión. Esta puede ser una manifestación de espíritus de rechazo, rebelión y doble ánimo.
98. Usted tiene miedo de los demonios, la liberación y el tema de la liberación. Esta puede ser una manifestación del espíritu de temor.
99. Se queda dormido en los servicios y no puede prestar atención. Esta puede ser una manifestación de Leviatán (espíritu de soberbia).
100. Usted tiene una obsesión por los símbolos religiosos, la vestimenta, la ropa, los iconos, las estatuas, etcétera. Esta puede ser la manifestación de espíritus religiosos.

101. Lo obsesionan las películas de terror y lo macabro. Esta puede ser una manifestación de espíritus de rechazo, rebelión y doble ánimo.
102. Tiene un afecto desordenado por los animales y las mascotas. Esta puede ser la manifestación de doble ánimo.
103. Desea beber sangre o sacrificar animales. Esta puede ser la manifestación de espíritus de brujería, de lo oculto y de rebelión.
104. Usted ha asesinado a alguien o tiene el deseo de matar a alguien. Esta puede ser la manifestación de espíritus de asesinato y muerte.
105. Si ha hecho juramentos o promesas de lealtad a dioses falsos, a Satanás, lo oculto, organizaciones o pandillas. Esta puede ser una manifestación de los espíritus de lo oculto.
106. Si entran en su mente pensamientos blasfemos de continuo, maldiciones a Dios, etcétera. Esta puede ser una manifestación de blasfemia.
107. Tiene miedo a la policía o figuras de autoridad. Esta puede ser una manifestación de espíritus de temor y temor a la autoridad.
108. Si es un solitario y no tiene amigos. Esta puede ser la manifestación de espíritus de rechazo y soledad.
109. Si tiene el deseo de estar desnudo y exponer su cuerpo. Esta puede ser una señal de estar endemoniado.
110. Si odia a los niños o a los bebés. Esta puede ser una manifestación de espíritus de odio y rechazo.

PUERTAS COMUNES QUE UTILIZAN LOS DEMONIOS PARA ENTRAR A LA VIDA DE UNA PERSONA

Como mencioné brevemente en la sección anterior, todos los demonios que están operando en su vida tienen bases legales y bíblicas para ello. No pueden atormentar a voluntad. Pero si los demonios tienen respaldo legal, tienen el derecho de permanecer. Algunos demonios sienten que tienen el derecho de permanecer con base en la longevidad (estar en la familia por generaciones). A continuación hay un lista de puertas y avenidas comunes que utilizan los demonios para entrar en la vida de una persona.

Actividades adultas

Participación activa en el pecado, incluyendo alcohol, drogas, pecado sexual y participación en lo oculto son canales de entrada por los que los espíritus demoníacos entran.

Libros, literatura, música, películas

Ciertos tipos de medios y entretenimiento le brindan avenidas a los demonios para entrar. Material de lectura de sectas y lo oculto, así como las películas y la literatura pornográfica son algunos ejemplos.

Niñez

La mayoría de los demonios al parecer entran durante la niñez. Es importante brindarle a los hijos una cobertura espiritual apropiada. Los padres que están involucrados en pecado abren la puerta para que los demonios ataquen a sus hijos. Lo que hace el padre afecta más a los hijos porque lleva la mayor autoridad.

Los demonios pueden entrar en los niños en el vientre a través de maldiciones. Los incidentes de la niñez también afectan a los niños. Los niños contra los que se ha pecado (p. ej. violación, incesto, abuso sexual, maltrato físico y verbal, etcétera) suelen tener muchos problemas como adultos. Los demonios comienzan muy temprano en la vida e intentan construir sobre un cimiento de pecado activo a medida que el niño crece a la adultez.

La salvación a una edad temprana destruirá muchos de los planes del enemigo para la vida del niño.

Maldiciones

La maldiciones brindan la base legal para que los demonios entren a través del linaje y operen en la familia.

Pasividad, control mental y dominación

Cualquier cosa que aliente una mente en blanco o pasiva (p. ej. hipnosis, drogas, alcohol, meditación, etcétera) hace una invitación abierta a la habitación demoníaca. Esto también genera que la persona sea controlada o dominada por otros.

Tragedias, accidentes y trauma

Las malas experiencias en la vida que causan dolor anormal debido a una pérdida grave, eventos que causan temor y depresión, incluyendo enfermedades a largo plazo pueden ser puertas abiertas para que la influencia demoníaca controle la vida de una persona.

Lazos del alma

Los lazos del alma se forman como resultado de relaciones con personas. Hay lazos del alma piadosos e impíos. Los lazos del alma impíos causan que la persona sea manipulada y controlada por otra persona, haciendo que la persona viva en desobediencia a Dios.

También hay lazos del alma piadosos: "El alma de Jonatán quedó ligada con la de David, y lo amó Jonatán como a sí mismo" (1 Samuel 18:1) Los lazos del alma impíos son las falsificaciones de Satanás de buenas relaciones y uniones con personas piadosas (vea 1 Corintios 6:16; 2 Corintios 6:14).

Los lazos del alma harán que:

- Una persona siga a otra (Rut 1:14–16).
- Una persona satisfaga los deseos de otra (1 Samuel 20:4).
- Una persona rinda sus bienes a otra (1 Samuel 18:4).
- Una persona reaccione en ira cuando la persona con cuya alma se tiene un lazo es atacada (1 Samuel 20:34).
- Una persona proteja a la otra en momentos de peligro (1 Samuel 20:35–40).
- Haya lealtad entre un líder y sus seguidores (2 Samuel 20:2).

Los lazos impíos del alma pueden:

- Formarse a través de la fornicación (Génesis 34:1–3).
- Llevarlo a tener un freno en su espíritu (2 Crónicas 18:1–6).
- Hacer que sus obras sean destruidas (2 Crónicas 20:35–37).
- Formarse a través de hechicería (Gálatas 3:1; 4:17).
- Alejar el corazón de una persona de Dios (1 Reyes 11:1–4).

Los buenos lazos del alma pueden ser destruidos a través de la brujería (Gálatas 4:15–16). También hay un espíritu demoníaco que destruye los buenos lazos del alma llamado el "Quebrantador de buenos lazos del alma". También hay espíritus de amor falso que hacen que la gente que no está enamorada se case, formando así un mal lazo del alma.

Los lazos impíos del alma son relaciones que están basadas en lujuria, brujería, dominio y cautiverio. Los lazos del alma piadosos son relaciones que edifican y que están basadas en amor (Colosenses 2:2).

Los espíritus demoníacos se pueden transferir de una persona a otra a través de la avenida de los lazos del alma. Los Espíritus del Señor también se pueden transferir de esta manera.

El Señor genera lazos del alma piadosos entre un pastor y sus miembros para ayudarlo a llevar a cabo la visión o plan que Dios ha puesto en su corazón. Este lazo del alma se convierte en un canal a través del cual el pastor puede alimentarlos con ciencia y con inteligencia (Jeremías 3:15). Se transfieren espíritus de sabiduría, ciencia e inteligencia a través de este lazo del alma piadoso. Dios une personas a ciertos ministerios lo cual hará que se sometan voluntariamente a su autoridad y ayuden a llevar a cabo su visión.

Satanás intentará pervertir este lazo de amor entre un pastor y su grey a través de utilizar el lazo del alma como un canal para transferirle espíritus de lujuria, control mental, cautiverio y semejantes a los seguidores. Por esta razón el pastor debería recibir tanta liberación como sea posible para que sea un canal puro y santo a través del cual los espíritus del Señor puedan fluir. Los malos espíritus en un pastor no liberado pueden transferirse a la congregación a través de sus libros, grabaciones, imposición de manos y demás.

Satanás también tratará de pervertir este lazo de amor a través de lujuria y otros espíritus en los miembros llevándolos a desear o adorar al pastor. Por lo tanto, es necesario que los miembros también reciban tanta liberación como sea posible con el fin de prevenir esto. Además, Satanás tratará de hacer que gente se una a pastores a los que Dios no los dirigió.

Poderosos espíritus de lujuria, control mental y brujería operando en pastores pueden atraer a personas a sus ministerios. Esta atracción es demoníaca y una vez que se forma el lazo del alma hay una transferencia demoníaca entre el pastor y los miembros. Algunas personas necesitan liberación de los espíritus de estos pastores una vez que se ha renunciado al lazo del alma y se ha roto.

Recuerde que la liberación solamente destruirá las relaciones que no son de Dios. Los lazos del alma pastorales impíos harán que la persona esté en cautiverio espiritualmente, y este lazo del alma no será edificante. La persona sentirá como si se estuviera muriendo espiritualmente. Los lazos del alma con ministros se vuelven impíos cuando los tenemos en estima demasiado alta (1 Corintios 1:12; 4:6).

El Señor tocará el corazón de una persona para seguir y apoyar a cierto líder (1 Samuel 10:26). Solamente porque su pastor necesite liberación no significa que el Señor no lo haya unido a usted a su ministerio. La mayoría de los pastores tienen necesidad de algún tipo de liberación. El peligro viene cuando se rehúsan a aceptar liberación y someterse a ella. Entonces el Señor podría dirigirlo a dejar a uno y someterse a otro. No obstante, tenga cuidado con la atracción demoníaca a un ministro que lo lleve a aferrarse a su ministerio.

Debemos especialmente tener discernimiento en el área de la brujería y el control mental. Dios hace que la gente sea atraída a ciertos ministerios a través de la predicación del ministro (Hechos 17:33–34). Pero recuerde que Satanás también operará a través de un ministro para atraer a las personas utilizando los espíritus de Orión (intelectualismo), Príncipe Azul, Elocuencia y el Orador.

Siempre debemos exaltar al Señor Jesucristo y aferrarnos a Él (Josué 23:8).

Oro que sus ojos sean abiertos a las estratagemas del enemigo en su vida. El enemigo trata de mantenernos atados por temor e ignorancia para que no estemos al tanto de su presencia. Pero Dios quiere hacer brillar la luz de su gloria en cada área de su vida. Él quiere prosperarlo. Él quiere que usted experimente libertad y paz. Él ha hecho una vía de escape para usted. Él no quiere que nada se interponga en su camino de vivir bajo su favor y bendición. Como la antigua caricatura de G. I. Joe solía decir: "Saber es la mitad de la batalla".[2] Avancemos al siguiente capítulo y aprendamos como sacudirnos al enemigo de nuestra vida y ser hechos libres.

Capítulo 4

¡SACÚDASE Y LIBÉRESE!

¡Sacúdete el polvo, Jerusalén! ¡Levántate, vuelve al trono!
¡*Libérate* de las cadenas de tu cuello, cautiva hija de Sión!
—ISAÍAS 52:2, NVI, ÉNFASIS AÑADIDO

STA ES UNA palabra profética a la iglesia: "¡Sacúdete el polvo! ¡Levántate! ¡Libérate!". Isaías 52:2 es un versículo poderoso que se relaciona con la autoliberación. Se nos ha dado el poder y la autoridad de liberarnos de todo tipo de cadenas. Los sinónimos para la palabra *libérate* incluyen: desunir, divorciar, separar, partir, cortar, descoyuntar, desconectar, despegar, quitar de su montura, desatar, desencadenar, abrir grilletes, soltar, liberar, dejar ir, romper, romper en pedazos, aplastar, desmenuzar, hacer añicos, demoler, dividir, abrir por la fuerza. También significa perdonar o indulto.

"Sion" es una palabra profética y es símbolo de la iglesia. Isaías profetizó que Sion sería una "hija cautiva". Esto es tan cierto de la condición de la iglesia hoy. Aunque muchos son salvos y han recibido la promesa del Espíritu, todavía hay muchas ataduras que permanecen en la vida de los creyentes. Pero se nos ha dado una promesa profética y un mandamiento de liberarnos. Jesús le dijo a sus discípulos que "todo" lo que desatemos en la Tierra es desatado en el cielo (Mateo 18:18). En las páginas siguientes examinaremos el "todo". En otras palabras, lo que sea que esté atando, acosando u operando en su vida, contrario a la voluntad de Dios, puede ser removido de su vida porque se le ha dado la autoridad de hacerlo.

El rango de lo que un creyente puede atar es casi ilimitado. Hay muchas ataduras que podemos categorizar y que necesitan ser expuestas y rotas en las vidas de todos los creyentes. Una vez que identifica al enemigo, usted luego puede proceder a soltarse de sus garras.

LA VERDAD ACERCA DE LA AUTOLIBERACIÓN

A menudo me preguntan: "¿Puede una persona liberarse a sí misma de demonios?". Mi respuesta es "sí", y también es mi convicción que una persona no puede mantenerse libre de demonios hasta que esté caminando en esta dimensión de liberación.

38

¿Cómo es que una persona puede liberarse a sí misma? Como creyente (y esa es nuestra suposición), tiene la misma autoridad que el creyente que se está moviendo en el ministerio de liberación. ¡Tiene autoridad en el nombre de Jesús! Y Jesús de manera llana les prometió a los que creyeran: "En mi nombre echarán fuera demonios" (Marcos 16:17).

Usualmente lo único que necesita la persona es aprender cómo llevar a cabo una autoliberación. Después de que una persona ha experimentado una liberación inicial a manos de un ministro experimentado puede comenzar a practicar la autoliberación.[1]

Una de las mayores revelaciones es la revelación de la autoliberación. Podemos liberarnos a nosotros mismos de cualquier control de las tinieblas (Isaías 52:2). Podemos ejercer poder y autoridad para nuestra propia vida. Jesús nos dijo que sacáramos la viga de nuestro propio ojo (Lucas 6:42). El término *sacar* es la misma palabra utilizada en referencia para echar fuera demonios (*ekballō*).

Después de haber recibido liberación a través del ministerio de otros ministros experimentados en liberación, usted puede practicar la autoliberación. Esto es importante. Tome la responsabilidad espiritual por su vida. No dependa de nadie más para su bienestar espiritual. Confiese la Palabra sobre su vida. Haga oraciones fuertes que desarraiguen al enemigo. No permita que la autolástima lo obstaculice. Impúlsese a orar. Esta es una clave para una vida vencedora.

Los que experimentaron liberación vinieron a Jesús o fueron traídos a Él. Alguien tuvo que tomar la iniciativa. Todo comienza con una decisión. No puede permitir que la pasividad le robe la liberación. Debe abrir su boca. Su liberación está tan cerca como su boca.

Hay muchas personas frustradas con la vida. La gente que lucha puede quedar abrumada por la duda y el fracaso. Algunos están batallando con el estrés y la presión que a menudo lleva a problemas emocionales y físicos. Jesús invirtió una cantidad considerable de tiempo ministrando al oprimido. La multitudes vinieron a escucharlo con el fin de ser sanadas y liberadas de espíritus malignos.

La liberación es el pan de los hijos. Cada hijo de Dios tiene el derecho de disfrutar los beneficios de la liberación. La liberación trae libertad y gozo. Hemos visto miles de creyentes ser liberados de demonios a través de la oración con autoridad. La liberación es un ministerio de milagros. Usted verá milagros multiplicados a través de la oración de guerra.

Los avances que verá son sobrenaturales. Las sanidades se multiplicarán. Los cautiverios a largo plazo serán destruidos. Las raíces escondidas serán expuestas y eliminadas. Los problemas inexplicables serán solucionados. Los obstáculos necios serán removidos. Los ciclos de fracaso serán rotos.

La frustración y el desaliento serán eliminados a través de la oración de guerra. El desaliento y la decepción serán vencidos. Los problemas desconcertantes de la vida serán removidos. Finalmente se podrá experimentar paz duradera. La vida abundante podrá ser disfrutada.

Los fracasos que causan amargura son revertidos a través de oración de guerra. La prosperidad y el éxito vendrán. Se verá un avance en diferentes áreas de su vida. Experimentará éxito en las relaciones, finanzas, ministerio y proyectos. La liberación está diseñada para eliminar los obstáculos espirituales que impiden el progreso. La liberación suaviza los lugares ásperos y endereza los lugares torcidos.

Usted puede ver al enemigo ser echado fuera de su vida. Usted puede vivir libre de las ataduras y las opresiones de los demonios. Usted puede experimentar victoria a través de la oración. Sus palabras y oraciones tienen tremendo poder para destruir las obras de las tinieblas.

Los que experimentan liberación y alivio verán cambios notables. Algunas veces el cambio es progresivo y algunas veces instantáneo. No obstante, el cambio será dramático. Habrá un incremento de gozo, libertad, paz y éxito. Esto dará como resultado una mejor vida espiritual con un incremento en fuerza y santidad.

La paciencia es necesaria para ver un avance. Dios le prometió a Israel que echaría fuera al enemigo poco a poco (Deuteronomio 7:22; Éxodo 23:29–30). A menos que entienda este principio, usted se cansará de orar por algunas personas, y se desanimará en su propia liberación. Entre más libertad reciba, más necesita crecer y poseer su tierra.

Usted tiene la autoridad de atar y desatar (Mateo 18:18). El diccionario Webster define la palabra *atar* como: "asegurar a través de atar; confinar, refrenar o restringir *como* con lazos [...] constreñir con autoridad legal [...] ejercer un efecto que refrena o compele".[2] También significa arrestar, aprehender, esposar, llevar cautivo, tomar cargo de, encerrar, refrenar o ponerle un alto a. Se ata con autoridad legal. Nosotros tenemos autoridad legal en el nombre de Jesús para atar las obras de las tinieblas, que abarcan pecado, iniquidad, perversión, enfermedad, padecimientos, debilidades, muerte, destrucción, maldiciones, hechicería, brujería, adivinación, pobreza, escasez, contienda, lujuria, orgullo, rebelión, temor, tormento y confusión. Tenemos autoridad legal para detener estas cosas en nuestra vida y en la vida de los que ministramos.

Desatar significa soltar, liberarse de restricciones, separar, desunir, divorciar, separar, desenganchar, librar, ser puesto en libertad, escapar, desvincular, quitar los grilletes, liberar, desbloquear, abrir el cerrojo, libertar, desconectar y perdonar. La gente necesita ser desatada de maldiciones, herencias de maldad, espíritus familiares, pecado, culpa, vergüenza, condenación, control, dominio, manipulación, intimidación, control mental, control religioso, enfermedad, padecimientos, engaño, enseñanzas falsas, hábitos, mundanalidad, carnalidad, demonios, tradición, lazos del alma impíos, promesas impías, votos impíos, palabras habladas, maleficios, acosos, maldiciones, traumas y sectas. Tenemos autoridad legal en el nombre de Jesús para desatarnos a nosotros mismos y a los que ministramos de estas influencias destructivas.

Escápate como gacela de la mano del cazador, y como ave de la mano del que arma lazos.

—Proverbios 6:5

Oh Sion, la que moras con la hija de Babilonia, escápate.

—Zacarías 2:7

¿Qué evitará que reciba liberación y avance?

Hay ocasiones en las que la gente quiere saltarse directamente a atar y desatar, echar fuera y orar en voz alta, queriendo darle órdenes al enemigo en el nombre de Jesús para que haga esto y eso y se vaya aquí o allá. Pero no habrá liberación hasta que tenga gobierno completo de la vida de una persona. Usted debe renunciar y ponerle fin a lo siguiente si quiere ver una libertad real y duradera, liberación y avance en su vida.

1. Maldiciones	8. Vergüenza
2. Pecado	9. Incredulidad
3. Orgullo	10. Falta de deseo
4. Pasividad	11. Falta de perdón
5. Lazos impíos del alma	12. Falta de conocimiento
6. Ocultismo	
7. Temor	

Con cualquiera de estas doce cosas operando activamente en su vida, usted se encontrará en un ciclo de cautiverio sin recibir completa libertad. Cualquiera de estas cosas le dan a las potestades demoníacas bases bíblicas para permanecer en su vida y hacer desastres. Estas bases legales deberán ser destruidas con el fin de recibir y mantener la liberación, y esto es de lo que hablaremos en la siguiente sección.

La autoliberación tiene limitaciones. Algunas veces no vemos tan claramente para nuestra propia vida como necesitamos. Las personas que están altamente atribuladas necesitarán buscar ayuda de un ministro de liberación experimentado. Otros pueden usualmente ser más objetivos en discernir el problema, y también unir su fe a la suya para obtener un avance.

Si la persona tiene ataduras serias como perversión, esquizofrenia, participación en lo oculto y depresión profunda, entonces es probable que requiera la ayuda de otros creyentes. La vergüenza a menudo evitará que una persona busque ayuda externa, pero los que operan en liberación no son personas que critiquen o juzguen, sino que se moverán en amor y compasión. No hay sustituto para estar en una iglesia local fuerte, donde la persona sea amada incondicionalmente.

Sacúdase y libérese del pasado

He ministrado a muchos creyentes que todavía están atados y encadenados a su pasado. El pasado puede ser una cadena que evite que usted disfrute el presente y que sea exitoso en el futuro.

Al estarle ministrando liberación a un joven, encontré un fuerte espíritu morando en el que se jactaba de que no se iría. Le ordené al espíritu que se identificara, y respondió que su nombre era Pasado. El espíritu procedió a explicar que su trabajo era mantener al joven atado a su pasado para que no pudiera tener éxito en su caminar cristiano. El joven se había divorciado y su pasado continuaba persiguiéndolo.

Este encuentro me ayudó para darme una revelación del hecho de que hay numerosos espíritus asignados a la gente para mantenerlos atados al pasado que ha dejado cicatrices y heridas que no han sanado completamente. Muchas de estas heridas se han infectado y se han convertido en moradas de espíritus inmundos.

La gente necesita no solamente ser liberada de demonios, sino también de otras personas. Los lazos impíos del alma son avenidas que los espíritus de control y manipulación utilizan al trabajar sobre sus víctimas incautas.

Consideremos algunas de las cosas que podrían hacer que los espíritus se adhieran a personas que han tenido experiencias traumáticas en su pasado. Con el fin de tener claridad, encontramos que la palabra *trauma* es definida por Webster como: "Una psique desordenada o un estado de comportamiento resultado de estrés mental o emocional severo o lesión física".[3]

Las experiencias traumáticas pueden abrirle la puerta a los demonios. Estas pueden y a menudo incluyen accidentes. Abajo se mencionan dos experiencias traumáticas que afectan grandemente la vida de los individuos.

1. Violación

Violaron a las mujeres en Sion, a las vírgenes en las ciudades de Judá.

—Lamentaciones 5:11

La violación es una de las experiencias más traumáticas que una persona pueda tener. Es una transgresión que deja cicatrices profundas en la psique de la persona que es hecha víctima de este acto impío. La puerta es abierta para que una hueste de espíritus malignos entren y operen a lo largo de la vida de la víctima.

Espíritus de herida, desconfianza, lujuria, perversión, ira, odio, furia, amargura, vergüenza, culpa y temor pueden entrar y atormentar a la persona por el resto de su vida si no son discernidos y echados fuera. La violación también puede ser una maldición, y a menudo hay un historial de este pecado en el linaje.

La violación siempre ha estado en la historia de la gente oprimida. Era (y es) común que los vencedores violaran a las mujeres de los conquistados. Es uno de los actos más vergonzosos y humillantes que pueden ser perpetrados sobre un pueblo oprimido.

A menudo las víctimas de violación llevan bloqueos sexuales al matrimonio, incluyendo espíritus de frigidez, emociones atadas y bloqueadas, odio a los hombres y temor a tener relaciones sexuales. Los individuos pueden crecer con profundas raíces de amargura que envenenan el sistema, abriendo la puerta a espíritus de enfermedad y debilidad, incluyendo cáncer.

> *Padre, en el nombre de Jesús me liberó de este demonio acechador que busca robar, matar y destruir mi cuerpo, mi sexualidad y mi dignidad. Me libero de todo odio, amargura y rencor. Me libero de culparme por esta violación. Me libero de todo lazo del alma, espíritus de enfermedad u otros espíritus malignos que quisieran buscar adherirse a mi vida a causa de este trauma. Me libero de toda atadura que esté evitando que experimente una intimidad marital saludable y libre. Amén.*

2. Incesto

Otra transgresión sexual común es el pecado de incesto. El incesto también puede provenir de una maldición y puede haber un historial de este pecado en el linaje. Es un acto que genera mucha vergüenza y culpa. Abre la puerta a todo tipo de maldiciones, incluyendo demencia, muerte, destrucción, confusión, perversión y enfermedad. A menudo la víctima se culpa a sí misma por este acto aunque haya sido el resultado de un espíritu seductor.

> *Padre, en el nombre de Jesús, me libero de la vergüenza, la culpa, los lazos del alma, así como de cualquier espíritu obstaculizador que pudiera tratar de evitar que viva una vida íntegra y saludable. Me libero de los dolorosos recuerdos de este abuso y declaro que soy lavado por completo, por dentro y por fuera. Me libero de todo espíritu demoníaco que pudiera buscar entrar a través de esta puerta abierta, y cierro esta puerta a mi pasado y te pido un vallado de protección alrededor de mi futuro. Amén.*

SACÚDASE Y LIBÉRESE DE LOS LAZOS DEL ALMA IMPÍOS

Maldito su furor, que fue fiero; y su ira, que fue dura. Yo los apartaré en Jacob, y los esparciré en Israel.

—Génesis 49:7

El Señor apartó a Simeón y a Leví porque ejercieron una mala influencia entre sí. Un lazo del alma es un vínculo entre dos individuos; las almas (mentes, voluntades, emociones) de individuos enlazadas o unidas. Los lazos del alma impíos se pueden formar a través de fornicación (Génesis 34:2–3), y hechicería (Gálatas 3:1; 4:17).

Como se mencionó anteriormente, la gente necesita no solamente ser liberada de demonios, sino también de otras personas. Los lazos del alma impíos son avenidas a través de las que operan espíritus de control, dominación, hechicería y manipulación. Si usted se enlazó con la gente incorrecta usted estará en atadura, a menudo sin saberlo.

Nunca es la voluntad de Dios que un individuo controle a otro. La verdadera libertad es ser liberado de cualquier poder controlador que lo estorbe para cumplir la voluntad de Dios. A menudo los que están bajo control no están al tanto de estar siendo controlados. Por eso es que muchas veces el control es tan difícil de romper.

Un lazo del alma impío dará como resultado la presencia de una influencia maligna en su vida. Mientras que los buenos lazos del alma lo ayudan a caminar con Dios, los lazos impíos del alma entorpecen su caminar con el Señor.

Los lazos del alma impíos en la Biblia incluyen: 1. Acab y Jezabel (1 Reyes 18); 2. Salomón y sus esposas: alejaron su corazón del Señor (1 Reyes 11:1–4); y 3. Leví y Simeón (Génesis 49:5–7).

Padre, En el nombre de Jesús, me libero de todas las relaciones que no son ordenadas por Dios. De todas las relaciones que no son del Espíritu sino de la carne. De toda relación basada en control, dominio o manipulación. De todas las relaciones basadas en lujuria y engaño. Amén.

SACÚDASE Y LIBÉRESE DE LOS RECUERDOS DE EXPERIENCIAS PASADAS

Olvidando ciertamente lo que queda atrás...

—FILIPENSES 3:13

Hay un espíritu maligno llamado rememoración o analepsis que puede hacer que una persona rememore experiencias pasadas. Esto mantiene a la persona atada a las experiencias traumáticas del pasado. Este espíritu provoca que una persona recuerde experiencias de herida, dolor y rechazo. Aunque quizá haya experiencias en su vida que nunca va a olvidar completamente, no debería estar atado al pasado a través de su memoria.

El enemigo no debería poder disparar cosas en su memoria que lo obstaculicen en su vida presente o futura. Por eso es que su memoria necesita ser liberada de malas experiencias de herida y trauma.

Padre, en el nombre de Jesús, me libero de los efectos de todos los malos recuerdos, recuerdos dolorosos y recuerdos del pasado que me impiden avanzar en el presente o en el futuro. Amén.

SACÚDASE Y LIBÉRESE DE LA FALTA DE PERDÓN Y LA AMARGURA

El resentimiento le abre la puerta a los espíritus atormentadores (Mateo 18). La amargura le abre la puerta a espíritus de enfermedad, incluyendo artritis y cáncer. Es simbolizada por la hiel y el ajenjo. El rencor es el resultado de haber sido herido, rechazado, abandonado, decepcionado, maltratado, violado, sufrido abuso, que se hayan aprovechado de usted, acusado falsamente, engañado, criticado, etcétera.

Padre, en el nombre de Jesús, me libero de toda amargura, falta de perdón, rencor y resentimiento. Le entrego a Dios a todos los que me han ofendido o lastimado en alguna manera. Me libero de todos los espíritus de enfermedad como resultado de mi amargura. Cierro esa puerta, en el nombre de Jesús. Amén.

SACÚDASE Y LIBÉRESE DEL DOLOR Y EL CAUTIVERIO EMOCIONAL

¿Es libre en sus emociones? Las emociones son parte del alma junto con la voluntad y la mente. Hay muchas personas atadas y bloqueadas en sus emociones. Los espíritus de herida, rechazo, ira, quebranto de corazón, duelo, tristeza, odio, amargura y furor pueden ocupar las emociones generando dolor emocional.

Sus emociones fueron creadas por Dios para expresar gozo y pesar. Ambas deben ser respuestas naturales a diferentes situaciones. No obstante, el enemigo entra para generar extremos en el plano emocional e incluso bloqueo, de modo que una persona sea incapaz de expresar las emociones correctas.

El dolor emocional y las ataduras pueden venir como resultado de experiencias traumáticas del pasado incluyendo violación, incesto, maltrato, muerte de un ser querido, guerra, tragedias, rechazo, abandono, accidentes, etcétera.

> *En el nombre del Señor Jesucristo, por la autoridad que se me ha dado para atar y desatar, libero mis emociones de cualquier espíritu maligno que haya venido como resultado de experiencias del pasado. Me libero de toda herida, herida profunda, dolor, tristeza, duelo, enojo, odio, ira, furor, amargura, temor, emociones atadas y emociones bloqueadas. Les ordeno a estos espíritus que salgan fuera, y declaro libertad en mis emociones en el nombre del Señor Jesucristo. Amén.*

SACÚDASE Y LIBÉRESE DE LA ATADURA DE LO OCULTO

La palabra *oculto* significa "escondido". Participar en lo oculto le abre la puerta a muchos demonios, incluyendo espíritus de depresión, suicidio, muerte, destrucción, enfermedad, enfermedad mental, adicción, lujuria, etcétera. Las prácticas de lo oculto incluyen:

- Tabla ouija
- Horóscopos
- Lectura de mano
- Lectura de hojas de té
- Psíquicos
- Lectores y asesores (adivinos)
- Drogas (de la palabra griega *pharmakeia*: *hechicería*)
- Magia negra

- Magia blanca
- Percepción extrasensorial

Padre, en el nombre de Jesús, me libero de toda partici-pación en lo oculto, toda hechicería, adivinación, brujería, herencia psíquica, rebelión, toda confusión, enfermedad, muerte y destrucción como resultado de participar en lo oculto. Amén.

SACÚDASE Y LIBÉRESE DE
LOS ATAQUES MENTALES

Porque cual es su pensamiento en su corazón, tal es él.

—PROVERBIOS 23:7

Usted es como piensa. La mente siempre ha sido un objetivo preferido del enemigo. Si el diablo puede controlar su mente, puede controlar su vida. Los espíritus que atacan la mente incluyen control mental, confusión, colapso mental, ataduras mentales y espíritus que atan la mente, demencia, locura, manías, fantasías, malos pensamientos, migrañas, dolor mental y pensamientos negativos. Son lo que llamo "pensamientos apestosos".

Las buenas noticias son que puede liberarse (incluyendo su mente) de toda influencia maligna que opera a través de su mente.

El control mental es un espíritu común que ha sido identificado con el nombre de "Pulpo". Los espíritus de control mental pueden asemejarse a un pulpo o calamar con tentáculos que sujetan y controlan la mente. La liberación del control mental libera a la persona de la presión mental, el dolor mental, la confusión y el tormento mental. Los espíritus de control mental pueden entrar a través de escuchar música impía, leer libros de ocultismo, pornografía, enseñanzas falsas, religiones falsas, drogas y pasividad.

En el nombre de Jesús, libero mi mente de todos los espí-ritus de control, confusión, cautiverio mental, demencia, locura, fantasía, pasividad, intelectualismo, bloqueo de conocimiento, ignorancia, atadura mental, lujuria y malos pensamientos. Amén.

SACÚDASE Y LIBÉRESE DE UNA
VOLUNTAD CONTROLADA DEMONÍACAMENTE

No se haga mi voluntad, sino la tuya.

—LUCAS 22:42

Uno de los mayores regalos dados al hombre es el del *libre albedrío*. La libertad de escoger y decidir es dada a todos. El Señor no nos fuerza a obedecerlo. Nos da la opción de humillarnos y someternos a su voluntad.

El diablo, por otro lado, intenta dominar y controlar nuestra voluntad para sus propósitos malignos. Cuando usted se encuentra incapaz de someter su voluntad a la voluntad de Dios es porque su voluntad está siendo controlada por los poderes de las tinieblas.

Su voluntad necesita ser *liberada* para seguir la voluntad del Señor. Los espíritus que invaden y controlan la voluntad incluyen necedad, obstinación, falta de sumisión, rebelión, orgullo, desobediencia, lujuria y brujería.

Padre, en el nombre de Jesús, libero mi voluntad de todo control, dominio y manipulación de Satanás, sus demonios u otras personas. Libero mi voluntad de todos los espíritus de lujuria, rebelión, necedad, orgullo, obstinación, egoísmo y antisumisión que han bloqueado y estorbado mi voluntad. Me libero de todas las cadenas alrededor de mi voluntad y someto mi voluntad a la voluntad de Dios. Amén.

SACÚDASE Y LIBÉRESE DE LA PERVERSIÓN SEXUAL

Huid de la fornicación...

—1 Corintios 6:18

La lujuria es un espíritu que se ha generalizado en nuestros días y en nuestra época. La perversión sexual incluye incesto, homosexualidad, masturbación, pornografía, fornicación y adulterio.

El deseo sexual es uno de los apetitos más fuertes del cuerpo humano. Satanás desea controlarlo y pervertirlo fuera de la relación matrimonial dentro de la cual es bendito. Muchos creyentes batallan en esta área con los espíritus acompañantes de culpa y condenación.

Los espíritus de lujuria y perversión pueden operar en cualquier parte del cuerpo físico, incluyendo los genitales, las manos, los ojos, la boca, el estómago y demás. Cualquier parte del cuerpo dada al pecado sexual será invadida y controlada por espíritus de lujuria (un ejemplo podrían ser los ojos al ver pornografía, las manos en los actos de masturbación o la lengua en conversaciones sucias).

En el nombre de Jesús, libero todos los miembros de mi cuerpo—incluyendo mi mente, memoria, ojos, oídos,

*lengua, manos, pies y toda mi sexualidad—de toda luju-
ria, perversión, impureza sexual, suciedad, lascivia, promiscuidad, pornografía, fornicación, homosexualidad, fantasía,
inmundicia, pasión ardiente e impulso sexual incontrolable.
Amén.*

SACÚDASE Y LIBÉRESE
DE HERENCIAS MALIGNAS

Las debilidades y las tendencias pueden ser heredadas de los pecados
de los padres. Por ejemplo, una persona nacida de padres alcohólicos tendrá una mayor probabilidad de llegar a ser alcohólica. Hay
enfermedades y padecimientos que pueden correr en el linaje, que es
la razón por la que los doctores a menudo revisan para ver si hay
un historial de ciertas enfermedades en la familia. Algunas de estas
herencias malignas incluyen lujuria, perversión, hechicería, orgullo,
rebelión, divorcio, alcohol, odio, amargura, idolatría, pobreza, ignorancia y enfermedades (incluyendo enfermedades cardiacas, cáncer,
diabetes e hipertensión).

Los espíritus familiares son demonios familiarizados con una persona y su familia ya que a menudo han estado en la familia por generaciones. Algunas veces estos espíritus son difíciles de romper por lo
profundo que sus raíces corren en la línea familiar. Voy a hablar más
acerca de cómo romper con los demonios generacionales en el capítulo sobre demonios tercos.

> *En el nombre de Jesús, me libero de toda herencia maligna
> incluyendo debilidades, actitudes, patrones de pensamien-
> tos, enfermedades, hechicería, lujuria, rebelión, pobreza,
> estilos de vida impíos y contienda heredados. Amén.*

SACÚDASE Y LIBÉRESE DEL TEMOR

El temor es un espíritu paralizante que mantiene a la gente atada en
muchas áreas de su vida. Este espíritu se manifiesta en maneras numerosas: temor al rechazo (trabaja con el rechazo y el autorrechazo),
temor a ser herido, temor a la autoridad (incluyendo a los pastores),
temor a la hechicería, temor de la carrera profesional, temor de morir,
temor de fracasar, temor al futuro, temor a la responsabilidad, temor
a la oscuridad, temor a estar solo, temor de lo que la gente piense
de usted, temor de lo que la gente diga de usted, temor del infierno, temor de los demonios y la liberación, temor a la pobreza, terror,
espanto, temor repentino, aprensión. Todas estas manifestaciones
deben ser rotas en el nombre de Jesús.

En el nombre de Jesús, me libero de todos los temores incluyendo temores de la infancia, temores del trauma, temores del pasado y todos los temores heredados. Amén.

Sacúdase y libérese
del rechazo

El rechazo evita que uno dé o reciba amor de Dios o de otras personas. También hay un espíritu llamado *rechazo del vientre* que entra en el vientre porque el bebé no era deseado.

El autorrechazo y el temor al rechazo son otros espíritus relacionados. El rechazo también es un portero. Este espíritu le abre la puerta a otros espíritus para que entren, incluyendo temor, herida, resentimiento y amargura. Se asocia con la rebelión provocando esquizofrenia (o mente doble).

Casi todos hemos experimentado rechazo en un momento u otro en la vida. La gente puede ser rechazada por su género, color de piel, estatus económico, tamaño, forma, etcétera. El rechazo es una fortaleza importante en la vida de muchos.

En el nombre de Jesús, me libero del espíritu de rechazo. Soy acepto en el Amado. Soy el escogido de Dios en Cristo Jesús. Me libero de autorrechazo y de autosabotaje. Me libero del temor al hombre y de agradar a la gente. Busco solamente agradar a Dios. Me desato para recibir amor de Dios y de otros sin temor. Le cierro la puerta al rechazo, el temor, la herida, el resentimiento, la amargura y la rebelión. En el nombre de Jesús, Amén.

Sacúdase y libérese de
una conciencia culpable

Ser *desatado* significa ser perdonado e indultado. Usted ha sido perdonado por el Padre a través de la sangre de Jesús. Usted es liberado de culpa, vergüenza y condenación. También debe ser liberado de la ley (legalismo).

La ley trae condenación y juicio, pero Jesús trae perdón y reconciliación. Liberamos nuestra conciencia al aplicar *la sangre de Jesús*, por fe. Satanás utiliza la culpa y la condenación para golpear a los creyentes. Los creyentes que no entienden la gracia están batallando en su vida cristiana, sin jamás poder cumplir con estándares religiosos que se les han impuesto a través del legalismo. Ser libre en su conciencia es tener paz en su mente. La paz de Dios gobierna en su corazón.

En el nombre de Jesús, me libero de toda culpa, vergüenza, condenación, autocondenación y legalismo. Amén.

Qué esperar al recibir liberación

Aunque muchas liberaciones tienen que ver con manifestaciones físicas obvias, no todos reaccionan de esta manera. Algunos espíritus se van silenciosamente y sin violencia.

Probablemente no tenga una fuerte reacción física al recibir liberación, por lo tanto, no se decepcione si no la recibe de esta manera. Lo que usted debe esperar es alivio. Usted sabe que algo se fue cuando...

1. La fuerza opresiva desaparece.
2. La pesadez se levanta.
3. La inquietud se va.
4. La carga o el peso se aligera.
5. Hay un sentimiento interno de liberación, libertad y satisfacción divina o contentamiento.
6. El gozo del Señor viene, y usted es capaz de regocijarse

El resultado de la liberación es "justicia y paz y gozo en el Espíritu Santo" (Romanos 14:17).

Cuando los demonios son echados fuera el Reino de Dios ha llegado (Mateo 12:28).

Limpieza de la casa

Hay ocasiones en las que su casa ha sido el asiento de maldad o actividad perversa. Algunas veces pueden venir fuerzas oscuras a través de prácticas o comportamientos que usted permitió o a los que lo han forzado. Otras veces pueden ser espíritus que quedan de residentes previos. Es bueno hacer un poco de limpieza en la casa conforme el Espíritu de Dios lo dirija. Usted probablemente sienta un fuerte sentir de discernimiento y alerta en el espíritu después de pasar por liberación personal en la iglesia o en su grupo pequeño. Consiga un poco de aceite para ungir y recorra su casa y comience a orar las Escrituras que se apliquen a los espíritus a los que el Espíritu Santo lo ha alertado. Si usted es un nuevo creyente, le recomiendo que le pida a un creyente más maduro o a un ministro de liberación de su iglesia que vaya a su casa y lo acompañe mientras usted recorre su casa expulsando y desarraigando estos espíritus. Creo que hay fuerza en el número, por lo que podría ser sabio que otros creyentes lo acompañaran, especialmente si han sucedido problemas serios en la casa. Puede utilizar cualquiera de mis libros de oración como una guía sobre qué orar para venir específicamente en contra de los espíritus que están en su casa.

Esto es lo que el ministro de liberación Win Worley dijo acerca de esto:

> Algunas casas y apartamentos necesitan ser limpiados de espíritus malignos. Haría bien en revisar coches, casas y apartamentos de segunda mano porque si los propietarios anteriores tenías tablas ouija u otra parafernalia ocultista o estaban involucrados en un serio cautiverio al pecado, entonces hay toda razón para sospechar que haya espíritus malignos que hayan quedado atrás.
>
> Los creyentes pueden entrar al recinto leyendo versículos de la Escritura en voz alta al unísono. Ore por discernimiento y que Dios le revele qué objetos necesitan ser removidos y destruidos.
>
> Busque cosas como ídolos, incienso, budas u otras estatuas, objetos tallados a mano de África, el Oriente u otros países extranjeros, tablas ouija, cualquier cosa conectada con astrología u horóscopos, materiales para adivinar, libros u objetos asociados con brujería, amuletos de buena suerte, libros sobre sectas, discos y grabaciones de rock and roll, etcétera.
>
> En algunos casos, el dintel de la puerta y de las ventanas deben ser ungidos con aceite. No omita los lugares oscuros donde les gusta esconderse a los espíritus como armarios, áticos, sótanos, espacios a media altura, alacenas, etcétera.[4]

CÓMO MANTENER SU LIBERACIÓN

El dominio propio es la clave principal para mantener su liberación. Usted debe volverse una persona vigilante para identificar y erradicar las áreas de su vida que estaban fuera de control. No regrese a un estilo de vida en el que se deja llevar de manera fácil, desordenadamente, fuera de las manos, rebelde, incontrolable, ingobernable, inmanejable, caprichoso o indisciplinado. El Espíritu Santo es su brújula y lupa en esta área. Un estilo de vida indisciplinado lo llevará de vuelta al cautiverio. No hay una liberación y libertad duradera sin disciplina.

> Como ciudad derribada y sin muro es el hombre cuyo espíritu no tiene rienda.
>
> —PROVERBIOS 25:28

La Nueva Versión Internacional traduce Proverbios 25:28 así: "Como ciudad sin defensa y sin murallas es quien no sabe dominarse".

Las ciudades sin murallas estaban abiertas a la invasión y el ataque de fuerzas externas. Una persona sin dominio propio está abierta a los demonios.

Para mantener su liberación, necesita tener dominio propio en estas áreas:

1. Pensamientos. Filipenses 4:8 dice: "Por lo demás, hermanos, todo lo que es verdadero, todo lo honesto, todo lo justo, todo lo puro, todo lo amable, todo lo que es de buen nombre; si hay virtud alguna, si algo digno de alabanza, en esto pensad".
2. Apetitos. Proverbios 23:2 dice: "Y pon cuchillo a tu garganta, si tienes gran apetito".
3. Hablar. Proverbios 25:28 dice: "Como ciudad derribada y sin muro es el hombre cuyo espíritu no tiene rienda". También se refiere al hombre que no puede refrenar su espíritu de hablar o decir algo.
4. Sexualidad. Primera de Corintios 9:27 dice: "Sino que golpeo mi cuerpo, y lo pongo en servidumbre, no sea que habiendo sido heraldo para otros, yo mismo venga a ser eliminado".
5. Emociones. Proverbios 15:13 dice: "El corazón alegre hermosea el rostro; mas por el dolor del corazón el espíritu se abate".
6. Temperamento. Eclesiastés 7:9 dice: "No te apresures en tu espíritu a enojarte; porque el enojo reposa en el seno de los necios".

Esta es la forma en que obtiene y mantiene el dominio propio y, por lo tanto, mantiene su libertad de la esclavitud:

1. Lea la Palabra de Dios diariamente.
2. Encuentre un grupo de personas que crean en la Biblia, preferiblemente una iglesia, y reúnase regularmente con ellos para adorar, estudiar y ministrar.
3. Ore en el entendimiento y en lenguas.
4. Coloque la sangre de Jesús sobre usted y su familia.
5. Determine con tanta exactitud como pueda los espíritus que han sido echados fuera de usted. Haga una lista de estas áreas que Satanás tratará de recapturar.
6. La manera en que los demonios obtienen nuevo acceso es por medio de una mente laxa e indisciplinada. La mente es el campo de batalla, así que usted deberá derribar imaginaciones y traer todo pensamiento a la obediencia a Cristo (2 Corintios 10:5).

7. Ore al Padre fervientemente, pidiéndole que lo haga alerta, sobrio y vigilante en contra de pensamientos equivocados (1 Pedro 5:8–9).

8. Los demonios anuncian su acercamiento a usted por el hecho de que los viejos patrones de pensamiento que tuvo alguna vez ahora están tratando de volver a usted. Tan pronto como esto suceda, de inmediato repréndalos. Declare verbalmente que usted los rechaza tan pronto como sea posible.

9. Usted tiene autoridad para soltar a los ángeles del Señor para batallar contra los demonios (Hebreos 1:14; Mateo 18:18). Ate a los demonios y suelte sobre ellos los ángeles de destrucción (vea 1 Crónicas 21:12), juicio y devastación (Isaías 4:4), por parte del Señor Jesucristo. También, suelte ángeles guerreros sobre los demonios.

MINISTRE
LIBERACIÓN

PARTE 3

Capítulo 5

SANE A LOS QUE
NECESITAN SER CURADOS

Y cuando la gente lo supo, le siguió; y él les recibió, y les hablaba
del reino de Dios, y sanaba a los que necesitaban ser curados.
—Lucas 9:11

P ASAR POR LIBERACIÓN nosotros mismos nos ayudará a ministrar
liberación a otros. Sin haber sido liberados nosotros mismos,
estamos obstaculizados en ministrar a otros. Las cosas en nuestra vida con las que falte tratar evitarán que ayudemos a otros. Los
obreros de liberación necesitan mantenerse limpios. Cuando somos
libres, estamos en una mucho mejor posición para liberar a otros.

Las ataduras en nuestra propia vida limitarán nuestra capacidad
de ayudar a otros. Sansón es un ejemplo de esto. Era un libertador
poderoso, pero no trató con las ataduras en su propia vida. Terminó
él mismo en cautiverio.

Sin tratar con las ataduras de su vida usted puede encontrarse juzgando a otros que están en cautiverio. Puede terminar siendo hipócrita al querer tratar con el cautiverio de otros, sin tratar con sus propias
ataduras.

¡Hipócrita! saca primero la viga de tu propio ojo, y entonces
verás bien para sacar la paja del ojo de tu hermano.
—Mateo 7:5

¿Podría ser esta una referencia a la autoliberación? Creo que lo es.
Debemos realizar la importante tarea de ser hechos libres del reino
de las tinieblas para que entonces podamos cumplir con el llamado
de traer a otros al Reino y ayudarlos a ser liberados del cautiverio de
Satanás. Esto, en muchas maneras, es el ministerio de la reconciliación
(2 Corintios 5:11–21). Es nuestro llamado como creyentes cerrar la brecha entre Dios y los que están lejos, para ayudarlos a ser libres de las
cosas que los mantienen a una distancia de Dios, que evitan que experimenten todas las bendiciones de Dios. Esta es la misericordiosa y compasiva obra de la liberación. Todos nosotros somos ungidos y llamados
para guiar a la gente fuera de la cautividad a la seguridad de Dios.

COMPASIÓN

Una clave para ser capaz de ministrar sanidad y liberación de manera eficaz es tener un corazón compasivo. Jesús vino a revelar el corazón compasivo del Padre. La compasión es un sentimiento de angustia y lástima por los que sufren o por la mala fortuna de otro, a menudo incluyendo el deseo a aliviar el sufrimiento de la persona. Cuando usted tiene compasión y misericordia por alguien, está dispuesto a ayudarlo. Usted usa su fuerza y poder para ayudar a alguien menos afortunado, en necesidad y que no lo puede hacer por sí solo.

En la Biblia sus entrañas, sus partes internas están conectadas con la compasión. Primera de Juan 3:17 dice: "Mas el que tuviere bienes de este mundo, y viere a su hermano tener necesidad, y le cerrare *sus entrañas*, ¿cómo permanece la caridad de Dios en él?" (JBS, énfasis añadido). Esto significa que la compasión es una fuerza profunda y poderosa que controla la manera en que usted se relaciona con otra persona. Su compasión por alguien lo impulsa o lo motiva de dentro hacia afuera para actuar a su favor. Cuando esa profunda emoción o sentimiento por los demás es apagado, usted no se sentirá movido a hacer nada por ellos. Sus entrañas son el centro de sus motivos para la mayoría de las cosas que hace. A menudo necesitamos liberación en este área, las entrañas, las partes internas. En 1 Juan 3:17 la Biblia esencialmente está preguntando: "¿Cómo puede el amor de Dios vivir en una persona que no es *movida* para ayudar a alguien en necesidad?". No es posible porque la compasión y la misericordia son centrales para el carácter de Dios. Dios no está solamente dispuesto a ayudarlo; Dios es *movido* a ayudarlo. Su misericordia y su compasión lo compelen a venir en su rescate y liberarlo.

La compasión del Señor es lo que hace volver la cautividad. Deuteronomio 30:3 dice: "Entonces Jehová hará volver a tus cautivos, y tendrá misericordia de ti, y volverá a recogerte de entre todos los pueblos adonde te hubiere esparcido Jehová tu Dios". Como dijimos en los capítulos introductorios de este libro, Dios envió a su Hijo, Jesús, para traer un nuevo pacto de misericordia y compasión para ministrarle a las necesidades de su pueblo, para salvarlos y darles reposo de sus enemigos.

Jesús fue movido a compasión mientras ministraba sanidad y liberación. "Recorría Jesús todas las ciudades y aldeas, enseñando en las sinagogas de ellos, y predicando el evangelio del reino, y sanando toda enfermedad y toda dolencia en el pueblo. Y al ver las multitudes, tuvo compasión de ellas; porque estaban desamparadas y dispersas como ovejas que no tienen pastor" (Mateo 9:35–36). La Biblia dice eso de manera consistente acerca de que Jesús era movido a compasión cuando la gente venía a Él con la necesidad de sanidad o liberación de espíritus demoníacos. "Y saliendo Jesús, vio una gran multitud, y tuvo compasión de ellos, y sanó a los que de ellos estaban enfermos" (Mateo 14:14).

- Jesús le abrió los ojos al ciego por compasión (Marcos 10:46–52).
- Jesús limpió al leproso por compasión (Marcos 1:41).
- Un padre trajo a su hijo endemoniado a Jesús para sanidad, y Jesús liberó a su hijo por compasión (Marcos 9:21–23).
- Jesús levantó a un muchacho de los muertos porque se compadeció y se lo entregó a su madre (Lucas 7:12–15).

Jesús fue movido a compasión cuando vio la condición de las ovejas perdidas de la casa de Israel (Mateo 9:36). Este es el ministerio que Jesús nos dejó. Nos ha extendido el manto de compasión para ver gente sanada, liberada y hecha libre. Dijo: "En mi nombre echarán fuera demonios [...] sobre los enfermos pondrán sus manos, y sanarán" (Marcos 16:17–18).

A medida que hacemos esta obra, la fuerza y el poder que nos impulsen será un corazón de compasión, uno que sea un reflejo de Dios y su Hijo, Jesús. Los milagros provienen de la compasión y la misericordia. Dios no solamente sintió lástima por nosotros; eso no es compasión. Dios fue movido por su misericordia e hizo algo por nuestra situación.

Hay una diferencia entre sentir lástima por alguien y tener misericordia de alguien. Usted puede sentir lástima por alguien y no hacer nada: "Qué cosa, eso está terrible. Realmente siento lástima por ellos". Pero usted no quiere inmiscuirse. Así no es como Dios obra. Dios se involucró por completo en nuestro desastre. Cuando vio al pueblo de su pacto—la simiente de Abraham—enfermo, atado, endemoniado, pobre, quebrantado, controlado por líderes religiosos y que se estaban aprovechando de ellos, la naturaleza de pacto de Dios se manifestó a favor de los hijos de su amigo de pacto, Abraham. Dios fue movido a hacer algo acerca de su situación.

El ministerio de sanidad y liberación lo moverá a compasión. La liberación es un ministerio de compasión. Usted será movido a actuar a favor de los que están siendo oprimidos por el diablo.

VIRTUD

Y los que eran atormentados de espíritus inmundos eran curados. Y toda la multitud procuraba tocarle; porque salía de él virtud, y sanaba a todos.

—LUCAS 6:18–19, JBS

La virtud es otra clave para ser eficaz en ministrar a los que necesitan liberación. Hay falta de sanidad y liberación en algunos ministerios o experiencias ministeriales porque hay una falta de virtud. La virtud es poder (Marcos 5:30: Lucas 6:19, Lucas 8:46, en el sentido de "poder", "energía milagrosa o influencia", *dunamis*, "poder inherente, residente en la naturaleza de una cosa").

La virtud también significa "conformidad a un estándar de rectitud: moralidad; una excelencia moral particular".[1] La virtud es excelencia moral, excelencia de carácter, integridad. La excelencia es un talento o cualidad que es inusualmente buena y sobrepasa los estándares ordinarios. La excelencia representa lo más alto en estándar o calidad.

Por esto mismo, añadid a vuestra fe virtud; a la virtud, conocimiento.

—2 Pedro 1:5

La Nueva Traducción Viviente lo dice de esta manera:

En vista de todo esto, esfuércense al máximo por responder a las promesas de Dios complementando su fe con una abundante provisión de excelencia moral; la excelencia moral, con conocimiento.

—2 Pedro 1:5

Este es el nivel al que los santos de Dios están llamados, pero la excelencia moral (virtud) es algo que está casi perdido en la sociedad como meta o estándar. Hay muchos cristianos que no le añaden virtud (excelencia moral) a su fe. Muchos creen que la excelencia es inalcanzable. ¿Podría ser esta parte de la razón por la que vemos tan pocos milagros en nuestras iglesias? ¿Es por esto que no nos vemos a nosotros mismos realizando mayores obras que Cristo? (vea Juan 14:12). Jesús era al mismo tiempo poderoso y excelente en moral. Él es nuestro ejemplo. La virtud fluía de Él cuando iba de ciudad en ciudad sanando y liberando a los afligidos por el diablo. Esto fue lo que lo destacó. Esto es lo que debería destacarnos.

Esta definición de virtud (ser excelente moralmente) también habla de santidad y justicia [rectitud]. La Biblia dice que "la oración eficaz del justo puede mucho" (Santiago 5:16). Cuando está ministrando y está lleno de virtud, una persona de carácter excelente, sus oraciones traerán grandes resultados a la vida de los que usted ministre.

La virtud puede ser tangible, y se puede medir. Jesús sintió que salió de Él virtud cuando ministró. Marcos 5:30 dice: "Y luego Jesús, conociendo en sí mismo la virtud que había salido de él, volviéndose á la compañía, dijo: ¿Quién ha tocado mis vestidos?" (RVA). También en Mateo 14:36 dice que los enfermos "le rogaban que les dejase tocar solamente el borde de su manto; y todos los que lo tocaron, quedaron sanos".

Virtud era soltada al enfermo y a los endemoniados dondequiera que Jesús iba. La gente era restaurada a causa de la virtud. La gente que lo tocaba con fe recibía esta virtud sanadora. "Y dondequiera que entraba, en aldeas, ciudades o campos, ponían en las calles a los que estaban enfermos, y le rogaban que les dejase tocar siquiera el borde de su manto; y todos los que le tocaban quedaban sanos" (Marcos 6:56).

La virtud puede ser transferida a paños y delantales como el ejemplo que demuestra el apóstol Pablo: "De tal manera que aun se llevaban a los enfermos los paños o delantales de su cuerpo, y las enfermedades se iban de ellos, y los espíritus malos salían" (Hechos 19:12). Los demonios odian la virtud y se irán.

Estos eran milagros especiales. Hay unciones especiales que conllevan una gran cantidad de virtud. La sanidad y la liberación suceden como resultado de esta virtud. Cada creyente tiene virtud en sí mismo. Usted tiene virtud en usted. Esta virtud puede ser soltada cuando hay fe y usted le está ministrando liberación a alguien. Su virtud puede ser incrementada por oración y ayuno.

SANAR A LOS QUE TIENEN ESPÍRITUS MALIGNOS Y DOLENCIAS

Y cuando llegó la noche, trajeron a él muchos endemoniados; y con la palabra echó fuera a los demonios, y sanó a todos los enfermos; para que se cumpliese lo dicho por el profeta Isaías, cuando dijo: El mismo tomó nuestras enfermedades, y llevó nuestras dolencias.

—MATEO 8:16–17

Jesús tomó (levantó) las dolencias (debilidades, enfermedades) a través de echar fuera a los demonios con la palabra y sanó a los enfermos. Hay muchas debilidades, incluyendo enfermedades, que son causadas por espíritus malignos. Una dolencia es una condición o enfermedad que genera debilidad.

María Magdalena y otras mujeres fueron sanadas de dolencias a través de la liberación. Lucas 8:2 documenta esto: "Y algunas mujeres que habían sido sanadas de espíritus malos y de enfermedades: María, que se llamaba Magdalena, de la que habían salido siete demonios". También en Lucas 13:10–17 vemos donde Jesús liberó a una mujer, una hija de Abraham, de un espíritu de dolencia [enfermedad]. Estaba encorvada como resultado de esta dolencia.

Jesús sanó a muchos de dolencias y espíritus malignos: "En ese mismo momento Jesús sanó a muchos que tenían enfermedades, dolencias y espíritus malignos, y les dio la vista a muchos ciegos" (Lucas 7:21, NVI).

Hay sanidad y liberación para la debilidad. Algunas veces necesitamos echar fuera los espíritus de debilidad y dolencia.

> Ten misericordia de mí, oh Jehová, porque yo estoy debilitado: Sáname, oh Jehová, porque mis huesos están conmovidos.
>
> —SALMO 6:2 (RVA)

Cuando Jesús caminó en esta Tierra, no hubo nada que no sanara. Cuando se fue, envió al Espíritu Santo, quien obra en nosotros para tener toda la plenitud de la salvación por la que Jesús pagó en la cruz. Edifique fe en los que está ministrando a través de hacerles saber que lo que era bueno para la gente en ese entonces, es bueno para nosotros ahora, porque Jesús es el mismo ayer, hoy y por los siglos (Hebreos 13:8). Dios no cambia (Malaquías 3:6). No hay sombra de variación en Él (Santiago 1:17). Gracias a la fidelidad de Dios podemos confiar en que si sanó entonces, sanará hoy.

Mateo 4:23 dice: "Y recorrió Jesús toda Galilea, enseñando en las sinagogas de ellos, y predicando el evangelio del reino, y sanando *toda enfermedad* y *toda dolencia* en el pueblo" (énfasis añadido). Jesús sanó cada enfermedad o dolencia de la gente que acudió a Él, sin excepción. No había nada demasiado difícil para Él.

La sanidad está disponible a *todos* durante la era del Reino. Es sorprendente que algunos cristianos todavía crean que Dios pone enfermedad en su pueblo. Algunos quizá pregunten: "Dios, ¿por qué permites que esta enfermedad venga sobre mi cuerpo?". Ellos sienten, o probablemente les fue dicho por un líder de la iglesia, que es la voluntad de Dios que ellos sufran enfermedad y que no sean sanados. Esto no es bíblico. Dios no pone enfermedad en *su* pueblo. Jesús murió para que fuésemos sanados. Creo que hay muchas veces en las que Dios permite la enfermedad, especialmente por rebelión o desobediencia. Pero para el pueblo de Dios, podemos esperar vivir en salud y ser sanados de todas nuestras enfermedades por lo que Jesús hizo en la cruz. Viene con el paquete (vea Marcos 16:17–18). Así que usted no solamente debería esperar ser sanado, sino que usted también debería saber que debe pasar esta sanidad a todos a su alrededor. Esa es verdadera vida del reino. Él ha hecho que la sanidad esté disponible para usted y a través de usted por muchas avenidas. Estas son:

1. Sanidad a través de la imposición de manos (Lucas 4:40)

La enfermedad es una opresión del diablo, así que no es maravilla que los demonios reaccionaran cuando Jesús ministraba a través de imponer las manos. Los demonios odian la imposición de manos. No quieren que imponga las manos sobre personas enfermas y los eche fuera.

A algunos se les ha enseñado que nunca impongan manos a personas endemoniadas, pero está no es la enseñanza de Jesús. Él le impuso manos a la gente que tenía demonios y los echó fuera. Aunque no todas las liberaciones requieren la imposición de manos, no debería temer imponer las manos en la gente para echar fuera demonios. Es una administración válida del ministerio de liberación.

La imposición de manos es una doctrina fundamental (Hebreos 6:1–2). Cuando el Señor quiere soltar su poder en la Tierra, a menudo lo hace a través de la imposición de manos. Los creyentes llenos del Espíritu pueden imponer manos a los enfermos y esperar transferirles virtud (o poder; *dunamis*) a los cuerpos de los afligidos y verlos sanados (Marcos 16:18). Esta virtud echará fuera la enfermedad y la dolencia que son obras del diablo. Los creyentes son depósitos andantes de la unción de sanidad. Llevamos con nosotros la virtud de Cristo. Los demonios no quieren que los creyentes conozcan el poder y la virtud que son soltados a través de la imposición de manos porque saben que es el fundamento para soltar el poder de Dios en la Tierra. Todos los creyentes deberían ser entrenados y soltados para imponer manos en la gente para sanidad, liberación y el bautismo del Espíritu Santo.

Hay una línea delgada entre sanidad y liberación. Hay algunas personas que no son sanadas hasta que los espíritus malignos son echados fuera. Una vez que el espíritu maligno es echado fuera, el daño causado a esa parte del cuerpo entonces puede ser sanado. Los espíritus de muerte y destrucción también necesitan ser echados fuera, junto con la dolencia, en muchos casos. También se necesita renunciar al rencor y la amargura, en la mayoría de los casos, antes de que la sanidad y la liberación a través de la imposición de manos pueda ser eficaz. La imposición de manos es eficaz tanto para echar fuera espíritus malignos como para ministrar sanidad.

Así como hay poder en la mano de Dios (Habacuc 3:4), también hay poder en las manos de sus siervos (Hechos 5:12; 19:11). Hay tremendo poder soltado a través de manos ungidas y santas. Camine en fe y crea lo que la Palabra de Dios enseña en esta área. Su vida y su iglesia nunca serán las mismas después de que practique esta doctrina. Debemos ser hacedores de la Palabra y no solamente oidores.

2. Sanidad a través de liberación (Mateo 8:16)

Los demonios pueden ser la razón por la que la gente está enferma. Pueden tener un espíritu de enfermedad. Eche fuera el espíritu de dolencia y ore por la restauración total de la persona en el nombre de Jesús. También vea Lucas 8:2, y mire como puede ser más eficaz en esto en el capítulo siguiente.

3. Sanidad a través de romper maldiciones (Gálatas 3:13)

Algunas personas son acosadas por demonios generacionales de dolencia como diabetes, hipertensión, ciertas condiciones cardiacas y más. Si hay una maldición generacional que está activando la enfermedad en el cuerpo de alguien, sepa que gracias a que Jesús se hizo maldición por nosotros, usted puede alentarlos a que le digan al diablo que él no pondrá esta enfermedad en su cuerpo. Pueden declarar: "No me importa si mi madre, abuela o bisabuela tenía esta enfermedad; la maldición se detiene aquí. La rompo en el nombre de Jesús". Motívelos a levantarse y a usar su autoridad diciendo: "No soy maldito. Soy bendecido. Mi cuerpo es bendecido con sanidad, en el nombre de Jesús".

4. Sanidad a través del aceite de la unción (Marcos 6:13)

El aceite de la unción representa al Espíritu de Dios y la unción. La unción es lo que echa fuera la enfermedad y la dolencia de nuestro cuerpo. La unción rompe los yugos de cautiverio (Isaías 10:27), y la enfermedad es una forma de cautiverio. Usted puede usar el aceite de la unción y la imposición de manos a medida que ora por los enfermos y por los que son acosados por el diablo, y verlos sanados y liberados.

5. Sanidad a través de la fe (Marcos 11:23)

Para algunas personas, la enfermedad es un monte. Siempre estorba su camino. Parece ser algo que no pueden vencer. Pero usted puede hablarles la verdad de Marcos 11:23 que dice que si usted tiene fe y no duda, usted le hablará al monte y se moverá. Incluso cuando ore por ellos háblele a su montaña de enfermedad: "¡Lupus, quítate y échate en el mar!", "¡Cáncer, quítate y échate en el mar!". Pero como ministro e intercesor, no dude en su corazón. Por eso es que debe ser cuidadoso en guardar su corazón. No pase tiempo con personas que dudan. Mantenga su corazón libre de duda e incredulidad.

Va a venir un tiempo en el que tendrá que hablar ciertas cosas en su propia vida y en la vida de otros. Cada vez que una montaña se cruce en su camino, en lugar de darse la vuelta y huir, usted necesita pararse cara a cara y decirle: "¡Quítate!". Crezca en fe. Abra su boca y háblele a la enfermedad. Diga: "Le ordeno a la enfermedad que deje su cuerpo en el nombre de Jesús". Marcos 11:23 dice: "...lo que diga". Esto ni siquiera se trata de oración. Esto es solo hablar. ¡Algunas cosas usted solo tiene que decirlas! "Lo que diga le será hecho".

6. Sanidad a través de la virtud o toque (Marcos 5:29–30)

Hablamos acerca de esto anteriormente en este capítulo, pero la virtud de Jesús puede estar en usted si ora y ayuna. Lucas 6:19 dice: "Y toda la gente procuraba tocarle, porque poder salía de él y sanaba a todos". La adoración es una manera de estirarnos y tocar el corazón de Dios. Los verdaderos adoradores saben cómo entrar a la presencia de Dios. A medida que se acerque en adoración pura, usted será como las multitudes de la época de Jesús, que "todos los que lo tocaron, quedaron sanos" (Mateo 14:36). "Mas la hora viene, y ahora es, cuando los verdaderos adoradores adorarán al Padre en espíritu y en verdad; porque también el Padre tales adoradores busca que le adoren" (Juan 4:23). ¿Es esta su hora? Si ha experimentado su propia sanidad y está siendo dirigido a orar por la sanidad de otros, entonces esta es su hora. Entre y adore al Rey de reyes.

7. Sanidad a través de la presencia de Dios (Lucas 5:17)

"El poder del Señor estaba con él para sanar". La alabanza y la adoración están allí para invitar que venga la presencia de Dios para que la gente sea sanada. No es calentamiento para el mensaje.

8. Sanidad a través de la oración (Santiago 5:16)

Cuando la gente venga a usted y usted comience a orar, hable la Palabra y discierna sus problemas, van a compartirle cosas acerca de sus experiencias pasadas, faltas, fracasos y razones por las que creen que están donde están. Este es un proceso bíblico. Santiago 5:16 dice que debemos confesar nuestras faltas y orar unos por otros para que seamos sanados. Algunas veces la sanidad no viene hasta que confesamos nuestras falta y dejamos que alguien ore por nosotros. Esto es humildad, y algunas veces la humildad es la clave.

9. Sanidad a través del don de sanidad (1 Corintios 12:9, 28)

Cuando Jesús dejó la Tierra, dijo que haríamos mayores obras que Él. También dijo que enviaría un ayudador para instruirnos y guiarnos en estas obras mayores. El Espíritu Santo vino entre los hombres para morar en nosotros, dándonos la habilidad sobrenatural de llevar a cabo las obras de Cristo. Él logra esto a través de dotarnos con varios dones que trabajan todos juntos para traer a la gente en relación con Dios. Uno de estos dones es el don de sanidad.

10. Sanidad a través de ayunar (Isaías 58:8)

Algunas veces usted tendrá que asesorarle a la gente a la que esté ministrando que ayune. Cuando ayunen en la manera en que Dios los dirija, Él dice que: "Entonces nacerá tu luz como el alba, y tu salvación se dejará ver pronto; e irá tu justicia delante de ti, y la gloria de Jehová será tu retaguardia". Según este versículo, serán sanados cuando ayunen, pero todavía mejor, el ayuno también puede ayudar como medicina preventiva. Dice que "la gloria de Jehová será tu retaguardia". En otras palabras, la enfermedad no les puede tomar por sorpresa. Dios guarda sus espaldas. Mientras que todo el mundo se está contagiando de influenza H1N1, ellos estarán saludables. Aunque no hay cura para el resfriado común, ellos navegarán por la temporada de fríos sin siquiera un síntoma, resfrío o tos. Entonces están esos momentos en los que nada más funcionará excepto el sacrificio de abstenerse de alimentos, un tiempo para rendir su carne al Espíritu de Dios que trae vida. Jesús habla acerca de esto en Mateo 17:21: "Pero este género no sale sino con oración y ayuno".

11. Sanidad a través de la Palabra (Salmo 107:20)

La Biblia dice que Dios "envió su palabra, y los sanó, y los libró de su ruina" (Salmo 107:20). También sabemos que la Palabra de Dios no regresa a Él vacía. Sino que hace todo para lo que fue enviada (Isaías 55:11). Si Él nos habló sanidad, entonces somos sanados. Jesús dijo que el hombre no viviría solamente de pan, sino de cada palabra que sale de la boca de Dios. Por eso es que aprender y meditar la Palabra de Dios es tan importante para nuestra sanidad. Aliente a la persona a la que esté ministrando a declarar por la Palabra de Dios que "No moriré, sino que viviré, y contaré las obras de JAH" (Salmo 118:17). Lo animamos a leer la Palabra, confesar la Palabra, y desarrollar un arsenal de escrituras de sanidad. Déjeles saber que pueden confiar en Dios para su sanidad y liberación porque su Palabra hará en ellos todo su propósito.

12. Sanidad a través de paños/delantales (Hechos 19:12)

La unción de sanidad es transferible. Puede ser en ropa. Es tangible. Hemos orado sobre paños de oración en mi iglesia, y la gente ha sido sana. Hace años al estar predicando en Etiopía, me quité la camisa después de ministrar y la corté en pequeños pedazos de tela. Se los pasamos a todas las personas allí, y escuchamos muchos testimonios de sanidades. Una persona le prendió fuego a un paño en casa de su madre enferma, y el humo del paño la sanó. Había estado postrada en cama durante años, y se levantó de la cama sanada. En otros países no tienen los doctores y hospitales que tenemos en Estados Unidos. Tienen que creer en Dios. Están desesperados por sanidad. No tienen todas las medicinas de prescripción, seguro de salud, Medicaid y Medicare. Así que vienen a los servicios creyendo que si no reciben su sanidad allí, no la van a hacer. Tienen alta expectativa y alta fe. Dios honra la fe.

> Cuando le conocieron los hombres de aquel lugar, enviaron noticia por toda aquella tierra alrededor, y trajeron a él todos los enfermos; y le rogaban que les dejase tocar solamente el borde de su manto; y todos los que lo tocaron, quedaron sanos.
>
> —MATEO 14:35–36

> Y hacía Dios milagros extraordinarios por mano de Pablo, de tal manera que aun se llevaban a los enfermos los paños o delantales de su cuerpo, y las enfermedades se iban de ellos, y los espíritus malos salían.
>
> —HECHOS 19:11–12

ORAR POR LOS QUE HAN SIDO DESTROZADOS

> No sea que desgarren mi alma cual león, y me destrocen sin que haya quien me libre.
>
> —SALMO 7:2

Satanás es como un león rugiente. Los leones despedazan a sus víctimas. Este destrozo representa la violencia que se le hace a las víctimas cuando son atrapadas en las garras de Satanás. Despedazar significa hacer trizas por la fuerza, desgarrar, rasgar. El alma de una persona puede ser despedazada. La mente, la voluntad y las emociones pueden ser desgarradas.

A medida que se disponga a ministrar liberación a los que el Señor le traiga, usted encontrará a muchos que han sido despedazados por el enemigo. Sus familias han sido hechas trizas. Sus relaciones han sido destrozadas. Sus iglesias han sido rasgadas. Sus matrimonios han sido hechos pedazos. Sus finanzas, empresas o carreras han sido hechos jirones. Han quedado en ruinas.

> Pero ellos se alegraron en mi adversidad, y se juntaron; se juntaron contra mí gentes despreciables, y yo no lo entendía; me despedazaban sin descanso.
>
> —SALMO 35:15

Algunas veces, como nos muestra Marcos 1:26, usted estará ministrándole a alguien y echando fuera fortalezas, pero los espíritus malignos tratan de permanecer y algunas veces tratan de desgarrar a la persona al salir fuera: "Y el espíritu inmundo, sacudiéndole con violencia, y clamando a gran voz, salió de él".

Está persona va a necesitar sanidad y restauración. Cuando algo ha sido rasgado, necesita ser remendado y cosido de vuelta. Una de las definiciones de sanidad es zurcir o coser de vuelta.

A menudo oramos por cualquier parte de la vida de la persona que haya sido rasgada para que sea sanada y restaurada. Los que han pasado por divorcios dolorosos a menudo se sienten despedazados. Lo aliento a orar de esta manera cuando discierna que la vida de alguien ha sido destrozada por las circunstancias de la vida. Hágales saber que Dios es un restaurador, y que Él hace nuevas todas las cosas. Hay sanidad y restauración para ellos en el nombre de Jesús.

USTED HA LLEGADO AL REINO PARA ESTA HORA

Porque si callas absolutamente en este tiempo, respiro y liberación vendrá de alguna otra parte para los judíos; mas tú y la casa de tu padre pereceréis. ¿Y quién sabe si para esta hora has llegado al reino?

—ESTER 4:14

Dios enviará respiro y liberación. La pregunta es si vendrá a través de usted o se levantará por otra parte. "Otra parte" es otra fuente, otra manera, otra área u otro cuadrante.

Ester tenía que tomar una decisión. Sería la persona a través de la que viniera respiro y liberación, o Dios usaría a otro.

Declare esto conmigo: "Tomo la decisión hoy de que respiro y liberación vengan a través de mi vida. Deseo que se levante en este lugar. He llegado al reino para esta hora".

Usted ha llegado al reino para esta hora. Su misión real es traer respiro y liberación. Hágalo venir en su lugar. No se quede tranquilo. No se quede callado. Hable a esta generación. Levante su voz en intercesión. Su intercesión traerá respiro y liberación. Predíquele liberación al cautivo. Eche fuera demonios. Libere a los cautivos. La liberación siempre traerá respiro.

Su usted no lo hace, entonces Dios hará que venga de otro lado. ¿Por qué no de su lado? Que sea de su vida, su iglesia y su ministerio.

Capítulo 6

¡ÉCHELO FUERA!

Y le preguntó: ¿Cómo te llamas? Y respondió diciendo:
Legión me llamo; porque somos muchos.
—MARCOS 5:9

A LGUNOS ARGUMENTAN QUE no necesitamos conocer nombres específicos de demonios. Después de todo, ¿qué es un nombre? Un nombre es una palabra o una frase que designa a una persona. Recuerde que cuando estamos lidiando con demonios, estamos lidiando con personalidades, no con cosas. Los nombres son lo que utilizamos para identificar a personas. Si alguien grita en una multitud: "¡Oye, ven acá!", usted no sabría a que "oye" le están llamando. Pero si alguien lo llama por nombre en una multitud, habría una respuesta inmediata.

Los nombres se utilizan para identificar. A la hora de nacer, cada uno de nosotros recibe un nombre que le identifica el resto de su vida. Usted responderá a ese nombre miles de veces en su vida.

Por otro lado, no tener nombre significa ser oscuro u ordinario. Significa ser anónimo. Anónimo significa "no reconocido". Los demonios no desean que usted los reconozca. Ellos desean ser anónimos. Aunque tienen nombres, ellos prefieren que no los conozcamos.

El versículo al comienzo de este capítulo nos da una revelación importante para lidiar con el enemigo. Jesús le ordenó al demonio que se identificara por nombre. Una vez que el enemigo se identificó, Jesús lo echó fuera. Este es el poder de la identificación. Identificar al enemigo es una clave para echarlo fuera. Entre más los creyentes puedan identificar al enemigo por nombre, más exitosos serán para echarlo fuera.

Existen diferentes tipos de espíritus con diferentes rangos y diferentes nombres. El nombre de un espíritu identifica su carácter y lo que hace.

> Por lo cual Dios también le exaltó hasta lo sumo, y le dio un nombre que es sobre todo nombre, para que en el nombre de Jesús se doble toda rodilla de los que están en los cielos, y en la tierra, y debajo de la tierra.
>
> —FILIPENSES 2:9–10

Sobre todo principado y autoridad y poder y señorío, y sobre
todo nombre que se nombra, no sólo en este siglo, sino también
en el venidero.

—Efesios 1:21

Jesús ha recibido el nombre que es sobre *todo* nombre. Todo lo
nombrado debe inclinarse ante el nombre de Jesús. Observe que cuando estamos lidiando con nombres, estamos lidiando con principados
y potestades. Una vez que identifica los nombres del enemigo, usted
puede usar el nombre de Jesús para destruirlos. Los demonios tienen
nombres y deben someterse al nombre de Jesús.

Nombres comunes de demonios y sus grupos

La siguiente es una lista de los nombres comunes de demonios. Esta
lista de ninguna manera es exhaustiva, pero representa un muestrario
de los espíritus demoníacos. Estos son los grupos demoníacos comunes (espíritus que normalmente operan juntos); sin embargo, que el
Espíritu Santo lo guíe, porque hay infinidad de combinaciones de
espíritus que se vinculan y operan juntos.

- Adicción: alcohol, drogas (identifique el nombre de la droga),
  nicotina, esclavitud, glotonería.
- Amargura: raíz de amargura, amargura escondida, ira,
  resentimiento, venganza, represalia, asesinato, odio, rabia.
- Depresión: tristeza, soledad, suicidio, muerte,
  autodestrucción, melancolía, autocompasión.
- Temor: temores de heridas, rechazo, muerte, hechicería,
  autoridad, oscuridad, accidentes, el hombre (tormento,
  aprensión, timidez, retraimiento, terror, pánico,
  preocupación, pavor).
- Lujuria: adulterio, fornicación, masturbación, pornografía,
  perversión, abuso sexual, impureza sexual.
- Orgullo: arrogancia, altivez, fariseísmo, vanidad, ego,
  perfección.
- Rebeldía: necedad, falta de sumisión, desobediencia, ira,
  odio a la autoridad, hechicería, control, posesividad,
  dominación.
- Rechazo: rechazo desde el vientre, autorrechazo, heridas,
  heridas profundas, amargura, ira, odio, temor al rechazo,
  temor, inseguridad, depresión, tristeza, soledad.
- Religioso: tradición, esclavitud, legalismo, hipocresía,
  engaño, error, herejía, dones falsos, control religioso.

- Hechicería: brujería, adivinación, predicción de la suerte, ocultismo, idolatría, percepción extrasensorial.

Los espíritus demoníacos trabajan en grupos y rara vez solos. Hay un líder u "hombre fuerte" sobre cada grupo. Por ejemplo, con el espíritu de rechazo viene el dolor, la amargura, el autorrechazo y el temor al rechazo. Los creyentes necesitan familiarizarse con los grupos de demonios con el fin de ser más eficaces en liberar por completo a la gente de demonios. Algunos espíritus normalmente se vinculan entre sí. La rebeldía y la hechicería trabajan juntas, así como la obstinación y la idolatría (1 Samuel 15:23). Cuando se echan fuera espíritus de enfermedad, a menudo se encontrará con muerte y destrucción.

Los demonios trabajan en grupo para molestar a los creyentes. *Molestar* significa atormentar.

> Y los que habían sido atormentados de espíritus inmundos eran sanados.
>
> —Lucas 6:18

La palabra *atormentados* en este versículo es la palabra griega *ochleō*, que significa aglomerarse. Una aglomeración es un grupo de personas empeñadas en acciones desordenadas.

Una vez que los creyentes reciben el conocimiento acerca de cómo se vinculan los demonios y de cómo operan juntos, se vuelven más eficaces al echar fuera demonios. La liberación entonces puede ser expuesta y descubierta en cada parte de nuestro ser.

A menudo es eficaz ordenarles a los espíritus gobernantes que salgan con todo su grupo. Otras veces, primero puede echarse fuera a los espíritus de rangos menores y luego al espíritu gobernante. Cada grupo tiene un gobernante que necesita ser atado y echado fuera.

> El hipócrita con la boca daña a su prójimo; mas los justos son librados con la sabiduría.
>
> —Proverbios 11:9

No permita que el enemigo coloque una fortaleza en su mente que diga que no necesita conocer acerca de Satanás y sus demonios. La Palabra nos dice que "con la sabiduría" los justos serán liberados. La sabiduría es la clave de la liberación. Entre más conozcamos acerca del enemigo y de su operación, más podremos derrotarlo y echarlo fuera.

Ignorar al diablo y sus demonios le robará su liberación. Usted necesita conocer los nombres de los diferentes tipos de espíritus, su operación y cómo se vinculan. Necesita poder identificarlos y echar-los fuera. No debemos ignorar las maquinaciones de Satanás. Usted necesita conocer a su enemigo si desea derrotarlo.

Recuerde que el pueblo de Dios es destruido por falta de conoci-miento. No permita que una falta de conocimiento le abra la puerta al espíritu de destrucción.

EXPONGA AL ENEMIGO

Algunos argumentan que no debemos hablar acerca del diablo y los demonios. Sin embargo, una de las primeras cosas que necesitamos hacer con el fin de enseñarles a los creyentes a echar fuera demonios es localizar dónde se encuentra el demonio. Los demonios son bue-nos para esconderse, y si no se detectan, permanecerán seguros en su lugar de residencia. Cuando comenzamos a identificar la actividad de los espíritus demoníacos, es asombroso cuántos demonios terminare-mos echando fuera.

> Porque no tenemos lucha contra sangre y carne, sino contra principados, contra potestades, contra los gobernadores de las tinieblas de este siglo, contra huestes espirituales de maldad en las regiones celestes.
>
> —EFESIOS 6:12

Observe que a los espíritus malignos se les llama "gobernadores de las tinieblas de este siglo". Eso significa que su autoridad depende de la cantidad de oscuridad presente. Entre más oscuridad e ignorancia espiritual exista, más podrán gobernar en esa área. Identificar demo-nios es destructivo para su reino, porque trae luz a la situación. La identificación destruye su cubierta de oscuridad.

Los saca de su escondite y los expone. He escuchado que algunos dicen que no tenemos que llamar a los demonios por sus nombres diferentes. "No hable del diablo. Solo ignórelo y mantenga sus ojos en Jesús". Eso suena bien, pero es exactamente lo que los demonios desean que usted crea. He encontrado que las iglesias que no enseñan acerca de liberación y demonios, o que no enseñan acerca de diferen-tes tipos de espíritus malignos, normalmente no echan fuera muchos demonios. Esto se debe a que los demonios pueden esconderse bajo la cubierta de oscuridad cuando no son identificados y echados fuera.

> Y no participéis en las obras infructuosas de las tinieblas, sino más bien reprendedlas; porque vergonzoso es aun hablar de lo que ellos hacen en secreto. Mas todas las cosas, cuando son

puestas en evidencia por la luz, son hechas manifiestas; porque la luz es lo que manifiesta todo.

—Efesios 5:11–13

Estos versículos explican lo que estamos haciendo cuando identificamos a los espíritus malignos. Estamos poniéndolos en evidencia. La palabra griega es exponer.[1] Aquello que es puesto en evidencia (expuesto) se hace manifiesto por la luz. Estamos haciendo que esos espíritus malignos que se están escondiendo y gobernando bajo la cubierta de las tinieblas sean expuestos y hechos manifiestos. Es por ello que hay demasiadas manifestaciones luego de que se enseña acerca de liberación y se exponen las obras de los demonios.

Algunos dicen que estamos exaltando al enemigo cuando hablamos demasiado de él. Pero no estamos exaltando al enemigo, solo lo estamos exponiendo con el fin de echarlo fuera. De hecho, si se habla poco de él, usted le dará la habilidad de esconderse y gobernar bajo la cubierta de las tinieblas y la ignorancia espiritual.

Porque la palabra de Dios es viva y eficaz, y más cortante que toda espada de dos filos; y penetra hasta partir el alma y el espíritu, las coyunturas y los tuétanos, y discierne los pensamientos y las intenciones del corazón. Y no hay cosa creada que no sea manifiesta en su presencia; antes bien todas las cosas están desnudas y abiertas a los ojos de aquel a quien tenemos que dar cuenta.

—Hebreos 4:12–13

Estos versículos nos dicen que toda criatura, incluso los demonios, son manifiestos en la presencia del Señor. La Palabra de Dios desnuda y abre todas las operaciones de los espíritus malignos. Ellos no pueden esconderse, porque todas las cosas son desnudadas y abiertas a los ojos de la mayoría de creyentes. La mayoría de creyentes están ciegos con respecto a la operación de espíritus malignos en su propia vida o en la vida de los demás.

El Señor desea que cada creyente tenga suficiente discernimiento para que los espíritus malignos no puedan esconderse y gobernar bajo la cubierta de las tinieblas. Él desea que sean desnudados y abiertos ante nuestros ojos. Una vez que esto sucede, usted los encontrará despojados de su poder y destruidos a través del ministerio de liberación.

¿En dónde están? Saque a los demonios de sus cuevas

Y los cinco reyes huyeron, y se escondieron en una cueva en Maceda. Y fue dado aviso a Josué que los cinco reyes habían sido hallados escondidos en una cueva en Maceda. Entonces Josué dijo: Rodad grandes piedras a la entrada de la cueva, y poned hombres junto a ella [...] Y después de esto Josué los hirió y los mató, y los hizo colgar en cinco maderos; y quedaron colgados en los maderos hasta caer la noche.

—Josué 10:16–26

El enemigo intenta esconderse de los creyentes. Los demonios sienten que si pueden esconderse, se escaparán de ser destruidos. Cuando Josué supo que esos reyes se estaban escondiendo, los sacó y los destruyó.

Es asombroso cuántos ministros no utilizan estas dos palabras: *¡Sal fuera!* Usted necesita escuchar estas palabras si está ministrando liberación. Jesús no dijo: "Quítate". Él dijo: "Sal fuera". Nosotros no estamos *quitando* a los demonios de la gente, sino los estamos *sacando* de la gente. Esto puede parecer trivial, pero la teología de muchos es que el cristiano puede tener un demonio *sobre* él, pero no *en* él. Los creyentes son espíritu, alma y cuerpo. Los demonios pueden ocupar el alma de un creyente (mente, voluntad y emociones), y el cuerpo físico, pero no el espíritu del creyente.

Pero Jesús le reprendió, diciendo: ¡Cállate, y sal de él!

—Marcos 1:25

Porque le decía: Sal de este hombre, espíritu inmundo.

—Marcos 5:8

Y cuando Jesús vio que la multitud se agolpaba, reprendió al espíritu inmundo, diciéndole: Espíritu mudo y sordo, yo te mando, sal de él, y no entres más en él.

—Marcos 9:25

Y estas señales seguirán a los que creen: En mi nombre echarán fuera demonios; hablarán nuevas lenguas.

—Marcos 16:17

GUÍA RÁPIDA DE REFERENCIA DEL MINISTERIO DE LIBERACIÓN[2]

UNA MANERA PARA QUE EL OBRERO DE LIBERACIÓN COMIENCE:

1. Sostenga una breve conversación acerca de la razón por la que la persona está ahí para la ministración.
2. Comience con oración y adoración generales. Enfóquese en Dios y en su bondad, su poder, etcétera.
3. Ate las potestades sobre el área, quebrante las asignaciones de las potestades del aire a los demonios de la persona. Pida protección angelical (Hebreos 1:14).
4. Pida y reciba por fe los dones del Espíritu necesarios para ministrar.

CONOZCA QUIÉN DIRIGE EN UNA SESIÓN DE LIBERACIÓN:

1. Demasiadas personas que les ordenan a los espíritus (diferentes) a la vez causa confusión para todos, especialmente para la persona a quien se está ministrando.
2. El liderazgo a menudo cambia según el Espíritu Santo dirija.
3. Los esposos a menudo son más eficaces al ordenarles a los espíritus que salgan de su esposa, con el apoyo de otros.

CÓMO ORDENARLES A LOS ESPÍRITUS QUE SALGAN DE LA PERSONA:

1. Diríjase al espíritu por nombre, y si no lo conoce, diríjase a él por su función. Usted conocerá su nombre o la función de ese demonio a través del discernimiento del Espíritu Santo, o el demonio le dirá su nombre. Usted también puede preguntarle su nombre, como Jesús lo hacía cuando echaba fuera demonios (Lucas 8:30).
2. Recuérdeles constantemente a los espíritus que ha recibido autoridad de Jesucristo, quien es superior a todo gobernador o autoridad (Efesios 1:21).

3. Recuérdeles su destino en Apocalipsis 20:10 y en otros lugares de la Escritura (Job 30:3–8). Utilice la afirmación: "El Señor Jesús te reprende", repetidamente como un ariete.
4. Es útil hostigar a los demonios con que confiesen a Jesucristo como su Señor.
5. Los demonios gobernadores pueden ser atormentado para obtener más información. Uno atormenta a través de ordenarle a los espíritus malignos que suelten información que es vital para la liberación. Es parecido a interrogar a prisioneros enemigos.
6. En ocasiones le ordenará a un demonio gobernador que se vaya para luego echar fuera a los demonios menores debajo de él, y si eso no funciona, invierta la táctica. Comience con el demonio menor y luego suba de categoría. Puede simplemente decir: "Le ordeno a todos los espíritus que están operando bajo el gobernador que salgan en el nombre de Jesús".
7. Ate y separe a los demonios que quieran interferir conforme Dios lo guíe.
8. No hay necesidad de que les grite a los demonios, ya que la batalla no es contra carne y sangre, sino en el Espíritu.
9. Utilice la frase: "¡Sal fuera!".
10. Cierre todas las puertas abiertas a través de las cuales el enemigo pudiera regresar con otros siete espíritus peores (Mateo 12:43–45), y ore por que la persona sea llena del Espíritu Santo para sellar su liberación. Cierre orando para que ángeles protejan y guarden a la persona, y cúbralos con la sangre de Jesús.

ESPÍRITU, ALMA Y CUERPO

Y el mismo Dios de paz os santifique por completo; y todo vuestro ser, espíritu, alma y cuerpo, sea guardado irreprensible para la venida de nuestro Señor Jesucristo.

—1 TESALONICENSES 5:23

Lo que es nacido de la carne, carne es; y lo que es nacido del Espíritu, espíritu es.

—JUAN 3:6

En las palabras de Jesús vemos que nuestro espíritu humano es la parte de nosotros que nació del Espíritu Santo. ¿Pero qué hay acerca del alma y el cuerpo?

La palabra *alma* es la palabra griega *psuché* o *psique*. Es nuestra parte psicológica: nuestra mente, voluntad y emociones. Esta parte de nosotros no nació de nuevo. Puede verse afectada por el nuevo nacimiento de nuestro espíritu, pero no nació de nuevo. Nuestra alma debe ser transformada por la renovación de nuestra mente a través de la Palabra de Dios (Romanos 12:2). Nuestra voluntad tiene que ser sometida a Dios (Santiago 4:7).

De hecho, nuestra alma necesita ser salva (liberada) al recibir con mansedumbre la Palabra implantada (Santiago 1:21). Nuestro cuerpo tiene que ser llevado bajo sujeción (1 Corintios 9:27). Además sabemos que la enfermedad, la cual puede ser un espíritu (Lucas 3:11) y es una opresión del diablo (Hechos 10:38), puede estar en el cuerpo de los creyentes nacidos de nuevo.

Aunque los cristianos no tengan demonios en su espíritu nacido de nuevo y recreado, muchas veces pueden tener demonios en su alma o su cuerpo físico, y sucede así. Estas áreas de un creyente están siendo santificadas progresivamente y guardadas irreprensibles, de acuerdo con 1 Tesalonicenses 5:23. Si usted recibe esta revelación será el primer paso hacia recibir su liberación y ayudar a liberar a otros.

No caiga en la mentira de que los cristianos no pueden tener demonios. Eso es lo que el diablo desea que crea. Si no cree que necesita ayuda, no la buscará, aunque sepa por experiencia que hay algo en usted que está conduciéndolo y controlándolo.

Las emociones

Hay muchos creyentes que están atados en el área de las emociones. Los espíritus de dolor, rechazo, ira, odio, rabia, tristeza y pena pueden morar en las emociones. También hay espíritus que pueden obstaculizar o atar las emociones. Las personas que tienen problemas emocionales necesitan liberación. Ordéneles a los espíritus que están morando en las emociones que salgan fuera y ore por que las emociones de la persona sean sanadas y restauradas (Salmo 23:3).

El cuerpo

Los demonios desean habitar en cuerpos y considerarlos su habitación. Las diferentes partes del cuerpo pueden ser lugares de habitación para ciertos tipos de demonios. Por ejemplo, la obstinación y la rebelión pueden alojarse en el cuello y en el área de los hombros. Los espíritu de lujuria pueden habitar en los ojos, las manos, el abdomen y cualquier parte del cuerpo que ha cedido al pecado sexual. Los espíritus de control mental y de confusión naturalmente habitan en el área de la cabeza. El orgullo puede alojarse en la espalda o en la columna.

Los espíritus de enfermedad se alojan en el cuerpo. La sanidad del cuerpo está directamente vinculada con la liberación. Los espíritus de enfermedad deben ser echados fuera antes de que suceda la sanidad.

> Y había allí una mujer que desde hacía dieciocho años tenía espíritu de enfermedad, y andaba encorvada, y en ninguna manera se podía enderezar. Cuando Jesús la vio, la llamó y le dijo: Mujer, eres libre de tu enfermedad. Y puso las manos sobre ella; y ella se enderezó luego, y glorificaba a Dios.
>
> —Lucas 13:11–13

Jesús liberó a la mujer de un espíritu de enfermedad que estaba morando en su espalda y en el área de la columna. Este espíritu le provocó una joroba. Jesús la sanó echando fuera de su cuerpo al espíritu. Cuando las enfermedades y las dolencias son tratadas como demonios y echadas fuera, vemos mayores manifestaciones de sanidad. De acuerdo con Hechos 10:38, la enfermedad es una opresión del diablo.

La palabra *oprimido* es la palabra griega *katadynasteuō*, que significa ejercer dominio sobre. En otras palabras, los espíritus de enfermedad están ejerciendo dominio sobre ciertas partes del cuerpo de una persona. Al echarlos fuera destruimos su dominio y vemos a la persona liberada y sanada.

Muchos creyentes no han visto la cercana conexión entre liberación y sanidad. Pero si estudiamos el ministerio de Jesús, le vemos ministrando sanidad a los enfermos al echar fuera espíritus malignos.

> Al ponerse el sol, todos los que tenían enfermos de diversas enfermedades los traían a él; y él, poniendo las manos sobre cada uno de ellos, los sanaba. También salían demonios de muchos, dando voces y diciendo: Tú eres el Hijo de Dios. Pero él los reprendía y no les dejaba hablar, porque sabían que él era el Cristo.
>
> —Lucas 4:40–41

Observe que mientras Jesús estaba ministrando a los enfermos a través de la imposición de manos, los espíritus malignos se manifestaban y Él los echaba fuera.

Porque había sanado a muchos; de manera que por tocarle, cuantos tenían plagas caían sobre él. Y los espíritus inmundos, al verle, se postraban delante de él, y daban voces, diciendo: Tú eres el Hijo de Dios.

—MARCOS 3:10–11

Evidentemente, adondequiera que Jesús iba ministrando con una unción de sanidad, los demonios reaccionaban y salían. Los demonios detestan la unción, porque los hace manifestarse, y los echa fuera. Cuando oramos con personas con enfermedades, les ordenamos a los espíritus que se están escondiendo en el cuerpo que salgan fuera. Usted también puede ordenarles a los espíritus que salgan de los huesos, los músculos, las coyunturas, la sangre, los nervios y las glándulas.

El habla

Los espíritus malignos que se manifiestan a través de la lengua a menudo se están escondiendo en el corazón, porque "de la abundancia del corazón habla la boca" (Mateo 12:34). Entre los espíritus que pueden esconderse en el corazón se encuentran la amargura, la lujuria, el orgullo, el temor, el odio, el dolor, la tristeza, la codicia, la glotonería y la incredulidad. La maledicencia, la mentira, la blasfemia, la murmuración y las conversaciones obscenas son espíritus que se vinculan con los espíritus del corazón y se manifiestan a través de la lengua. Si el enemigo puede controlar su lengua, él lo enlazará a través de las palabras de su boca (Proverbios 6:2). Cuando ore por personas con problemas en el área del habla, ordéneles a los espíritus que se están escondiendo en el corazón que salgan fuera.

El apetito

Este es un área problemática para muchas personas. Una vez estábamos orando por una joven que sufría de anorexia nerviosa y había perdido completamente el apetito. Ella regurgitaba cualquier alimento que intentara comer y lentamente estaba muriendo de hambre.

Les ordenamos a los espíritus que salieran de su apetito, y ella comenzó a gritar y a decir que sentía que alguien estaba enterrando un cuchillo en su estómago. Ella fue liberada, recobró su apetito y ahora está sirviendo al Señor.

Los espíritus de adicción a la comida, el alcohol y las drogas pueden estar en el apetito provocando que la persona tenga deseos compulsivos en ciertas áreas. Pero nosotros podemos ordenarles a estos espíritus que salgan de las cuevas donde se están escondiendo para exponerlos y echarlos fuera. Una vez que conoce su ubicación (es decir, dónde se están escondiendo), eso le ayudará a echarlos fuera. Los espíritus de adicción también moran en la boca (en las papilas gustativas), en la garganta y en el área del estómago.

La sexualidad

Los espíritus de lujuria, adulterio y fornicación invaden y buscan controlar la sexualidad de una persona. Junto con el pecado sexual vienen culpabilidad, vergüenza y condenación (los cuales se esconden en la conciencia de la persona, provocando que se sientan culpables y avergonzados). El pecado sexual es un pecado contra el cuerpo, y el enemigo desea que los creyentes estén atados en esa área.

Los espíritus de lujuria y de impureza sexual pueden morar en cualquier parte del cuerpo que haya estado cediendo al pecado sexual. La pornografía es una puerta abierta para que los espíritus de lujuria invadan los ojos; y los espíritus de masturbación pueden morar en las manos. Ordéneles a los espíritus que salgan de la sexualidad y de las diferentes partes del cuerpo cuando ore por personas con problemas sexuales.

ANULE LOS PACTOS DEMONÍACOS

Y será anulado vuestro pacto con la muerte, y vuestro convenio con el Seol no será firme; cuando pase el turbión del azote, seréis de él pisoteados.

—ISAÍAS 28:18

Cuando Israel entró en la tierra de Canaán, se les dijo que no hicieran acuerdos con el enemigo. No podemos echar fuera un espíritu maligno con el que estamos de acuerdo. Cuando la gente está de acuerdo con ciertas actitudes y espíritus, el Señor no echará fuera esos espíritus. Muchos creyentes han entrado inconscientemente en acuerdos con los espíritus malignos. Debemos salir del acuerdo con las actitudes de orgullo, rebelión, lujuria, amargura y temor, con el fin de ser liberados.

A menudo, el Espíritu Santo nos revelará los acuerdos que hemos hecho con el enemigo sin darnos cuenta. Los demonios sacan fuerza de esos pactos, pero el Señor nos llevará al punto de romperlos a través de su turbión. *Turbión* significa castigar o corregir. Los procedimientos de convicción del Señor en nuestra vida son para provocar que salgamos del acuerdo con la operación del diablo en nuestra vida.

El Señor no nos liberará a menos que salgamos del acuerdo con los demonios. Él no nos libera contra nuestra voluntad. Esta es otra razón por la que la liberación es progresiva. El Señor lidiará pacientemente con nosotros a través de corregirnos con el fin de liberarnos. Yo he ministrado a multitudes de creyentes que no salen del acuerdo con la herida y la amargura, o con el orgullo o la rebelión. Pero el Señor es fiel y lidiará con sus hijos en corrección, hasta que sean hijos e hijas maduros de Dios.

Una vez que identificamos al enemigo, su nombre o su ubicación, y salimos del acuerdo con su operación, podemos echar fuera de sus cuevas a esos espíritus y destruirlos.

Además es posible identificar a los demonios por la edad de la persona en el momento en que entraron. Por ejemplo, a menudo me guía el Señor a ordenar y echar fuera a los espíritus que entraron en las personas cuando eran bebés o niños pequeños. A veces el Señor me da una palabra de conocimiento para una edad en particular. El Espíritu Santo conoce los traumas o los incidentes de la vida de una persona que pudieron haberles abierto la puerta a los espíritus malignos para que entraran. Él conoce la edad exacta de la vida de una persona cuando entró el enemigo.

Han habido muchas veces en las que les he ordenado a los espíritus malignos que salgan, los cuales entraron durante la adolescencia de la persona o mientras estaban casados, o cuando estaban pasando por un divorcio o una separación. Algunas personas fueron violadas o sufrieron abuso a cierta edad, y si usted confía en el Espíritu Santo, Él le dará la edad en que eso sucedió. A veces la persona a la que está ministrando le dirá la edad o el tiempo en que sucedió algo traumático que le abrió la puerta al enemigo.

Recuerde que la clave es la identificación. Una vez que usted identifica al enemigo por su nombre, operación, ubicación o tiempo de entrada, usted lo expone y lo saca de su cubierta de oscuridad.

MANIFESTACIONES DEMONÍACAS DURANTE LA LIBERACIÓN

Cuando los espíritus malignos salen, uno normalmente espera que haya algún tipo de manifestación a través de la boca o la nariz. Más abajo se encuentra una lista de manifestaciones comunes:

1. Toser.
2. Babear.
3. Vomitar.
4. Escupir.
5. Echar espuma.
6. Llorar.
7. Gritar.
8. Suspirar.
9. Rugir.
10. Eructar.
11. Bostezar.
12. Exhalar.

Una vez más, cuando los demonios son echados fuera, normalmente se marchan a través de la boca o la nariz. Los espíritus están asociados con la respiración. La palabra hebrea para respirar es *nĕshamah*. En griego, la palabra es *pneuma*. El Espíritu Santo es soplado en nosotros (Juan 20:22). Los espíritus son soplados hacia fuera. A veces, cuando la gente recibe liberación, su cuerpo, completo o parte de él, puede temblar o sacudirse. Su meta como ministro es ver ese rompimiento en el espíritu, ver esa pesadez quitada de la vida y del espíritu de la persona y el tremendo gozo que viene por ser libre finalmente. Una vez que encuentre la ubicación del enemigo, no importa dónde se estén escondiendo, sáquelos y destrúyalos.

POCO A POCO. LIBERACIÓN PROGRESIVA

Y Jehová tu Dios echará a estas naciones de delante de ti poco a poco; no podrás acabar con ellas en seguida, para que las fieras del campo no se aumenten contra ti.

—DEUTERONOMIO 7:22

No los echaré de delante de ti en un año, para que no quede la tierra desierta, y se aumenten contra ti las fieras del campo. Poco a poco los echaré de delante de ti, hasta que te multipliques y tomes posesión de la tierra.

—ÉXODO 23:29–30

Algunos argumentan que la verdadera liberación no debería durar mucho, que debería ser rápida e instantánea. Estos dos pasajes nos muestran el principio de la liberación progresiva.

El Señor sacó a las naciones de Canaán poco a poco. Los enemigos carnales de Israel representan a nuestros enemigos espirituales. El Señor deseaba que Israel incrementara en número antes de que Él pudiera echar fuera a sus enemigos. Dios estaba preocupado por cuánta tierra poseerían y mantendrían.

A veces nuestra liberación es proporcional a la manera en que crecemos en las cosas del Señor. El proceso a menudo es paulatino. A menos que comprenda este principio, se fatigará orando por algunas personas; incluso posiblemente se desanime con su propia liberación. Hay ciertas áreas de nuestra vida en las que el Señor nos liberará en ciertas ocasiones. Él sabe qué áreas están listas para recibir limpieza y conoce la coyuntura involucrada.

No se engañe pensando que todos recibirán su liberación en una sesión en el altar. El Señor sabe cuánta tierra necesita poseerse y lo dirigirá por su Espíritu.

> Siendo Josué ya viejo, entrado en años, Jehová le dijo: Tú eres ya viejo, de edad avanzada, y queda aún mucha tierra por poseer.
>
> —Josué 13:1

Incluso después de pelear bajo el liderazgo de Josué, todavía había mucha tierra por poseer. Había muchos habitantes en la tierra de Canaán que no fueron echados fuera en una generación.

Nos sorprenderíamos de conocer el número de espíritus malignos de los cuales la gente necesita liberación. Los espíritus malignos han tenido el tiempo de entrar en nuestra vida durante generaciones, incluyendo el número de años en los que la mayoría hemos caminado en pecado e ignorancia. No subestime la fuerza y el número del enemigo. Él está escondido y profundamente afianzado en la tierra. Debe ser expuesto y desarraigado de sus lugares de alojamiento, y eso con frecuencia tomará mucho tiempo y guerra. *Conozca este hecho: la liberación es más progresiva que instantánea.*

A medida que crezcamos en gracia y dejemos de estar en acuerdo con los espíritus malignos que operan en nuestra vida, el Señor nos liberará de ellos.

Capítulo 7

EL CONOCIMIENTO TRAE LIBERACIÓN

Pero había en la sinagoga de ellos un hombre
con espíritu inmundo, que dio voces, diciendo:
¡Ah! ¿qué tienes con nosotros, Jesús nazareno?
—MARCOS 1:23–24

ME ENCONTRABA MEDITANDO en este versículo de la Escritura y el Señor comenzó a lidiar conmigo con respecto a las palabras que dijo este espíritu inmundo. El clamor de este espíritu es el clamor de todos los demonios: "¿Qué tienes con nosotros?". A ellos no les gusta que los molesten.

Los demonios preferirían hacer su trabajo sin ser notados ni expuestos; a ellos definitivamente no les gusta ser identificados ni echados fuera. Los demonios se resisten a la exposición y resistirán a quien intente traer la luz de Dios sobre sus obras encubiertas. Hay muchos cristianos bienintencionados, incluso ministros, que sienten que no es necesario hablar ni enseñar sobre demonios y liberación.

En la mayoría de las iglesias se dedica muy poco tiempo (si es que se dedica tiempo) a enseñar y ministrar en las áreas de liberación y guerra espiritual. Y a aquellos que pasan un tiempo considerable hablando de demonios se les considera como "exagerados" o "fanáticos de la liberación". De cualquier forma, yo estoy de acuerdo con que cualquier verdad puede ser enseñada de tal forma que se vuelva extrema.

Sin embargo, considerando la masiva escala del problema de la invasión demoníaca, con frecuencia lo que sucede es lo contrario: generalmente no hay suficiente enseñanza en ese aspecto. Algunos caen inconscientemente en la trampa del enemigo al dejarlo en paz. Si se deja en paz a los demonios, ellos continuarán operando sin trabas en la vida de incontables personas.

El hecho es que los demonios no pueden ni deben dejarse en paz. Deben ser expuestos y echados fuera. Enseñar acerca de demonios no es opcional, sino es necesario si la gente va a ser liberada. En nuestra iglesia local, hasta que no comenzamos a enseñar y a predicar acerca de demonios y liberación, no vimos tanta gente liberada como ahora. Se nos dijo que la enseñanza era innecesaria. Se nos dijo que estábamos dedicando demasiado tiempo hablando acerca de demonios. Pero entre más enseñamos y predicamos sobre esta área, más manifestaciones encontramos y más gente vemos que es hecha libre.

Enseñar acerca de demonios y liberación molesta a los espíritus malignos y hace que se manifiesten. Las palabras de estos espíritus malignos nos da una clave de la mentalidad del enemigo. Es decir, los demonios prefieren que los dejen en paz. Ellos resisten a quien intenta exponerlos. No solamente eso, sino también sienten un odio especial por los ministerios de liberación, porque se les está dando demasiada luz a sus obras demoníacas.

De acuerdo con Efesios 6:12, los demonios son identificados como "gobernadores de este siglo". El gobierno denota autoridad. En otras palabras, el nivel de autoridad en que los demonios tienen que operar está basada en la oscuridad presente en la vida de la persona. Entre más tinieblas, más autoridad tendrán para operar. Cuando hay revelación con respecto a su obra, la luz llega. Cuando llega la luz, las tinieblas son disipadas y su poder es quebrantado.

Usted puede ver que los demonios prefieren que se les deje en paz. Si se les deja en paz, ellos continúan sus obras malignas en la vida de incontables personas. Mientras la gente se encuentre en las tinieblas con respecto a Satanás y sus obras, los demonios continuarán gobernando en las tinieblas. Es responsabilidad de la iglesia exponer las obras de las tinieblas y libertar a los cautivos.

Lamentablemente, muchos ministros del evangelio no desean lidiar con el tema de los demonios y la liberación. Por otro lado, a aquellos que tratan extensivamente con este tema, se les llama "fanáticos de la liberación" o "cazadores de demonios". La mayoría de los ministros dicen que todo lo que necesitamos hacer es "predicar a Jesús" o "predicar la fe". Aunque no estoy en contra de "predicar a Jesús" ni de "predicar la fe", encuentro que en la Palabra de Dios se nos ordena "pregonar libertad a los cautivos" (Lucas 4:18). Por lo tanto, no me importa que me llamen un "predicador de liberación".

Jesús fue un "predicador de liberación". Él echó fuera "muchos demonios" (Marcos 6:13). Ahora, la mayoría de ministros echan fuera *pocos*, si es que echan fuera *algún* demonio. Muchos no desean lidiar con este aspecto del ministerio de nuestro Señor. El resultado es que unos cuantos ministerios están sobrecargados con las enormes necesidades de aquellos que están buscando liberación. Por la gracia de Dios, ellos pueden ayudar a muchos; pero tristemente, la necesidad de muchos otros no es satisfecha.

El comentario más triste de numerosos ministerios es que se oponen a los que se toman el tiempo de orar por las necesidades de quienes están buscando liberación. Esta oposición normalmente es inspirada por los demonios.

A menudo, aquellos que se oponen a predicar y enseñar acerca de demonios y de liberación son quienes necesitan liberación. Inconscientemente les están siguiendo el juego a los demonios quienes prefieren que se les deje en paz. Afirmaciones tales como: "No necesitamos hablar del diablo", o: "No creo que se necesite todo eso; solo predique la Palabra y ellos serán liberados", es justo lo que el enemigo desea escuchar. Entre menos hablemos de su reino y menos lo ataquemos, más podrá operar bajo la cubierta de las tinieblas.

Pero el Señor está levantando ministerios que no los "dejarán en paz". Estos son hombres y mujeres que desafiarán, confrontarán, expondrán y echarán fuera demonios. No temerán la mal interpretación y la persecución que viene con este ministerio. No retrocederán ante los ataques del enemigo, quien detesta y resiste a cualquier ministerio que exponga y destruya (que traiga destrucción sobre) su reino. Ellos traerán luz al mundo que está en "densa oscuridad" (Isaías 60:2, NBLH).

LA IGNORANCIA ES OSCURIDAD

La falta de conocimiento conduce a la ceguera y a las tinieblas. Satanás gobierna en la vida de muchos por causa de la ignorancia. La ignorancia con respecto a su obra y su reino es la cubierta de tinieblas bajo la cual operan los demonios. Es por ello que enseñar acerca de demonios y liberación es tan necesario. Sin el conocimiento de los demonios y la liberación, el enemigo continuará destruyendo la vida de multitudes.

Los ignorantes se encuentran en tinieblas. Quienes están en tinieblas están bajo la autoridad del enemigo. Él es el gobernante de las tinieblas. Los que caminan en la luz no estarán sujetos a esta autoridad. La luz destruye la oscuridad. El conocimiento destruye la ignorancia. Cuando llega el conocimiento, viene la luz; cuando viene la luz, las tinieblas deben huir.

...Mas los justos son librados con la sabiduría.

—PROVERBIOS 11:9

El conocimiento trae liberación. He conocido a gente que comenzó a tener manifestaciones (es decir, a mostrar señales de presencia demoníaca) y que recibió liberación de los espíritus malignos de manera sobrenatural con tan solo leer libros de liberación. La luz y la revelación sobre el tema de los libros comenzó a exponer a los espíritus de las tinieblas, y los demonios comenzaron a clamar: "¿Qué tienes con nosotros?".

Sin embargo, los espíritus malignos colocan todo obstáculo posible para evitar que la gente reciba el conocimiento que los hará libres. Algunos experimentaron jaquecas o los venció el sueño y otros obstáculos, porque los demonios no deseaban que leyeran estos libros. Algunas personas se han enfermado físicamente mientras intentan leer un libro de liberación o asistir a un servicio de liberación por primera vez. Incluso han habido veces en las que las personas no pudieron encontrar la iglesia aunque tenían la dirección correcta y conocían la zona en la que estaba ubicada.

La conclusión es que los demonios desean que los dejen en paz. A ellos no les gusta que los molesten. Todo estaba bien hasta que Jesús comenzó a ministrar y a echarlos fuera. El sistema religioso de esa época no los había molestado. La predicación y la enseñanza de los fariseos y los saduceos no los molestaba. Pero la predicación y la enseñanza de Jesús los enfureció. Él los expuso y los echó fuera.

Ellos detestaron el ministerio de Jesús y colocaban toda presión posible contra Él para detenerlo. Los fariseos (motivados por demonios) incluso acusaron a Jesús de echar fuera demonios en el nombre de Beelzebú, el príncipe de los demonios (Mateo 12:24). El sistema religioso de su día lo detestaba, porque ellos eran controlados por los espíritus de las tinieblas, cuyo reino Jesús estaba destruyendo.

No es de sorprender que los demonios se opongan y peleen contra cualquier ministerio que exponga a Satanás y su reino. Cualquier ministerio que enseñe acerca de demonios y de liberación se volverá el blanco del enemigo. Satanás detesta ser molestado y pelea contra quienes no lo dejen en paz. Tal como Jesús fue perseguido, usted será perseguido. Pero el gozo de ver a mucha gente liberada pesa más que la persecución.

El gozo de saber que su nombre está escrito en el Libro de la vida del Cordero vale más que todo el sufrimiento. La voluntad de Dios es que su Iglesia exponga las obras de las tinieblas. Él ya profetizó que las puertas del infierno no prevalecerán contra nosotros (Mateo 16:18). Nuestra victoria está asegurada. Él no nos ha dado un espíritu de temor, sino de poder, de amor y de dominio propio, y nada podrá dañarnos (1 Timoteo 1:7; Lucas 10:19).

¿No es esto lo que te hablamos en Egipto, diciendo: Déjanos servir a los egipcios?

—ÉXODO 14:12

Los hebreos le están diciendo a Moisés lo mismo que los demonios le dijeron a Jesús: "¿Qué tienes con nosotros?". Estas personas estaban siendo motivadas por los espíritus de esclavitud, cautiverio y temor para decir: "Déjanos". He orado por mucha gente y escuchado a demonios hablar a través de ellos, diciendo: "Déjalo; él nos pertenece", o: "No lo toques; él es nuestro".

A menudo, cuando imponemos manos sobre alguien para liberación, los demonios se manifiestan y reaccionan en ira, diciendo: "¡Déjanos!". Ellos maldicen, vociferan y despotrican porque estamos rompiendo su red dentro de la persona por la que estamos orando.

Además hemos visto a personas evitar por completo la liberación o levantarse y marcharse cuando se habla de demonios, porque desean que los dejen. Algunas personas tendrán todo tipo de excusa cuando es hora de orar, con el fin de evitar la oración de liberación. Algunos hablan acerca de sus problemas, pero se resisten cuando llega la hora de orar.

Los que necesitan liberación, con frecuencia se retraen de los demás o se aíslan. El enemigo intentará aislarlos al mantenerlos alejados de los santos, la comunión, la oración y los servicios de liberación. Los espíritus de retraimiento y escapismo son buenos en esto y deben ser atados para que la persona pueda ser liberada. Cuando las personas no desean ser "molestadas" o que oren por ellas, y les gusta que las "dejen en paz", esa podría ser una táctica del enemigo para aislarlos con el fin de mantenerlos alejados de la liberación.

En Lucas 10, los setenta regresaron con Jesús gozosos de que los demonios se les sujetaban en su nombre. Luego de recordarles que su razón para gozarse debía ser porque su nombre estaba escrito en el cielo, Jesús le agradeció al Padre: "Porque escondiste estas cosas de los sabios y entendidos, y las has revelado a los niños" (v. 21).

Esto es exactamente el ministerio de liberación: es una revelación. El hecho es que no todos caminarán en esta revelación. Solamente quienes son humildes y caminan como niños la verán y la podrán en práctica.

Oración final

Oro que toda fortaleza que el enemigo intente poner en su mente contra la verdad sea destruida en el nombre de Jesús. La liberación es una verdad que necesita ser establecida en todas las iglesias.

Ato y vengo contra cualquier y todos los espíritus mentirosos que les impiden a los santos recibir y caminar en estas verdades. Oro que la verdad de la liberación y la guerra espiritual cobre vida en su corazón y en su mente.

Oro que cada persona que esté leyendo este libro se levante en el Espíritu y destruya las obras de las tinieblas. Oro que aprenda y conozca la verdad que lo hace libre. Oro para que los ojos de su entendimiento sean iluminados y que pueda ver la verdad de la liberación.

En el nombre de Jesús ato y le ordeno a todo espíritu que luche contra el ministerio de liberación y que se oponga a él que sea atado y echado fuera. Amén.

PREPARARSE
para la BATALLA
ESPIRITUAL

PARTE 4

Capítulo 8

LA BATALLA ESTÁ LISTA

Bendito sea Jehová, mi roca, quien adiestra mis manos
para la batalla, y mis dedos para la guerra.
—Salmo 144:1

Jesús vino a destruir las obras del diablo (1 Juan 3:8). Las obras del diablo son llevadas a cabo por sus fuerzas. El reino de Satanás consta de principados, potestades, gobernadores de las tinieblas de este siglo y huestes espirituales de maldad en las regiones celestes. Existen diferentes tipos de demonios y diferentes tipos de maldad. Podemos destruir al enemigo de mañana (Salmo 101:8). Podemos destruir a los que nos aborrecen (Salmo 18:40).

Satanás se queda indefenso cuando sus fuerzas son destruidas. Nosotros tenemos autoridad para atar al hombre fuerte y desarmarlo. Israel fue enviado a Canaán para destruir a diferentes naciones, las cuales son imágenes de los reinos que poseían la tierra. Cada reino representaba un tipo diferente de potestad que Dios deseaba que su pueblo destruyera.

Los demonios también son representados por diferentes criaturas. La diversidad del reino animal es una imagen de la diversidad del reino de las tinieblas. La Biblia habla de serpientes, escorpiones, leones, chacales, toros, lobos, búhos, serpientes de mar, moscas y perros. Estos representan diferentes tipos de espíritus malignos que operan y destruyen a la humanidad. Son invisibles al ojo natural. Sin embargo, ellos son tan reales como las criaturas naturales.

Nosotros debemos recordar siempre que son más los que están con nosotros que los que están en nuestra contra. Las fuerzas de luz son mucho más superiores que las fuerzas de las tinieblas. Jesús es el Señor de los ejércitos. Los ejércitos del cielo son una importante estrategia en la guerra.

Nosotros podemos destruir y derrotar las fuerzas de las tinieblas de las regiones celestes, la tierra, el mar y debajo de la tierra. Estas fuerzas pueden operar a través de la gente, los gobiernos, los sistemas económicos, los sistemas educativos y diferentes estructuras establecidas por el hombre. Estas fuerzas pueden operar desde diferentes ubicaciones y en diferentes territorios.

Los ídolos que los hombres adoran están hechos a la imagen del hombre, bestias de cuatro patas, aves y cosas que se arrastran. Detrás de estos ídolos hay demonios. Estos son espíritus malignos que se manifiestan en lo natural a través de ídolos. Estos dioses (ídolos) también fueron varón y hembra. Las naciones adoraban a dioses y diosas. Jezabel es un ejemplo de un principado femenino.

La Biblia utiliza palabras fuertes que pertenecen a la guerra, entre ellas:

- *Abolir:* terminar, cortar, sacar (Isaías 2:18; 2 Timoteo 1:10).

- *Asolar:* golpear, herir, golpear con violencia, moler, destruir, incomodar, quebrantar con violencia, consternar, aterrar (Jueces 9:45; 2 Reyes 13:25; Salmo 18:42; Isaías 27:12; Jeremías 46:5).

- *Quebrantar:* liberar, romper, dejar en pedazos, aplastar, destruir, desmenuzar (al romperlos en pedazos), arrancar, demoler, arruinar, aplastar, expulsar, dejar en pedazos, dispersar (Éxodo 34:13; Levítico 26:19; Salmo 2:9; 10:15; 58:6; 72:4; Eclesiastés 3:3; Isaías 45:2; Jeremías 28:4; Daniel 2:40).

- *Derribar:* demoler, quebrantar, destruir, derrocar, subvertir, tirar, echar al infierno (Jueces 6:28, 30; Salmo 17:13; 89:44; 102:10; 147:6; Isaías 28:2; Jeremías 8:12; Daniel 7:9; 8:10; 2 Corintios 4:9; 10:5; 2 Pedro 2:4).

- *Echar fuera:* ocupar a través de desalojar a los antiguos inquilinos y poseer su lugar, tomar, robar, heredar, expulsar, empobrecer, despedir, empujar hacia atrás o hacia abajo, sacar, desterrar, expeler, retirar, desocupar (Éxodo 34:24; Levítico 18:24; Deuteronomio 6:19; 1 Reyes 14:24; 2 Reyes 16:3; Job 20:15; Salmo 5:10; Mateo 12:28; Marcos 6:13; Lucas 9:40; Juan 12:31; Apocalipsis 12:9).

- *Perseguir (cazar):* ir detrás de con un propósito hostil, hacer huir, acosar (Levítico 26:7–8; Deuteronomio 32:30; Salmo 18:37; 35:3; Isaías 17:13).

- *Confundir:* avergonzar, desilusionar, llevar a confusión, poner en vergüenza (Salmo 35:4; 40:14; 70:12; 12, 24, 83:17; 97:7; 109:29; 129:5; Jeremías 17:18; 50:2).

- *Consumir:* terminar, comer, destruir, disipar, devorar, tragar, quemar (Deuteronomio 7:16, 22; Salmo 37:20; 71:13; 104:35; 2 Tesalonicenses 2:8; Hebreos 12:29).

- *Contender:* irritar, exasperar, interferir, luchar, provocar, pelear, defender, amonestar, reprender, iniciar una controversia (Deuteronomio 2:24; Isaías 41:12; 49:25; Jeremías 12:5; Judas 1:9).
- *Destruir:* terminar, cesar, destruir por completo, limpiar, desechar, maldecir, derribar, tirar, quebrantar, devorar, consumir (Levítico 23:30; 26:30, 44; Salmo 5:6, 10; 18:40; 21:10; 28:5; 52:5; 55:9; 74:8; 101:8; 144:6; Proverbios 15:25; Isaías 23:11; Jeremías 1:10; Mateo 21:41; Marcos 1:24; 9:22; Juan 10:10; 1 Juan 3:8).
- *Pelear:* consumir, luchar, hacer guerra, vencer, prevalecer, luchar, contender con el adversario (Éxodo 14:14; 17:9; Deuteronomio 1:30; Josué 10:25; Jueces 1:1, 3, 9; Salmo 35:1; 144:1; Daniel 10:20; 1 Timoteo 6:12; 2 Timoteo 4:7; Hebreos 10:32).
- *Prevalecer:* encerrar, contener, cerrar, detener, ser fuerte, fortalecerse, dominar, restringir, atar, conquistar (2 Crónicas 14:11; Salmo 9:19; Isaías 42:13; Mateo 16:18).
- *Golpear:* atacar, vencer, arrojar, acabar, azotar, herir, asestar, empujar, derrotar, infligir, frustrar, convertir en sangre, lastimar, exponer a lo peor (Números 25:17; Deuteronomio 13:15; Josué 7:3; Jueces 20:31; 1 Samuel 15:3; Isaías 19:22; Jeremías 43:11; Hechos 7:24; Apocalipsis 11:6).
- *Luchar:* batallar, lidiar con (Génesis 30:8; 32:24; Efesios 6:12).

La Biblia contiene muchas palabras que hablan de guerra. La Biblia está llena de guerra. La historia del hombre ha sido determinada por guerras. Juan vio la guerra en el cielo entre Miguel y sus ángeles y Satanás y sus ángeles (Apocalipsis 12:7). La guerra requiere de guerreros. Los guerreros deben tener la tenacidad de vencer a sus enemigos. Recuerde que Dios adiestra nuestras manos para la batalla y nuestros dedos para la guerra (Salmo 144:1).

Prepárese para involucrarse

¿Qué hace que una persona tenga éxito en la guerra? Entre algunas cualidades se encuentran:

- Resistencia: la capacidad de soportar y resistir la adversidad, la dificultad o la presión. Nosotros debemos de soportar las penalidades como un buen soldado de Jesucristo (2 Timoteo 2:3).

- Odio: desagrado y antipatía extremos, aversión. En la guerra espiritual debemos aborrecer al enemigo y los espíritus malignos (Salmo 139:22).
- Conocimiento: no debemos ignorar las maquinaciones de Satanás (2 Corintios 2:11).
- Persistencia: la capacidad de continuar con resolución y obstinación a pesar de la oposición. Debemos ser persistentes al lidiar con el enemigo (Salmo 18:37).
- Separación: separarnos o mantenernos separados. Ningún hombre que milita se enreda en los negocios de la vida (2 Timoteo 2:4).

Dios utiliza a personas ordinarias para llevar a cabo sus propósitos. Nuestra habilidad viene a través de la gracia. Cada creyente está sentado en lugares celestiales con Cristo. Su posición en Cristo es mucho más alta que cualquier principado o potestad. Usted debe ver quien es *en Cristo*.

Usted puede hacer todas las cosas en Cristo. Es importante conocer su autoridad y atacar al enemigo en fe. No necesita temer. Los demonios están sujetos a la autoridad del creyente. Jesús nos da poder para hollar serpientes y escorpiones (Lucas 10:19). Él prometió que nada nos dañará.

A Josué se le ordenó atacar al enemigo (Deuteronomio 2:24). Usted verá grandes victorias al entrar en guerra. *Entrar en guerra* significa llevar las tropas al conflicto. Hay algunos creyentes que temen involucrarse. Temen el contragolpe. Jesús envió a sus discípulos a que pelearan con el enemigo. Se les ordenó sanar a los enfermos y echar fuera demonios.

Dos revelaciones importantes que todo creyente necesita son: comprender el poder y comprender la *autoridad*. Como lo mencioné anteriormente, *poder* es la palabra griega *dunamis*. *Autoridad* es la palabra griega *exousia*. La autoridad es el derecho legal de utilizar el poder. Nosotros hemos recibido autoridad para usar el poder que el Espíritu Santo nos proporcione.

Debemos utilizar la autoridad y el poder. Los utilizamos por fe. Esto no se basa en sentimientos, sino en la fe. Se basa en la Palabra de Dios. La fe viene de escuchar la Palabra de Dios. Es importante que los creyentes asistan a una iglesia que enseñe sobre el poder y la autoridad. Es importante que usted lea y estudie sobre estos temas. La revelación de estas áreas le dará la confianza de hacer estas oraciones.

Hemos recibido el derecho legal de usar el nombre de Jesús. El nombre de Jesús es sobre todo nombre. La autoridad en el nombre de

Jesús es reconocida en el plano espiritual. Echamos fuera demonios en ese nombre. Recibimos poder a través del Espíritu Santo (Hechos 1:8). Dios es poderoso para hacer más abundantemente conforme al poder que actúa en nosotros. Jesús echó fuera demonios a través del poder del Espíritu Santo (Mateo 12:28). Combinamos el poder del Espíritu Santo con la autoridad del nombre de Jesús para derrotar al enemigo. No atacamos al enemigo en nuestro propio poder y autoridad. Lo atacamos a través del poder del Espíritu Santo y de la autoridad en el nombre de Jesús.

Los demonios reconocen el poder y la autoridad. Ellos reconocen a los creyentes que operan en poder y autoridad. Entre más ejercitemos el poder y la autoridad, más nos desarrollaremos en estas áreas. Es importante comenzar.

También es importante asegurarse de que sus pecados sean perdonados cuando se está enfrentando al enemigo. Si confesamos nuestros pecados, Él es fiel y justo para perdonarnos y limpiarnos de toda maldad (1 Juan 1:9). No enfrente al enemigo con un pecado no confesado en su vida. Hay poder en la sangre de Cristo. Su sangre nos limpia de todo pecado. No le dé lugar al diablo. Usted debe operar en justicia.

Nosotros somos hechos justos a través de la fe. Nosotros somos la justicia de Dios en Cristo (2 Corintios 5:21). Muchos creyentes sufren de sentimientos de inferioridad y de baja estima, porque no comprenden la justicia. La justicia nos da confianza. La justicia nos da audacia. La justicia es el cetro del reino (Hebreos 1:8). Los justos están confiados como un león (Proverbios 28:1).

Dios cubre nuestra cabeza en el día de la batalla (Salmo 140:7). Una cubierta es una protección. La cubierta se basa en la sujeción a Dios, a su Palabra, al Espíritu Santo. La humildad y la sumisión son características importantes de los creyentes que se involucran en guerra espiritual. La guerra espiritual no es para los rebeldes. Es importante estar sometidos a la autoridad bíblica apropiada. Esto incluye estar sometido a líderes devotos que cuiden de su alma.

CONÉCTESE

Nuestra fuente de poder es el Espíritu Santo y la Palabra de Dios. Nosotros nos edificamos en la fe cuando confesamos la Palabra. Experimentamos una mayor confianza cuando comprendemos la Palabra y caminamos en la revelación. La oración nos conecta con la fuente de poder. La oración nos conecta con Dios y permite que su poder fluya en nosotros en cualquier situación. La salvación es la base para la guerra espiritual. El nuevo nacimiento es una necesidad. Un creyente también necesita la llenura del Espíritu Santo. ¿Usted nació de nuevo? ¿Sabe sin lugar a dudas que es salvo? Si ha aceptado a Jesucristo como su Salvador y el regalo de su sacrificio en la cruz por fe, entonces la Biblia dice que usted es salvo (Hechos 16:31; Romanos 10:9–10; 1 Corintios 1:19; Efesios 2:8-9).

Los creyentes deben tener una vida santa sometida al Espíritu Santo. Se nos ordena caminar en el Espíritu. Esto nos asegurará una victoria continua y avance para los demás. Podemos castigar la desobediencia cuando nuestra obediencia sea completa. Jesús echó fuera demonios a través del Espíritu Santo (Mateo 12:28). El Espíritu Santo era la fuente de su poder y de su sabiduría.

Se nos dice que nos fortalezcamos en el Señor y en el poder de su fuerza (Efesios 6:10). Caminamos y peleamos en su fuerza. Esto requiere de humildad y de una completa dependencia de Dios. Nosotros no confiamos en nuestra propia fuerza. No podemos permitir que el orgullo le abra la puerta a la destrucción.

El Señor es varón de guerra (Éxodo 15:3). Él peleará nuestras batallas. Nosotros dependemos de su poder y su dirección. Dependemos de su Palabra y de su Espíritu.

No puedo resaltar más la necesidad de la humildad. Dios le da gracia al humilde. El Señor es la fortaleza de mi vida. Esto me da la capacidad de vencer todo temor. Yo pongo mi confianza en el Señor. David ganó muchas batallas y venció a todos sus enemigos.

El Señor le enseñó a David a pelear (Salmo 144:1). Él también le enseñará a usted a pelear. Usted debe depender de Él. Las oraciones y estrategias de este libro se aprendieron a través de años de luchar y de confiar en Dios. Dios nos enseñó a pelear utilizando su Palabra. El Espíritu Santo abrió nuestros ojos a las grandiosas verdades, y continuamos aprendiendo.

Dios era la fuente de poder de David. Él confesó que el Señor era su fuerza. David era un hombre de oración y adoración. Él disfrutaba la presencia del Señor. La presencia del Señor era la fuente de gozo y fuerza de David. Sus canciones eran poderosas armas proféticas contra el enemigo. No hay nada que sustituya una vida de alabanza y adoración. Cada creyente necesita pertenecer a una iglesia que sea fuerte en alabanza y adoración.

Hay muchos grandiosos guerreros que están siendo capacitados en la escuela del Espíritu Santo. Son personas humildes que tuvieron que depender de Dios para el avance. Ellos tuvieron que conectarse con el Señor, quien es el más grande guerrero. Ellos aprendieron a través de la experiencia y a veces mediante el fracaso. Tal como estos grandes guerreros de Dios, si nosotros clamamos al Señor, Él nos mostrará cosas grandes y maravillosas.

Confronte las tácticas del enemigo

No debemos ignorar las tácticas del diablo. Podemos vencer todas las maquinaciones del diablo. El diablo es un estratega. Una *maquinación* es un plan, un diseño o un programa de acción. La Biblia habla acerca de las asechanzas del diablo (Efesios 6:11). Una *asechanza* es un truco o una trampa. Una *trampa* es un engaño.

La guerra involucra tácticas y estrategias. Los mejores generales son grandes estrategas y tácticos. No podemos ganar sin una estrategia. No permita que el enemigo haga estrategias en su contra. Venza y destruya sus estrategias a través de la oración.

Las trampas y los engaños están escondidos. La gente cae en trampas sin saberlo. Nosotros somos liberados del lazo del cazador. Un *cazador* es un trampero. Satanás es un cazador de almas. Podemos liberarnos y liberar a los demás a través de la oración.

La táctica principal del enemigo es el engaño. Él es un mentiroso y padre de mentira (Juan 8:44). La Palabra de Dios expone las tácticas del enemigo. Dios es luz y su Palabra es luz. La luz expone al enemigo y derriba las tinieblas.

Multitudes son engañadas por el enemigo. Hay ejércitos de espíritus mentirosos y engañadores que trabajan bajo la autoridad de Satanás. Entre estos espíritus pueden encontrarse la desilusión, el engaño, la mentira, la seducción, la ceguera, el error y la astucia. Nuestra oración puede destruir el poder de estos espíritus engañadores y provocar que los ojos de la gente sean abiertos.

David oró contra las conspiraciones enemigas de los malignos. Los salmos están llenos de referencias a los planes de sus enemigos por derribarlo. Sus oraciones fueron la clave para destruir esos planes y llevarle liberación. David oraba por que sus enemigos fueran esparcidos, confundidos, expuestos y destruidos.

Las luchas de David eran con enemigos naturales. Detrás de esos enemigos naturales se encontraban enemigos espirituales que estaban contra el reino davídico. Jesús vendría de esa línea y se sentaría en su trono. David estaba peleando con algo más allá de lo natural. A través del Espíritu Santo, él pudo contender con las potestades de las tinieblas que estaban contra la llegada del Reino de Dios.

Estas potestades también se manifestaron a través de Herodes, quien intentó asesinar al Mesías que vendría. Herodes fue conducido por espíritus de temor y asesinato. Él fue usado por Satanás para intentar abortar el reino que vendría. Sin embargo, el Espíritu Santo ya había sido soltado a través de las oraciones de David, y el trono de David estaba seguro.

Muchas de estas oraciones de guerra son tomadas de los salmos de David. Jesús es el Hijo de David. Él se sienta en el trono de David. Las oraciones proféticas de David fueron armas contra el intento del enemigo por detener la simiente prometida. Las victorias de David en oración abrieron paso para que su trono continuara. El trono de maldad no pudo vencer el trono de justicia.

Dios instruyó a David. Él se convirtió en un rey guerrero. Sus victorias hicieron que su reino se estableciera. Su victoria sobre la casa de Saúl llegó después de una larga guerra (2 Samuel 3:1). No se desanime en oración. Continúe orando. Usted se fortalecerá y el enemigo se debilitará (hablaremos más acerca de cómo involucrarse en una "larga guerra" en el capítulo 11).

David consumió a sus enemigos (Salmo 18:37–40). Él no se volvió hasta que fueron destruidos. Nosotros debemos perseguir al enemigo hasta que sea completamente destruido. Debemos perseguir al enemigo. *Perseguir* significa seguir con el fin de superar o capturar. Significa perseguir con intenciones hostiles. No podemos ser pasivos con respecto a la guerra.

Las victorias de David prepararon el camino para Salomón. Salomón disfrutó de paz y prosperidad. El nombre de Salomón significa "paz". *Paz* es la palabra hebrea *shalom*. *Shalom* significa "paz, prosperidad, favor, salud y bienestar". Las victorias que usted tenga sobre el enemigo soltarán el *shalom*. Usted experimentará mayores niveles de paz y prosperidad.

Capítulo 9

LAS ARMAS DE NUESTRA MILICIA, PARTE 1

Porque las armas de nuestra milicia no son carnales, sino poderosas en Dios para la destrucción de fortalezas.
—2 CORINTIOS 10:4

DIOS NOS HA dado armas espirituales para derribar fortalezas, recuperar la herencia que nos toca por el pacto y derrotar al enemigo. En cualquier situación de combate, uno quiere saber cuáles son las armas que tiene a su disposición y entrenarse en ellas para la guerra (Salmo 144:1). En este capítulo y el siguiente, vamos a descubrir las armas a las que Dios nos ha dado acceso para pelear la buena batalla, ¡y salir victoriosos!

LA PALABRA DE DIOS

La Palabra de Dios es la espada del Espíritu. Una espada es utilizada en la guerra. El Señor nos enseña cómo usar esta espada. La usaremos contra los enemigos espirituales de nuestra alma. Veremos grandes victorias a medida que la utilicemos correctamente. La Palabra de Dios es nuestra fuente de sabiduría. Nosotros operamos en la sabiduría de Dios para derrotar a las potestades del infierno.

Confesar la Palabra de Dios es una parte importante en la vida espiritual de todo creyente. Al cristianismo se le llama la "gran confesión". La salvación viene al confesar con la boca que Jesucristo es Señor (Romanos 10:9–10). La boca está conectada con el corazón. La Palabra de Dios soltada de nuestra boca será plantada en nuestro corazón. La fe también es soltada a través de la boca. La boca solamente puede soltar lo que está en el corazón. La fe en el corazón que es soltada a través de la boca puede mover montañas. Jesús dijo: "Si tuviereis fe como un grano de mostaza, diréis a este monte: Pásate de aquí allá, y se pasará; y nada os será imposible" (Mateo 17:20).

La Palabra de Dios es poderosa. Cuando la hablamos se convierte en una especie de martillo que quebranta la piedra (Jeremías 23:29). La Palabra de Dios es un cofre del tesoro de sabiduría y conocimiento. Contiene una abundancia de revelación para cada creyente. Cada creyente que desee disfrutar la libertad y la victoria debe dedicar tiempo para estudiar la Palabra de Dios y pedir revelación. La revelación es la clave para obtener autoridad. Pedro recibió las llaves del Reino luego de recibir la revelación de que Jesús era el Cristo (Mateo 16:16–19). A medida que recibamos las revelaciones de la Palabra de Dios, nosotros también crecemos en autoridad en el Reino y sobre las acechanzas del enemigo.

La Palabra está cerca de nosotros, y está en nuestra boca y en nuestro corazón (Romanos 10:8). Esta es la Palabra de fe. Hablamos de la abundancia del corazón. Dios apresura su Palabra para ponerla por obra (Jeremías 1:12).

Dios es la fuente de todas nuestras victorias y avances. Él es la fuente de nuestra sabiduría y nuestras estrategias. Su Palabra es la fuente para que comprendamos la guerra en la cual estamos involucrados. El estudio y la iluminación de su Palabra es invaluable para ayudarnos a experimentar liberación y avance en cada batalla que enfrentemos en la vida.

LA ORACIÓN

La oración es un arma poderosa para los creyentes que aborrecen las obras de las tinieblas (Salmo 139:21). ¿Usted aborrece todo camino de mentira (Salmo 119:104)? ¿Desea ver cambios en su ciudad, su región y su nación? Este es su derecho y su herencia como hijo o hija del Rey. A medida que ore, su Padre le dará las naciones por herencia (Salmo 2:8). Sus oraciones tienen el poder para cambiar regiones geográficas (Eclesiastés 8:4). Cuando tiene temor del Señor, usted aborrece el mal (Proverbios 8:13), y sus oraciones justas lo reflejan.

Debido a que usted detesta el mal y ama lo bueno, sus oraciones de guerra no solamente serán por victoria sobre su ciudad, su región o su nación, sino también estarán dirigidas a ver un avance en su vida personal. Sus oraciones pueden demoler fortalezas.

Cuando ora, usted está ejecutando la victoria sobre Satanás que se ganó en la cruz. Usted está ejecutando los juicios escritos contra él a través de sus oraciones. Usted está reafirmando el hecho de que los principados y las potestades han sido despojados (Colosenses 2:15). Este honor les es dado a todos los santos de Dios.

De ahí que sea lamentable que haya demasiados cristianos que batallan con la oración. Muchos dicen que no saben cómo orar. algunos se han desanimado en oración. Es por ello que sigue habiendo muchas áreas de su vida que continúan bajo la opresión del enemigo. El Señor me enseñó hace mucho tiempo la importancia de orar la Palabra para vencer la resistencia espiritual al plan de Dios para mi vida. El Espíritu Santo me ha ayudado a comprender muchos versículos y cómo utilizarlos en oración para poder continuar caminando en victoria.

Cuando basamos nuestras oraciones en la Palabra de Dios, esta nos inspirará a orar. Orar la Palabra de Dios expandirá nuestra capacidad para orar. Despertará un espíritu de oración en usted. Se nos dice que hagamos todo tipo de oraciones (Efesios 6:18). Orar la Palabra nos hará hacer muchos tipos diferentes de oraciones que normalmente no habríamos hecho. Esto nos ayudará a eliminar las limitaciones de nuestra vida de oración. Leer, estudiar y meditar en las promesas de Dios le motivará a orar. Dios le ha dado muchas preciosas y grandísimas promesas; promesas para ayudarlo, salvarlo y liberarlo de la mano del enemigo, y para sanarlo y darle prosperidad. Es a través de la oración llena de fe que heredamos estas promesas de pacto (Hebreos 6:12).

La oración es una de las muchas maneras en que soltamos la voluntad de Dios en la tierra. Debemos estudiar la Palabra de Dios para conocer la voluntad de Dios. Es por ello que la oración y la Palabra deben estar combinadas. Daniel pudo orar con eficacia, porque conocía la Palabra de Dios con respecto a su pueblo (Daniel 9:2-3).

Debemos orar con el entendimiento (1 Corintios 14:15). Tener entendimiento de la voluntad de Dios nos ayudará a orar correctamente. La Palabra de Dios es la voluntad de Dios. No debemos ser insensatos; debemos comprender cuál es la voluntad del Señor (Efesios 5:17). La oración también nos ayuda a caminar perfecta y completamente en toda la voluntad de Dios (Colosenses 4:12).

Se nos anima a clamar al Señor. Él ha prometido mostrarnos cosas grandes y maravillosas (Jeremías 33:3). El Señor se goza en nuestras oraciones. Él se goza en responder nuestras oraciones. Antes de que llamemos, Él responderá (Isaías 65:24). Los oídos del Señor están abiertos a las oraciones de los justos (1 Pedro 3:12). La ferviente oración eficaz del justo puede mucho (Santiago 5:16). Se nos dice que oremos sin cesar (1 Tesalonicenses 5:17).

Nuestro Dios escucha la oración. A él vendrá toda carne en oración (Salmo 65:2). Todos los creyentes tienen desafíos similares, y todos los creyentes pueden superar esos desafíos a través de la oración. Dios no hace acepción de personas. Él está cerca de los que claman a Él (Salmo 145:19). El Señor escuchará el ruego y recibirá sus oraciones (Salmo 6:9). Clamar al Señor traerá salvación y liberación de sus enemigos (Salmo 18:3). Esta siempre ha sido una clave para la liberación. Usted puede orar para salir de cualquier situación adversa. El Señor es su ayudador. Dios no echará de sí sus oraciones (Salmo 66:20).

Dios no desechará sus oraciones (Salmos 102:17). Las oraciones de los rectos son el gozo de Dios (Proverbios 15:8).

Dios nos ha prometido recrearnos en la casa de oración (Isaías 56:7). A la casa de Dios se le llama casa de oración para todas las naciones. Creo que no solamente debemos orar, sino también disfrutar la oración. El gozo del Señor es nuestra fuerza. La oración debe producir una abundancia de milagros y recompensas. Aquellos que disfruten los resultados de la oración disfrutarán una vida emocionante.

David fue un rey que comprendió el lugar de la oración en la victoria. Él tuvo muchas victorias sobre sus enemigos. Él vio la poderosa liberación a través de la oración. Oró por derrota de sus enemigos, y Dios le respondió. Nosotros tendremos los mismos resultados sobre nuestros enemigos espirituales. No estamos peleando contra carne y sangre. Debemos vencer principados y potestades con la armadura de Dios. Debemos tomar la espada del Espíritu y orar con toda oración y ruego (Efesios 6:12–18).

Las oraciones de David terminaron con Salmo 72:20. Él las terminó orando por que toda la Tierra fuera llena de la gloria de Dios. Este es el final de la oración. Creemos que la tierra será llena del conocimiento de la gloria de Dios como las aguas cubren la mar (Habacuc 2:14). Esta es nuestra meta. Continuaremos orando hacia el cumplimiento de esta promesa. Veremos el crecimiento del Reino de Dios y la destrucción de las potestades de las tinieblas a través de nuestras oraciones. El avivamiento y la gloria están incrementando. Nuestras oraciones son como gasolina sobre el fuego.

Nuestras oraciones llenas de fe son las llaves para ver milagros y avance constantes. Todo lo que pidamos en oración creyendo lo recibiremos (Mateo 21:22).

El ayuno

En Mateo 17:14–21, los discípulos de Jesús se encontraron con un demonio en un chico y no pudieron sanarlo debido a la incredulidad. La incredulidad nos impide lidiar con fortalezas. Se necesita de fe para desalojar al enemigo. El ayuno ayuda a superar la incredulidad y construir una fe fuerte. Esta es la combinación sobrenatural que Jesús les dio a sus discípulos en Mateo 17: Oración y ayuno.

Algunas cosas necesitan de ayuno y oración. No hay de otra. Existen algunos tipos de demonios que simplemente no se rinden. Son fuertes, orgullosos, arrogantes y desafiantes. Se necesitará de unción para destruir los yugos. Cuando ayuna, la unción incrementa en su vida, porque usted está profundamente en el Espíritu. La autoridad de

Dios, el poder de Dios y la fe de Dios cobran vida cuando dejamos a un lado algunas cosas y ayunamos.

Isaías 58 habla acerca de cómo podemos ayunar para quebrantar todo yugo y deshacer las pesadas cargas. El ayuno da lugar a que los oprimidos sean hechos libres. El ayuno quebranta la esclavitud y provoca avivamiento. A medida que ore y ayune, la gracia de Dios vendrá sobre su vida. El Señor será la fuerza de su vida. El ayuno edifica la fe y una firme determinación para poder experimentar liberación en cada área que el enemigo ha intentado controlar.

Ayune con humildad y sinceridad

En los días de Jesús, los fariseos ayunaban con actitudes de orgullo y superioridad (Lucas 18:11–12). Cuando estamos llenos de orgullo, somos legalistas y religiosos, podemos ayunar y orar todo lo que deseemos, pero no veremos muchos milagros. Los fariseos no vieron milagros suceder como resultado de su oración y ayuno. Ellos no tenían poder. Jesús tenía todos los milagros, porque Él era humilde y lleno de misericordia, amor y compasión hacia la gente.

Nosotros debemos ayunar con humildad. El ayuno debe ser genuino y no religioso ni hipócrita. Eso es lo que Dios requiere en el ayuno. Nosotros debemos corregir nuestras intenciones en el ayuno. El ayuno es una herramienta poderosa. Grandes milagros y avances suceden cuando el ayuno se lleva a cabo con el espíritu correcto.

Isaías capítulo 58 describe el ayuno que Dios ha elegido:

- El ayuno no puede hacerse por diversión (v. 3).
- El ayuno no puede hacerse mientras oprimimos los demás (v. 3).
- El ayuno no puede hacerse por contienda o debate (v. 4).
- El ayuno debe hacer que uno incline su cabeza en humildad como un junco (v. 5).
- El ayuno debe ser un tiempo de búsqueda y arrepentimiento del corazón.
- El ayuno debe hacerse con una actitud de compasión por el perdido y el afligido (v. 7).

Este es el ayuno que Dios promete bendecir.

El enemigo conoce el poder de la oración y el ayuno, y hará todo lo que pueda para detenerlo. Los creyentes que comienzan a ayunar pueden esperar encontrarse con mucha resistencia espiritual. Un creyente debe estar comprometido con un estilo de vida de ayuno. Las recompensas del ayuno sobrepasan a los obstáculos del enemigo.

EL AYUNO SUELTA LA UNCIÓN
DEL QUE ABRE CAMINOS

El profeta Miqueas profetizó el día en que el que abre caminos vendría delante de su pueblo. Nosotros estamos viviendo en los días del que abre caminos.

> Subirá el que abre caminos delante de ellos; abrirán camino y pasarán la puerta, y saldrán por ella; y su rey pasará delante de ellos, y a la cabeza de ellos Jehová.
>
> —MIQUEAS 2:13

El Señor abre caminos. Él puede abrir camino a través de cualquier obstáculo y oposición por su pueblo de pacto. Hay una unción para abrir caminos que se está levantando en la Iglesia. Estamos viendo y experimentando más avances que nunca antes. Ayunar hará que los avances vengan sobre las familias, las ciudades, las naciones, las finanzas, el crecimiento de la Iglesia, la salvación, la sanidad y la liberación. Ayudará a los creyentes a quebrantar toda oposición del enemigo.

Otros beneficios del ayuno:

- El ayuno romperá el espíritu de pobreza sobre su vida y preparará el camino para la prosperidad (Joel 2:15, 18–19, 24–26).
- Ayunar romperá el poder del temor que intente oprimirle (Joel 2:21).
- Ayunar romperá la fortaleza de la impureza sexual.
- Ayunar romperá el poder de la enfermedad y la dolencia, y soltará sanidad en su vida (Isaías 58:5–6, 8).
- Ayunar soltará la gloria de Dios para su protección (Isaías 58:8).
- Ayunar resultará en la oración respondida (Isaías 58:9).
- Ayunar suelta la dirección divina (Isaías 58:11).
- Ayunar romperá las maldiciones generacionales (Isaías 58:12).
- Ayunar cierra las brechas y trae restauración y reedificación (Isaías 58:12; Nehemías 1:4).
- Ayunar hará que tenga una grande victoria sobre las circunstancias abrumadoras (2 Crónicas 20:3).
- Ayunar preparará el camino para usted y sus hijos, y los liberará de los enemigos en el camino (Esdras 8:21, 31).
- Ayunar romperá los poderes de la carnalidad, la división y la contienda (Filipenses 3:19).

- Ayunar romperá los poderes del orgullo, la rebelión y la hechicería (Salmo 35:13; Job 33:17–20).
- Ayunar hará que el gozo y la presencia del Señor regresen (Marcos 2:20).
- Ayunar soltará el poder del Espíritu Santo para que suceda lo milagroso (Lucas 4:14, 18).
- Ayunar rompe la incredulidad y la duda (Mateo 13:58; 17:20).

La humildad

Humillaos delante del Señor, y él os exaltará.

—Santiago 4:10

El orgullo y la rebelión están descontrolados en nuestra sociedad. Rara vez vemos humildad y mansedumbre en la vida de la gente. Pero la humildad es la clave para el ascenso y la bendición. La Biblia dice que debemos estar revestidos de humildad (1 Pedro 5:5). Uno de los mayores beneficios de ayunar es que produce humildad en el alma. Ayunar nos ayuda a quebrantar el poder del orgullo y la rebeldía, y nos colocará en la posición adecuada para recibir una mayor medida de la gracia de Dios. Primera de Pedro 5:5 dice: "Dios resiste a los soberbios, y da gracia a los humildes". La gracia de Dios es la entrada sobrenatural para su fuerza, su poder y su habilidad.

Antes del quebrantamiento se eleva el corazón del hombre, y antes de la honra es el abatimiento.

—Proverbios 18:12

Manasés, el hijo de Ezequías, fue uno de los reyes más malvados de la historia de Judá. Él era un idólatra. Practicaba hechicería (ver 2 Crónicas 33:1–3). Fue juzgado por el Señor y fue llevado a cautividad en Babilonia. En su aflicción le rogó al Señor y se humilló grandemente ante el Señor. Esto significa que había un nivel extraordinario de humildad.

Dios reconoció la humildad de Manasés y respondió sus oraciones y lo restauró a Jerusalén y a su reino (2 Crónicas 33:12–13).

Este es uno de los mayores ejemplos de la misericordia y la restauración de Dios que encontramos en la Palabra de Dios. Es una gran historia de misericordia y redención. Nuestro Dios es un Dios bondadoso y perdonador. Esta historia también nos muestra el poder de la humildad. La humildad es la clave para la liberación y la restauración. No importa en qué esté involucrado, si se humilla y clama al Señor para liberación, el Señor responderá, lo liberará y lo restaurará.

Pero yo, cuando ellos enfermaron, me vestí de cilicio; afligí con ayuno mi alma, y mi oración se volvía a mi seno.

—SALMO 35:13

LA AUTORIDAD

Como lo discutimos más a profundidad en el capítulo 8 bajo la sección "La batalla está lista", la autoridad es algo que los creyentes deben conocer bien y deben operar por completo en ella. Jesús les dio a sus discípulos poder y autoridad sobre todos los demonios (Mateo 10:1). Nosotros estamos sentados junto con Cristo en lugares celestiales por sobre todo principado y autoridad (Efesios 1:21–21, 2:6). Los creyentes pueden utilizar esta autoridad a través de la oración y de la confesión. Nosotros tenemos autoridad para hollar serpientes y escorpiones (Lucas 10:19). Jesús prometió que nada nos dañaría. Muchos creyentes sufren innecesariamente, porque no logran ejercer su autoridad.

ATAR Y DESATAR

De cierto os digo que todo lo que atéis en la tierra, será atado en el cielo; y todo lo que desatéis en la tierra, será desatado en el cielo.

—MATEO 18:18

El diccionario Webster define la palabra *atar* como "asegurar al amarrar; confinar, restringir o refrenar como con lazos: constreñir con autoridad legal: ejercer un efecto restrictivo o imperioso". Otras definiciones incluyen:

- Arrestar, aprehender, esposar, llevar cautivo, encargarse de, encerrar.
- Encadenar, colocar grilletes, aprisionar, encadenar.
- Restringir, contener, revisar, frenar, colocar un freno, poner fin, detener.

Se ata con autoridad legal. Tenemos autoridad legal en el nombre de Jesús para atar las obras de las tinieblas. Las obras de las tinieblas abarcan el pecado, la iniquidad, la perversión, la dolencia, la enfermedad, la muerte, la destrucción, las maldiciones, la hechicería, la brujería, la adivinación, la pobreza, la escasez, el divorcio, la disensión, la lujuria, el orgullo, la rebeldía, el temor, el tormento y la confusión. Nosotros tenemos autoridad legal para detener todas esas cosas en nuestra vida y en la vida de quienes ministramos.

Desatar significa desamarrar, liberar de la restricción, separar. Además significa descoyuntar, divorciar, separar, desenganchar, liberarse, soltarse, escapar, desvincularse, desabrochar, desencadenar, liberar, libertar, soltar, abrir el cerrojo, desconectar y perdonar.

La gente necesita ser desatada de las maldiciones de su linaje, la herencia maligna, los espíritus familiares, el pecado, la culpabilidad, la vergüenza, la condenación, el control, la dominación y la manipulación de otras personas, el control mental, el control religioso, enfermedad, dolencia, engaño, falsa enseñanza, pecado, hábitos, mundanería, carnalidad, la carne, demonios, tradiciones, ataduras impías del alma, juramentos impíos, juramentos, promesas, maldiciones habladas, embrujos, aflicciones, maldiciones, experiencias pasadas de trauma y sectas.

Nosotros tenemos autoridad legal, en el nombre de Jesús, para desatarnos y desatar a quienes ministramos de los resultados del pecado.

> Porque ¿cómo puede alguno entrar en la casa del hombre fuerte, y saquear sus bienes, si primero no le ata? Y entonces podrá saquear su casa.
>
> —Mateo 12:29

Antes de que la gente sea salva, sanada o liberada, debe atarse al hombre fuerte. El diablo considera que sus bienes son los no salvos, los enfermos o los endemoniados. Hasta cierto grado él tiene un reclamo, aunque a veces ilegal, sobre la vida de esas personas. Los considera sus posesiones, porque posee cierta área. Cuando desposeemos esas áreas, estamos saqueando (apoderándonos, tomando el control) sus bienes.

> Y a ti te daré las llaves del reino de los cielos; y todo lo que atares en la tierra será atado en los cielos; y todo lo que desatares en la tierra será desatado en los cielos.
>
> —Mateo 16:19

La alabanza y la adoración grupales, seguidas de la ministración de la Palabra, son una manera efectiva de atar al hombre fuerte.

> Cantad a Jehová cántico nuevo;
> Su alabanza sea en la congregación de los santos.
> Alégrese Israel en su Hacedor;
> Los hijos de Sion se gocen en su Rey.
> Alaben su nombre con danza;

Con pandero y arpa a él canten.
Porque Jehová tiene contentamiento en su pueblo;
Hermoseará a los humildes con la salvación.
Regocíjense los santos por su gloria,
Y canten aun sobre sus camas.
Exalten a Dios con sus gargantas,
Y espadas de dos filos en sus manos,
Para ejecutar venganza entre las naciones,
Y castigo entre los pueblos;
Para aprisionar a sus reyes con grillos,
Y a sus nobles con cadenas de hierro;
Para ejecutar en ellos el juicio decretado;
Gloria será esto para todos sus santos.
Aleluya.

—SALMO 149:1–9, ÉNFASIS AÑADIDO

Nosotros debemos cantar alabanza en la congregación de los santos. Hay una unción colectiva que fluye en la alabanza grupal. Debemos exaltar a Dios con nuestra boca y una espada de dos filos (Hebreos 12:4) en nuestras manos. Los resultados serán: "aprisionar a sus reyes con grillos".

Los espíritus gobernantes quedan atados a medida que ministramos al Señor en alabanza y adoración (hablaremos más de la adoración como arma de guerra espiritual en la siguiente sección), y nos ministramos mutuamente con la Palabra de Dios. Esta es la razón por la que tenemos que alabar y adorar seguido de la ministración de la Palabra. Luego tenemos el llamado al altar, debido a que el diablo ha sido atado y ahora podemos "saquear sus bienes". Las personas que necesitan ministración en las áreas de salvación, sanidad y liberación pueden ser alcanzadas y ministradas porque el hombre fuerte ha sido atado.

Las personas no podrían ser alcanzadas y ministradas eficazmente sin la alabanza y la adoración y la ministración de la Palabra. El servicio del altar es exitoso debido al poder de atar y desatar. El hombre fuerte está atado y la gente es desatada del pecado, los vicios, las enfermedades y los demonios. Por lo tanto, es importante que la gente que necesita ministración asista a un servicio y sea parte de la ministración de alabanza y adoración, y escuche la Palabra, con el fin de recibir liberación. En el altar podemos entonces "ejecutar venganza" sobre los espíritus malignos que están en la vida de la gente y echarlos fuera.

A continuación tenemos varias palabras y frases relacionadas con atar y desatar, junto con sus referencias bíblicas:

Romper las ligaduras y separar/echar de nosotros las cuerdas (Salmo 2:3): la necesidad de atar continuamente. A los demonios no les gusta que los refrenen e intentarán liberarse si no se les mantiene atados hasta que suceda la liberación.

- Cadenas (Salmo 149:8): atar a sus nobles con cadenas.
- Prisiones de oscuridad (2 Pedro 2:4): castigo y juicio.
- Cuerdas de pecado (Proverbios 5:22): esclavitud demoníaca de pecados o vicios.
- Cuerdas de vanidad (Isaías 5:18): esclavitud a la vanidad y al orgullo.
- Cadenas de hierro (Salmo 149:8): una cadena o un grillo para los pies.
- Ceguera mental y ceguera de los ojos (Juan 12:40; Romanos 11:7; 2 Corintios 4:4; 1 Juan 2:11).
- Cordón de tres dobleces (Eclesiastés 4:12): representa fuerza. Los demonios a veces se vinculan en tríos para resistir la expulsión. Ordéneles que se desvinculen y salgan fuera.
- Lazos, cuerdas, redes y trampas (Salmo 91:3; 124:7; 140:5; 141:9–10).

Recuerde, ¡atar y desatar siempre se hace en el Espíritu! Cuando está en sintonía con el Espíritu de Dios, usted puede atar y desatar de acuerdo con la voluntad de Dios. Recuerde también que el poder de la vida y de la muerte están en la lengua, y que tenemos todo el poder sobre el poder del enemigo a través de la sangre de Jesús. De acuerdo con Salmo 149:8–9, nosotros debemos atar al enemigo con los juicios que ya están escritos en la Palabra, y no con revelaciones extrañas.

Siempre podemos sostenernos justificados cuando nos apegamos a hablar la Palabra. Por lo tanto, firmes en Mateo 18:18, podemos decir con seguridad que lo que ya ha sido atado en el cielo podemos atarlo en la Tierra, y lo que ya ha sido desatado en el cielo, nosotros podemos desatarlo en la Tierra. Los juicios están escritos, y nosotros solamente tenemos que atar y desatar de acuerdo con nuestro plano de autoridad que nos ha sido dado por el Señor Jesucristo.

Capítulo 10

LAS ARMAS DE NUESTRA MILICIA, PARTE 2

Vestíos de toda la armadura de Dios, para que podáis
estar firmes contra las asechanzas del diablo.
—EFESIOS 6:11

E N ESTA SEGUNDA parte del descubrimiento de nuestras armas
espirituales veremos cómo la alabanza y la adoración atan y
confunden al enemigo. La alabanza y la adoración además
abren el espíritu de una persona atada hacia el deseo de liberación.
La alabanza y la adoración abren la puerta para el flujo profético, el
cual es la Palabra de Dios revelada que trae luz, aliento y dirección a
la vida del creyente. Lo profético también se utiliza como juicios contra el enemigo.

ALABANZA Y ADORACIÓN

Satanás detesta la música ungida. Él hace todo lo que está en su poder
para corromperla. La música ungida puede mover la mano de Dios
(2 Reyes 3:15). La música profética puede activar a la gente en su llamado y su destino (1 Samuel 10:5–6). La música ungida trae frescura y
liberación (1 Samuel 16:23). La adoración precedió al rompimiento de
los sellos en el cielo (Apocalipsis 5–6). Hay cosas que no se sueltan hasta que hay adoración. La adoración abre cosas que han estado selladas.
El libro de Apocalipsis nos muestra un patrón de lo que se nos suelta
en el aposento cuando adoramos. ¡Dios abre los sellos! Él suelta juicios
futuros en la Tierra. A medida que adoramos, Él suelta venganza sobre
los enemigos que nos han estado resistiendo como sus hijos amados.

Asaf era uno de los líderes de los músicos del tabernáculo de David.
David eligió a Asaf para ministrar ante el arca del pacto continuamente (1 Corintios 16:37). Su nombre significa "recompensa". En
hebreo, esta palabra significa reunir en orden para destruir o consumir. La gloria de Dios es nuestra recompensa (Isaías 58:8). Cuando
ministramos en adoración, la gloria de Dios es revelada como nuestra
recompensa y nos volvemos una compañía unida cuya adoración se
torna en guerra para destruir al enemigo.[1]

David caminó en un nuevo nivel de dominio luego de que estableció el tabernáculo. Este fue el mayor tiempo de adoración y dominio para la nación de Israel. Cuando establezcamos en nuestra vida el patrón davídico, seremos llenos de la gloria de Dios. Dios se coronará en nuestra alabanza y adoración. Los principados y las potestades son sometidas a través de sus juicios. Los Salmos están llenos de referencias a los juicios de Dios. A medida que adoremos habrá juicios contra la brujería, la idolatría, el ocultismo, la perversión, la falsa religión, la pobreza y el pecado.

Instrumentos musicales

Inclinaré al proverbio mi oído; declararé con el arpa mi enigma.
—Salmo 49:4

Los instrumentos son una parte importante de la adoración. El versículo anterior dice que Dios nos declarará su "enigma" a través de la música del arpa. "Enigma" es la palabra *chiydah*, que significa "acertijo", una máxima, una pregunta difícil, un proverbio, una adivinanza. La adoraciones la clave para la revelación. La música abre nuestro espíritu y nos da la capacidad de comprender los secretos y los misterios de Dios. El nivel de revelación que recibamos será proporcional a nuestro nivel de adoración. La revelación de la Palabra y la voluntad de Dios son una pieza importante para la liberación duradera y la guerra espiritual eficaz.

El pandero y la danza (Salmo 150:4)

David llevó el arca a la ciudad con danza (2 Samuel 6:14). La danza es una expresión de gozo y una declaración profética de victoria.

Previamente en la Biblia encontramos que María dirigió a las mujeres en danza con pandero para declarar la victoria de Israel sobre el Faraón (Éxodo 15:20).

Y cada golpe de la vara justiciera que asiente Jehová sobre él, será con panderos y con arpas; y en batalla tumultuosa peleará contra ellos.
—Isaías 30:32

Los panderos son instrumentos poderosos. Ayudan a soltar juicios contra nuestros enemigos espirituales. La música es profética y puede ser utilizada en la guerra espiritual. Cuando los bailarines avanzan con panderos, ellos están demostrando las cualidades de la novia guerrera. Están haciendo actos proféticos, demostrando la derrota del enemigo.

Pendones (Salmo 20:5)

Los pendones ayudan a liberar la majestad de un rey y su ejército. Los pendones que declaran la majestad y la gloria del Rey son objetos visibles que nos alientan a adorarle. Los pendones realzan la adoración. Nos volvemos imponentes (o asombrosos) como un ejército con pendones (Cantares 6:4).

Según David E. Fischer, tenemos que manifestar la misma adoración y alabanza, la misma victoria en guerra y el mismo reino y dominio como ocurrió en la vida de David. Nosotros somos la simiente de Cristo que fue la raíz y el linaje de David (Apocalipsis 22:16). Por lo tanto, nuestra adoración debería llevar el mismo fruto que la de David.

Comprenda la manera bíblica de alabar

Existen siete palabras hebreas clave que vinieron de la alabanza de David. Estas palabras nos ayudarán a comprender la manera bíblica de alabar al Señor y producir una adoración excelente.

1. *Barak* (Jueces 5:2; Salmo 72:12–15): que significa hincarse, bendecir, rendir homenaje. Recordar con gozo—Él es la fuente de todas sus bendiciones—.
2. *Halal* (Salmo 22:23, 26; 34:2; 35:18; 44:8; 56:4; 63:5; 69:30, 34; 74:21; 84:4; 148:1–7; 150:1–6): que significa hacer ruido; brillar o hacer glorioso; alabar con entusiasmo, celebrar, alardear, ser clamorosamente insensato. Esta es la palabra más comúnmente traducida como *alabanza* en el Antiguo Testamento. *Aleluya* es una combinación de *halal* y *Jah*.
3. *Shabach* (Salmo 63:3; 117:1; 145:4; 147:12): que significa elogiar o loar; gritar o dirigirse en un tono alto; dar la gloria o triunfo en alabanza.
4. *Tehillah* (Isaías 43:21): que significa cantar, loar, cantar "halals"; alabar extravagantemente; dar alta alabanza. Cuando alabamos (*tehillah*) al Señor, Él comienza el mismo proceso de su habitación (Salmo 22:3). Es entonces cuando un "cántico nuevo" comienza a surgir (Salmo 40:3). *Tehillah* es la puerta entre la alabanza y la adoración (Salmo 100:4). Esta es la alabanza que el no creyente necesita escuchar (Isaías 42:10). La alabanza (*tehillah*) se vuelve la puerta (Isaías 60:18). *Tehillah* se convierte en un manto (Isaías 61:3). Dios nos ha informado declarar su alabanza.
5. *Towdah* (Salmo 50:23; 69:30; 107:22; Isaías 51:3): que significa ofrecer acción de gracias; ofrecer el sacrificio de alabanza en fe por lo que Dios va a hacer.

6. *Yadah* (Salmo 9:1; 28:7; 43:4–5; 67:3; 86:12; 108:3; 138:1–2): que significa confesar con brazos extendidos; venerar o adorar con manos levantadas. *Judá* viene de esta palabra.
7. *Zamar* (Salmo 47:6–7; 57:7; 68:4; 144:9; 147:7; 149:3): que significa tocar las cuerdas; hacer una melodía, una alabanza instrumental.

Exaltar (Salmo 149:6)

Esta es la única referencia en la Biblia sobre "exaltar". Este tipo de alabanza suelta venganza y castigo a las potestades de las tinieblas. La alabanza es un arma contra los que aborrecen al Señor. Esto nos muestra que existen diferentes tipos de alabanza. Podemos ascender en alabanza. Esta referencia a "exaltar" también es una referencia a la alabanza que ocurre en el cielo. Nosotros podemos alabarlo en las alturas (Salmo 148:1). Los ángeles están conectados con este tipo de alabanza (v. 2). Nosotros podemos entrar proféticamente al "exaltar" cuando la alabanza en la tierra está en armonía con la alabanza en el cielo. La exaltación libera a la gente de las potestades de las tinieblas al soltar los juicios de Dios contra el reino de Satanás. El velo que ciega las naciones es destruido en el monte de Sion (Isaías 25:7).

Grandes truenos (Apocalipsis 19:6)

Un trueno es fuerte. La alabanza del cielo es como grandes truenos. El trueno represente el poder y la gloria de Dios. El Dios de gloria truena (Salmo 29:3). Nuestra alabanza se convierte como en trueno cuando la gloria de Dios cae en medio nuestro. Cuando Dios truena en medio nuestro ocurren grandes liberaciones (Salmo 18:13–17). Nosotros podemos ser liberados de fuertes enemigos.

Hay instrumentos que hacen sonido de trueno. La alabanza estruendosa puede ser acompañada de música estruendosa. Nosotros no podemos temer entrar en este plano. Se suelta un gran poder cuando nuestras alabanzas se vuelven estruendosas. Dios truena sobre sus enemigos (1 Samuel 7:10). Esto turbó (confundió) al enemigo. Nosotros experimentamos mayores victorias cuando entramos en una alabanza estruendosa.

Nataph: alabanza profética

La tierra tembló; también destilaron los cielos ante la presencia de Dios; aquel Sinaí tembló delante de Dios, del Dios de Israel.
—Salmo 68:8

Destilaron en el versículo anterior es la palabra hebrea *nataph*, que significa caer, gotear, alquitarar, destilar gradualmente, profetizar, predicar, disertar, rezumar. El Señor deja caer su palabra profética. Esta palabra cae del cielo. Este es el resultado de la presencia del Señor. Esto sucede durante la adoración. Dios habita en las alabanzas de su pueblo. La presencia de Dios se manifestará como resultado de la alabanza. La presencia de Dios nos hace adorar. La adoración es nuestra respuesta a su presencia.

Dios deja caer el cántico profético. Los cantantes pueden cantar proféticamente como resultado del *nataph*. Estos son cánticos del cielo. Provienen del cielo. Estos cánticos pueden caer sobre cualquiera de la congregación.

Nataph a veces se traduce como "profeta", que significa "caer, gotear o destilar". Se utiliza para incluir la destilación de la lluvia y el goteo del cielo, palabras que "caen" de la boca de alguien y vino que gotea de las montañas del paraíso.

Otra palabra hebrea traducida como "profeta" muestra que los profetas hablan lo que oyen de Dios (o ahora del Señor Jesús), y ellos no hablan por sí solos. Aunque a los profetas se les llama a "dejar caer" palabras donde y cuando Dios lo demande, lo más obvio que aprendemos de *nataph* es que Dios deja caer sus palabras sobre el profeta. De acuerdo con el diccionario Strong, esto significa "hablar por inspiración". Esto significa que el mensaje que el profeta trae no es su propio mensaje, sino las palabras del Señor, y además insinúa que muchas veces el profeta puede no saber gran parte del mensaje cuando comienza a profetizar, pero que las palabras "caen" sobre él, es decir, él las dice conforme las escucha de Dios.

Esta caída hace que cantemos cánticos inspirados. Los cánticos de inspiración son cánticos proféticos. El cantante es inspirado por Dios para cantar un cántico nuevo. Las iglesias deben permitir que Dios deje caer estas canciones durante la adoración. Nosotros no debemos apagar la manifestación del Espíritu (1 Tesalonicenses 5:19).

El cántico profético se desarrolla gradualmente a medida que ascendemos en adoración, y no puede ser apresurado. Se necesitará de tiempo de calidad en adoración para que se suelten estos cánticos. *Nataph* significa "destilar gradualmente". Robert I. Holmes dice que esta forma de profecía se "destila gradualmente". De igual manera significa una palabra en desarrollo o formación, como rumiar la comida. Este tipo de declaración profética se desarrolla lentamente y viene como el alba. Es posible escribir tal inspiración y proporcionarla. Un ejemplo de ello se encuentra en Job: "Hablaba yo, y nadie replicaba; mis palabras hallaban cabida en sus oídos" (Job 29:22, NVI). A medida que él hablaba, ellos tuvieron el despliegue de una revelación o el entendimiento de la Palabra de Dios para ellos.

La adoración profética es un arma de guerra, porque fluye de la presencia manifiesta de Dios. Donde está el Espíritu de Dios ahí hay libertad. Esta forma superior de adoración inspirada por el Espíritu trae edificación, frescura y aliento al espíritu. Cuando la palabra profética del Señor es soltada en cántico, las cadenas se rompen, los lazos se desatan y la sanidad y la liberación pueden suceder. Los poderes demoníacos que han estado ahí durante largo tiempo pueden ser expulsados y cortados.

La unción profética

Jeremías proporciona una imagen de la autoridad profética:

Mira que te he puesto en este día sobre naciones y sobre reinos, para arrancar y para destruir, para arruinar y para derribar, para edificar y para plantar.

—Jeremías 1:10

Esto sucede no solo con los profetas del Antiguo Testamento, sino también para los profetas de la actualidad. Cuando los profetas hablan, las declaraciones que salen de su boca están cargadas de la unción y el poder de Dios. Estas pueden llevar en sí autoridad divina. Esta autoridad les es dada a los profeta por la gracia de Dios, y se les da por dos razones:

1. Para la destrucción del reino de Satanás.
2. Para el establecimiento del Reino de Dios.

El reino de las tinieblas produce pecado, rebelión, enfermedad y pobreza; pero el Reino de Dios es justicia, paz y gozo en el Espíritu Santo (Romanos 14:17).

Todos los dones del ministerio son llamados a establecer justicia paz y gozo en el Espíritu Santo y son responsables por ello; pero la autoridad de los profetas les permite desarraigar, sacar, destruir y derribar las obras del diablo. Los profetas también tienen la autoridad de edificar y plantar el Reino de Dios. Aunque el resultado final de ir contra el reino de Satanás es hacer espacio para el Reino de Dios, y a menudo parece que se le da el doble de énfasis a destruir el reino de las tinieblas contra edificar el Reino de Dios.

Quienes operan en la unción profética parece que se encuentran siendo arrojados a la guerra frecuentemente y en directo conflicto contra los poderes de las tinieblas. La unción profética a menudo es beligerante. Un ejemplo de eso es la unción beligerante de Elías, quien desafió y confrontó los poderes de la idolatría en el monte Carmelo (1 Reyes 18). Debido a la función del profeta, él pudo derribar la fortaleza de Baal que gobernaba Israel. Como resultado del ministerio de Elías, al final vino juicio sobre la casa de Acab.

A través de las declaraciones de los profetas, los espíritus malignos son desarraigados de sus lugares de morada. Quienes tienen la función de profeta hablan con más autoridad que los creyentes que profetizan por el espíritu de profecía o por un simple don de profecía. Las palabras de los profetas son como un hacha puesta en la raíz de los árboles (Lucas 3:9). Por sus palabras inspiradas divinamente todo árbol que no produce fruto es cortado y echado al fuego. En medio del verdadero ministerio profético solamente lo fructífero y productivo para el Reino prevalecerá.

La unción profética destruye fortalezas (2 Corintios 10:4)

Los profetas tienen autoridad sobre los reinos demoníacos. Satanás establece fortalezas demoníacas en personas, familias, iglesias, ciudades y naciones. La unción del profeta es un arma espiritual en la mano del Señor para la destrucción de fortalezas.

Yo he visto liberación que viene a través de profetizarles a personas, familias y asambleas locales. He visto a gente llorar y quebrantarse luego de recibir declaraciones proféticas. Los profetas a menudo llevan una fuerte unción de liberación. Como resultado, el ministerio del profeta proporciona liberación y la destrucción de fortalezas.

Y por un profeta Jehová hizo subir a Israel de Egipto, y por un profeta fue guardado.

—OSEAS 12:13

El profeta tiene la responsabilidad de ministrar la Palabra de Dios tanto como profetiza por el Espíritu de Dios. Esta unción combinada proporciona la habilidad ara traer liberación al pueblo de Dios en una manera única.

La unción profética para desarraigar al diablo (Mateo 15:13)

El ministerio de Jesús estaba causando que los líderes religiosos de su día se ofendieran, y debido a que estaban ofendidos se estaba gestando un desarraigo en el espíritu. Cuando la gente es desarraigada a través del ministerio profético, ellos a menudo se ofenden. Finalmente todo el sistema religioso de Judá y Jerusalén fue desarraigado y el pueblo judío fue dispersado.

El enemigo había plantado cizaña entre el trigo (ver Mateo 13). El enemigo puede plantar a ciertas personas en las asambleas locales para causar confusión y dañar la obra del Señor. Los profetas son quienes tienen la unción para desarraigarlos. Si los alborotadores son desarraigados sin la unción, puede resultar en daño. Es por ello que el Señor les dijo a sus siervos que no intentaran reunir la cizaña, ya que al hacerlo arrancarían "con ella el trigo" (Mateo 13:29).

Desarraigar a un espíritu o una influencia demoníaca no es algo que pueda hacerse en la carne. Un espíritu o una influencia demoníaca debe ser desarraigada en el poder del Espíritu de Dios.

La unción profética destruye las obras del diablo

El verdadero ministerio profético solamente destruirá lo que es del diablo; nunca destruirá lo que es del Señor. El verdadero ministerio profético establecerá las cosas del Espíritu mientras destruye las cosas del diablo. Los profetas aborrecen lo que Dios aborrece (Salmo 139:21–22). Es por ello que los profetas a menudo serán criticados por no ser más "tolerantes".

El don profético no le da espacio a la transigencia. De hecho, un profeta que transige pronto perderá su efectividad y finalmente será juzgado por el Señor. Esto no es para decir que los profetas tienen derecho a ser ofensivos o a ministrar en la carne. Los profetas deben ministrar en el Espíritu en todo tiempo. Un profeta que intenta ministrar en la carne terminará destruyendo y dañando lo que es del Señor, en lugar de lo que es del diablo. Lo mismo sucede con cualquier don del ministerio. Ministrar de cualquier forma en la carne causa reproche y daño.

Los verdaderos profetas siempre tendrán amor y compasión por la gente, pero un odio y una intolerancia correspondientes para las obras del diablo. No confunda odio e intolerancia por las obras del diablo con ser duro o crítico, lo cual es una respuesta de la carne. Nosotros debemos discernir entre la operación de la carne y la administración del Espíritu Santo. Sin discernimiento y entendimiento apropiados, juzgaremos y rechazaremos equivocadamente a los profetas, de esta manera privando al Cuerpo de Cristo de un don del ministerio muy importante.

La unción profética derriba la idolatría (Jeremías 31:28)

A la nación de Israel se le ordenó entrar en Canaán y derribar los altares de los impíos. Se suponía que debían desarraigar a la nación de Canaán por su iniquidad. Israel tuvo que despojar a los cananeos antes de que pudieran entrar y poseer la Tierra Prometida. Observe que antes de edificar y plantar viene arrancar y derribar. Esta es una parte desagradable del ministerio, no obstante necesaria.

La unción del profeta es así. Primero viene la confrontación y la guerra; luego viene la edificación y la plantación. Muchos profetas se han retraído de confrontar el mal debido a temor e intimidación en el alma. La guerra es desagradable para el alma. Sin embargo, si un profeta permite que la unción lo mude "en otro hombre" (1 Samuel 10:6), la fuerza de la unción prevalecerá sobre el retraimiento del alma de la persona y hará que pueda levantarse y derribar los altares de pecado (Oseas 8:11).

La unción profética edifica

Además de arrancar, destruir, arruinar y derribar las obras del diablo, el profeta también edifica al Cuerpo de Cristo. Este es su ministerio de edificación, exhortación y consolación. Los profetas aborrecen fuertemente las obras del diablo, pero también sienten amor y compasión genuinos por el pueblo de Dios, y los santos serán edificados y desarrollados a través del ministerio profético. Cuando la Iglesia se edifica de esta manera, las puertas del infierno no pueden prevalecer en su contra.

Nosotros siempre necesitamos recordar que el propósito de derribar fortalezas es edificar el Reino de Dios. La guerra espiritual no es un fin, sino un medio para un fin. Quienes han sido llamados al ministerio profético siempre deben mantener su enfoque en el objetivo, el cual es edificar a la Iglesia.

Es posible perder el enfoque. No hay garantía de intenciones puras. Si los profetas pierden el enfoque, ellos terminan haciendo un daño considerable en la obra del Señor. A veces los profetas desarrollan lo que yo llamo una mentalidad "explosiva". Solamente desean hacer explotar todo lo que no es de Dios.

Recuerde, la misión de Juan el bautista era preparar a la gente para la venida del Señor. Él habló contra la maldad y el pecado, pero también anunció la llegada del Reino de Dios. De igual manera, los profetas deben preocuparse no solo por las obras del enemigo, sino también por las necesidades de la gente. Ellos deben equilibrar su ministerio con amor y compasión, y deben evitar ministrar en un espíritu duro, crítico y amargo. Tienen la responsabilidad de ministrar la Palabra en amor. Tienen la responsabilidad de edificar a la casa de Dios.

La unción profética hace que florezcamos (Salmo 92:13)

Cuando la gente es expuesta al verdadero ministerio profético, esta será plantada en la casa de Dios. Quienes están plantados florecerán en todos los aspectos. Ser plantado significa ser arraigado y establecido. Los del ministerio profético pueden desarraigar lo que el enemigo ha plantado y pueden plantar lo que ha sido ordenado por el Señor.

Lo que el Señor plante serán cristianos fructíferos que sean firmes, inconmovibles y siempre creciendo en la obra del Señor (1 Corintios 15:58). Cuando recibamos el ministerio profético seremos como árboles de justicia, plantío del Señor (Isaías 61:3).

Estoy firmemente convencido de que una de las razones por las que no tenemos más cristianos fieles en nuestras asambleas locales, se debe a la falta de un verdadero ministerio profético. He estado ministrando y hablándole a la gente durante años de que se necesita unción para tener santos perfectos. Cada don del ministerio lleva consigo una unción distinta. Cada don del ministerio tiene una habilidad divina de edificar a la Iglesia. Los profetas tienen una unción y una capacidad de edificar y plantar. Sin esta unción habrá áreas en que los santos no sean edificados y cosas que no sean plantadas.

DIFERENTES TIPOS DE DECLARACIONES PROFÉTICAS

Existen diferentes tipos de palabras proféticas para diferentes situaciones. La palabra profética puede lidiar con el pasado, el presente y el futuro. La palabra profética tiene la capacidad de lidiar con todos los asuntos que enfrentamos en la vida. Dios tiene muchos pensamientos acerca de nosotros, y si debemos hablarlos, estos no pueden ser enumerados (Salmo 40:5). La Palabra de Dios es lámpara a nuestros pies y lumbrera a nuestro camino (Salmo 119:105).

1. Ahora: aborda asuntos que están sucediendo actualmente en la vida de una persona. Esto da entendimiento acerca de aquello con lo que está lidiando la persona y ayuda a eliminar la confusión. Yo también la llamo una palabra en temporada (Isaías 50:4).
2. Confirmación: establece y fortalece; edifica la fe y elimina la duda. Un ejemplo es: "Vas por buen camino".
3. Futuro (dirección): le habla a la siguiente fase o etapa de la vida. Este tipo de palabra puede establecer las direcciones o las áreas de preparación necesarias para futuras tareas. Esto puede incluir instrucción acerca de qué hacer. Las palabras de Dios iluminan nuestra senda con el fin de que sepamos a dónde ir.

4. Pasado: estas son palabras que lidian con asuntos del pasado, a menudo traen entendimiento y resuelven cosas del pasado. Estas palabras ayudan a lanzarnos al futuro. Hay mucha gente encadenada al pasado y necesita ser liberada. José comprendió que su pasado era necesario para su propósito con su pueblo.

5. Nuevo: una palabra nueva es algo completamente nuevo. Esta con frecuencia puede sorprender al receptor. Generalmente es algo que no están pensando ni planeando (1 Corintios 2:9–10).

6. Advertencia: estas palabras pueden advertir de peligros que pueden estar adelante y decir qué evitar.

7. Liberación: estas palabras liberan a la gente de cosas como heridas, rechazo, temor, enfermedad, y sueltan sanidad y restauración para el receptor (Salmo 107:20).

8. Revelación: estas palabras nos descubren los planes y el propósito de Dios para nuestra vida (Deuteronomio 29:29).

9. Identificación: estas palabras identifican y ayudan a la gente a comprender y conocer quienes son y aquello para lo que Dios los creó (Jueces 6:12).

10. Corrección: estas palabras nos corrigen y nos hacen llevar a cabo los ajustes necesarios en nuestra vida (Proverbios 3:11).

11. Elogio: Dios nos elogia cuando estamos haciendo lo correcto. Cada iglesia en Apocalipsis fue elogiada y luego corregida.

12. Exposición: estas palabras exponen e identifican las obras de pecado y tinieblas (Hebreos 4:13).

13. Condicional: estas palabras son condicionales a nuestra obediencia. Un ejemplo sería: "Si oras y buscas mi rostro, entonces te llevaré a un nuevo nivel de avance y bendición".

14. Impartición: Dios utiliza estas palabras, a menudo acompañadas de la imposición de manos, para impartir dones en nuestra vida (1 Timoteo 4:14).

15. Bendición: estas palabras sueltan bendición y favor en nuestra vida.

Estas palabras pueden ser habladas sobre personas o congregaciones. Nosotros debemos permanecer abiertos y permitir que Dios nos hable en estas maneras diferentes. Cada manera le dará una gran bendición a la iglesia.

La unción profética trae sanidad y liberación

La unción profética puede traer sanidad y liberación. He visto a muchos sanados y hechos libres a través de la profecía. Puede ocurrir sanidad física y emocional. La profecía es una palabra enviada.

La palabra profética puede alejarlo de la destrucción. La palabra profética puede darle dirección. La palabra profética puede traer corrección y un ajuste a su vida. La palabra profética puede ayudarle a tomar las decisiones correctas y evitar que tome decisiones insensatas.

He visto a personas liberadas del rechazo, la herida, la vergüenza, la duda y el temor a través de la profecía. La palabra del Señor produce un avance. Dios sabe lo que necesitamos y nos da su palabra en el momento adecuado. La palabra *rhema* es una palabra para un momento y una temporada particulares de la vida.

La profecía trae libertad. La palabra del Señor puede liberarnos de las limitaciones y los obstáculos. A través de la profecía se libera un tremendo poder.

Dios utilizó a un profeta (Moisés) para liberar a Israel (Oseas 12:13). La palabra del Señor en la boca de un profeta trae liberación. Dios envía su Palabra por una razón, y esta es prosperada en aquello para que es enviada (Isaías 55:11).

> Porque la palabra de Dios es viva y eficaz, y más cortante que toda espada de dos filos; y penetra hasta partir el alma y el espíritu, las coyunturas y los tuétanos, y discierne los pensamientos y las intenciones del corazón.
>
> —Hebreos 4:12

La palabra del Señor puede ser como una cirugía. Hay mucha gente que necesita una sanidad tan profunda que solamente un cirujano puede ayudar. Un cirujano utiliza un instrumento afilado que es capaz de separar las coyunturas, los músculos y los tejidos. Los cirujanos hacen una operación física, pero mucha gente necesita una operación espiritual. Sus palabras pueden discernir lo que no puede verse con los ojos naturales. La palabra expone, penetra, analiza y juzga los pensamientos y las intenciones del corazón. Los pensamientos que se han llenado de dolor, amargura, ira, pena, entre otras cosas, pueden ser expuestos y expulsados a través de la palabra profética.

Los profetas remueven infecciones espirituales. Los profetas hacen ajustes y correcciones profundos. Los resultados son restauración y sanidad.

La unción profética nos guarda (Oseas 12:13)

Oseas 12:13 nos revela una de las principales funciones del ministerio del profeta: la preservación. Israel fue libertado de Egipto a través del ministerio de Moisés. Israel fue guardado a través de la intercesión de Moisés (Números 14:11–20).

Guardar significa alejar del peligro, el daño, el riesgo o el mal. Además significa proteger o salvar. La palabra *guardar* viene de la palabra hebrea *shamar*, que significa cubrir (como con espinas), proteger, vigilar, tener cuidado. Esta palabra enfatiza el elemento profético del manto profético. La palabra *shamar* se utiliza por primera vez en la Escritura en Génesis 2:15. Se le ordena a Adán que guarde (*shamar*) el huerto. Además se menciona en Génesis 4:9, cuando Caín le pregunta a Dios si es el es guarda (*shamar*) de su hermano.

El aspecto de preservar y guardar en el ministerio del profeta se necesita en todas las iglesias locales. Esto se lleva a cabo a través de la intercesión, el discernimiento, la alabanza, la predicación, la enseñanza, la adoración. Esto ayuda a defender a la iglesia del error, la herejía, la brujería, la carnalidad, la perversión, el legalismo, el pecado y el engaño. Cada iglesia debería desarrollar y capacitar profetas que hayan sido establecidos en la asamblea por Dios. No lograr hacerlo puede resultar en que la iglesia local sufra de muchos ataques que pudieron haber sido evitados. Una revelación del ministerio del profeta es vital para el éxito y la salud de la iglesia. Una revelación el aspecto *shamar* del ministerio del profeta ayudará a las iglesias a proteger y defender a la grey.

A menudo se le ha enseñado a la iglesia que los pastores son guardianes espirituales de la iglesia, mientras que se niega el ministerio de los profetas. Nunca se planeó que la iglesia funcionara solamente con pastores. Los profetas también han sido establecidos en la iglesia (1 Corintios 12:28). Las iglesias que ignoran el ministerio del profeta no lograrán prevalecer a los ataques del infierno en los postreros días. Muchos pastores bienintencionados han sufrido innecesariamente debido a una falta de entendimiento acerca del ministerio del profeta. Cuando el Señor establece una iglesia, Él establecerá profetas dentro de esa iglesia. Las iglesias deben ser edificadas con una sabiduría apostólica que incluya el reconocimiento y la liberación de los profetas.

La autoridad espiritual del profeta actúa como una cerca o una guarnición alrededor de una congregación asignada para protegerla del daño, el ataque y la violación demoníaca. La protección contra los intrusos, como la describimos aquí, incluye protección de la corrupción, la destrucción, la invasión y las amenazas que resultan de los intrusos espirituales y humanos en la iglesia. Hay veces en que tipos heréticos o renegados rebeldes se unen a una iglesia para plantar semillas de destrucción en ella. El ojo vigilante del profeta residente puede detectar a estas personas y traerles incomodidad espiritual para que se sientan fuera de lugar entre la grey y se marchen rápidamente.

He aquí, no se adormecerá ni dormirá el que guarda [*shamar*] a Israel. Jehová es tu guardador [*shamar*]; Jehová es tu sombra a tu mano derecha. El sol no te fatigará de día, ni la luna de noche. Jehová te guardará [*shamar*] de todo mal; él guardará [*shamar*] tu alma. Jehová guardará [*shamar*] tu salida y tu entrada desde ahora y para siempre.

—Salmo 121:4–8

En estos versículos podemos ver que Dios *shamar* a su pueblo. Dios ama a su pueblo. Dios protege a su pueblo. El aspecto *shamar* del ministerio del profeta es una parte de la naturaleza de Dios. Dios nunca se adormece ni se duerme; Él siempre está alerta. Dios nos *shamar* del mal. Dios *shamar* nuestra alma (mente, voluntad y emociones). Dios *shamar* nuestra salida y nuestra entrada (viajes). La naturaleza de Dios es proteger. La protección es parte de nuestro pacto. Los profetas son parte de nuestro pacto.

Tenemos acceso a la unción profética: el Urim y Tumim (Números 27:21)

El *Urim* y *Tumim* los utilizaba el sumo sacerdote para obtener dirección divina. *Urim*, que significa luces, era el brillo oracular de las figuras del pectoral del sumo sacerdote. El *Tumim*, que significa perfección, también estaba unido al traje del sacerdote (Éxodo 28:30; Levítico 8:8). La petición de David: "Trae el efod" (1 Samuel 23:9), inmediatamente precede a su búsqueda del Señor (vea también Deuteronomio 33:8 y 1 Samuel 28:6).

Dios ha colocado en el interior de cada uno de nosotros una capacidad de escuchar de Él con respecto a los asuntos que enfrentamos en la vida. Él le ha dado un Urim y un Tumim espirituales, como aquellos profetas de la antigüedad. A lo que tenemos acceso ahora, sin embargo, va más allá de un simple sí y no. David inquirió en el efod, y Dios le dijo: "Sí", pero también: "Síguelos […] los alcanzarás […] librarás a los cautivos" (1 Samuel 30:8). Parece que gran parte del pueblo de Dios no comprende esto. "Tenemos la Palabra, ¿qué más necesitamos?", es la actitud de muchos. Pero como afirma George Warnock:

Habrá ocasiones en que necesitaremos una palabra muy explícita para momentos particulares de decisión, o en algún área seria de conflicto, que la Biblia no tenía el propósito de darnos. No le resta a lo que está escrito ni le añade. Pero somos personas del Camino, tal como Israel. Y como ellos, nosotros necesitamos una clara dirección y guía, y algunas palabras muy específicas del corazón de Dios de vez en cuando, a medida que viajamos a través de lo desconocido y pasamos por áreas de conflicto y prueba.

Ahora, a Josué se le advirtió que debía "meditar" en el "libro de la ley" de día y de noche para tener éxito (Josué 1:8). Sin embargo, él necesitó consejo directo del Señor a lo largo del camino; y Eleazar el sacerdote debió consultar "por el juicio del Urim delante de Jehová" (Números 27:21). Dios sería fiel en darle una clara e infalible dirección—tanto cuando fue a la batalla como cuando llegó a casa en victoria—. No era un juego de azar—como lanzar dados—o algo de "sí" o "no". Era una palabra pura y clara de la boca del Señor.[2]

Capítulo 11

DESTRUYA DEMONIOS OBSTINADOS Y FORTALEZAS DIFÍCILES

Que si tuviereis fe como un grano de mostaza, diréis a este monte: Pásate de aquí allá, y se pasará; y nada os será imposible. Pero este género no sale sino con oración y ayuno.
—MATEO 17:20–21

DIOS DESEA QUEBRANTAR y destruir algunas cosas obstinadas de su vida. La liberación de todos sus enemigos es un beneficio de caminar en pacto con Dios. Él desea hacerlo libre de todas las artimañas del diablo, incluso aquellas de las que cree que nunca se liberará. Estoy hablando acerca de problemas difíciles que parece que no se mueven ni se quebrantan, sin importar cuánto ore y pelee, cosas que parece que simplemente no se van. Mucha gente ha venido frustrada y desanimada porque eso solo los agota. Pero Dios tiene un plan para su liberación, una ruta de escape de las trampas y lazos del enemigo. El Señor dice:

En tiempo aceptable te he oído, y en día de salvación te he socorrido. He aquí ahora el tiempo aceptable; he aquí *ahora el día de salvación.*
—2 CORINTIOS 6:2, ÉNFASIS AÑADIDO

No tengan miedo [...] Mantengan sus posiciones, que hoy mismo serán testigos de la salvación que el Señor realizará en favor de ustedes.
—ÉXODO 14:13, NVI

"ESTE GÉNERO"
Hay diferentes géneros de demonios. Algunos demonios son muy fácilmente echados fuera de su vida. Otros demonios siempre cuestan trabajo y se necesita mucha más fuerza y unción para quebrantar su poder. En Mateo 17 se encuentra la historia de un hombre que les llevó su hijo a los discípulos de Jesús y ellos no pudieron sanarlo.

Y reprendió Jesús al demonio, el cual salió del muchacho, y éste quedó sano desde aquella hora. Viniendo entonces los discípulos a Jesús, aparte, dijeron: ¿Por qué nosotros no pudimos echarlo fuera? Jesús les dijo: Por vuestra poca fe; porque de cierto os digo, que si tuviereis fe como un grano de mostaza, diréis a este monte: Pásate de aquí allá, y se pasará; y nada os será imposible. Pero este género no sale sino con oración y ayuno.

—MATEO 17:18–21

Esta escritura dice "este género". Esto significa que hay diferentes géneros de demonios. Algunos demonios son más fuertes que otros. Algunos demonios son más obstinados y desafiantes que otros. Hay muchas razones por las que un espíritu puede ser obstinado en la vida de una persona.

A veces, estas cosas pueden estar tan profundamente arraigadas, fuertes y obstinadas, porque no solamente han estado en su vida, sino también han estado en la vida de su familia durante generaciones. A veces, un demonio en la vida de una persona es como una planta que tiene un sistema complejo de raíces. Entre más profundas estén las raíces en la tierra, más difícil es sacarlas de la planta. Y a veces la gente ha tenido espíritus en su vida durante tantos años que han desarrollado fuertes sistemas de raíces. Cuando intentan sacarlas, estas no salen con solo jalarlas. Necesitan entrar en el sistema de raíces y cortarlas, y luego sacarlas.

Si usted tiene mano para la jardinería o ha hecho jardinería, entonces sabe que no toda la mala hierba es igual. Usted puede encontrarse con mala hierba y jalar y jalar, y no se mueve. Ha estado ahí durante tanto tiempo que sus raíces están en lo profundo de la tierra.

Cuando digo "obstinado", no me estoy refiriendo a la necedad, la cual es un demonio mismo. Me refiero a un espíritu que es muy difícil de remover. Jesús nos da la clave, la cual es ayuno y oración. Si está teniendo cualquiera de estos problemas en su vida, creo que la oración y el ayuno son una manera de quebrantar su poder y sacarlos de su vida. Simplemente no hay otra manera.

Aquí hay algunos espíritu con los que me he encontrado que pueden ser clasificados como obstinados:

Espíritu religioso

Uno de los espíritus más obstinados que he visto es un espíritu religioso, un espíritu que provoca que la gente rechace el cambio y el crecimiento. Los hace asirse obstinadamente de las enseñanzas que no son de Dios. Es difícil enseñarle a la gente que ha sido enseñada en cierta manera toda su vida. El espíritu religioso provoca que sean de las personas más obstinadas que conocerá. Una de las cosas con las que necesita enfrentarse un espíritu religioso es que a medida que crecemos en Dios, nuestra revelación de Dios crece. Todos nosotros tenemos que cambiar. No podemos asirnos obstinadamente a la enseñanza que va contra la Escritura. Debemos ser suficientemente humildes para admitir que no lo sabemos todo. Todos estamos creciendo y aprendiendo. Todos tenemos que cambiar.

Hay muchas cosas de las que podría hablar que he tenido que cambiar en mi vida en los últimos años de ministerio. Y hay muchas cosas que había adoptado e incluso prediqué que sonaban bien, pero que no eran verdaderamente exactas y tuve que cambiarlas porque Dios me dio más luz y entendimiento. Los espíritus religiosos pueden ser muy obstinados.

Lujuria

La lujuria es un espíritu que se arraiga fuertemente, porque se arraiga en la carne. Entre más la persona haya estado en cierto estilo de vida—homosexualidad, lesbianismo, adulterio, masturbación—, más difícil es desarraigarla. Eso se ase obstinadamente de su carne. A veces el ayuno es la manera de debilitar el sistema de raíces, porque cuando ayunamos estamos lidiando con la carne. Estamos sometiendo nuestra carne. Es por ello que los demonios aborrecen el ayuno. Ellos no desean que usted ayune. Si usted de verdad desea ser libre, le recomiendo que ayune.

Adicciones

Este espíritu también está profundamente arraigado en la carne. Yo he lidiado con gente que simplemente no deja de fumar. Les es difícil ser liberados de un simple hábito de fumar. Hacen todo para romperlo. Oran. Acuden a liberación. Simplemente no pueden quebrantarlo. Es un espíritu obstinado. A veces se frustran, y el enemigo los condena y les dice: "No eres fuerte". Pero a veces se tiene que ayunar cuando se está intentando liberarse de un espíritu de adicción, porque está profundamente arraigado en la carne. Todas las adicciones—drogas, alcohol, glotonería, trastornos alimenticios, adicciones a la comida—funcionan en maneras similares. Estas deben ser quebrantadas a través del ayuno y la oración.

Amargura

La amargura a menudo es el resultado del rechazo y el dolor. La gente se enfada y se amarga cuando no logra perdonar y soltar a quien los ha herido y ofendido. Todos han experimentado alguna clase de dolor en la vida, y muchos no lo resuelven y, por lo tanto, terminan amargándose. La amargura es un espíritu profundamente arraigado. Se establece en lo profundo de las emociones de la persona y es difícil desalojarlo, porque la persona "siente" enfado y otras emociones profundas que son muy reales para ellos. Este demonio se arraiga en la carne. Reaccionar en ira o repasar la amargura satisface la carne. Es por ello que la raíz de amargura necesita ser quebrantada a través del ayuno, el cual mata de hambre a la carne. La amargura es muy común y muchos necesitan ser liberados de ella.

Ira

La ira puede ser un demonio obstinado. Algunas personas aparentemente no logran superar la ira. Explotan, pero se sienten muy culpables.

Pobreza (escasez, deuda, luchas financieras)

Hay creyentes que dan. Ellos creen en Dios. No obstante se sienten muy mal, porque parece que no pueden tener un avance económico. Parece que no pueden obtener un empleo ni oportunidades para sus negocios. Parece que no pueden vencer y se deprimen. Comienzan a sentirse como si no tuvieran suficiente fe, que posiblemente no creen suficiente en Dios o que tal vez no son salvos como todos los demás, posiblemente no están cerca de Dios, quizá no le agradan a Dios, tal vez Dios no les da favor a ellos como a los demás. Bueno, podría ser un espíritu obstinado de pobreza que ha estado en su familia durante generaciones—una maldición o un espíritu generacional—y eso simplemente no se marchará. Pero yo creo que con Dios nada es imposible. Posiblemente sea tiempo de ayunar y orar hasta que llegue el avance. Cuando se está lidiando con un espíritu obstinado, no podemos darnos por vencidos.

CÓMO ENFRENTAR A GOLIAT

Cuando nos enfrentamos con demonios y fortalezas obstinados es como si estuviéramos enfrentando Goliats. Todo Israel estaba intimidado por Goliat, porque él era un gigante. Durante cuarenta días y noches, desafió que alguien se acercara y peleara con él. Nadie aceptó el desafío hasta que llegó David. David dijo: "¿Quién es este filisteo incircunciso, para que provoque a los escuadrones del Dios viviente? ¡Yo pelearé con él!" (vea 1 Samuel 17:26, 32). David era un guerrero. Y yo oro que el espíritu de David venga sobre usted en esta hora. Cada vez que Goliat se levanta y lo desafíe, oro que usted diga: "Dios no me ha dado un espíritu de temor, sino de poder, de amor y de dominio propio". Y como David lo hizo, posiblemente usted no solamente mate al enemigo, ¡sino también le corte la cabeza!

Piense en las armas de David. Él intentó usar la armadura del rey Saúl, pero era demasiado grande y pesada. Él fue a la batalla con su propia honda. ¿Una honda? ¿Contra un gigante? A veces las armas que Dios nos da para pelear y vencer al enemigo son las más inusuales. Pero "las armas de nuestra milicia no son carnales, sino poderosas en Dios para la destrucción de fortalezas" (2 Corintios 10:4). Utilice el arma de la alabanza. Utilice el arma de la adoración. Utilice el arma de la Palabra. Utilice el arma de la oración y el ayuno. Declare: "No estoy intentando hacer esto en mi carne. Dios, yo oro. Yo ayuno. Me humillo ante ti. ¡Sé que no es por mi fuerza ni mi poder, sino por el Espíritu del Señor que toda montaña será removida de mi vida!".

Es tiempo de ser libre de todo demonio obstinado y toda persona obstinada que intente alejarlo de hacer aquello para lo que Dios lo ha llamado. Levántese y diga: "No, diablo, 'este género' *saldrá*. Yo oraré y ayunaré hasta obtener un avance, porque no permitiré que nada me detenga de hacer aquello para lo que Dios me ha asignado".

No pierda la esperanza

Una de mis escrituras favoritas es: "La esperanza que se demora es tormento del corazón; pero árbol de vida es el deseo cumplido" (Proverbios 13:12). En otras palabras, cuando tenemos esperanza para que algo suceda pero es continuamente aplazado, nos desanimamos y deseamos rendirnos. Pero cuando el deseo viene y obtenemos aquello que hemos estado esperando y por lo que hemos creído, nos sentimos vivos, fortalecidos y plenos. La Biblia lo llama un "árbol de vida".

Una de las claves para disfrutar la vida, la vida abundante, y disfrutar la vida en Dios es que nuestras esperanzas sucedan. Cuando siempre nos quedamos en un lugar de esperar y esperar, este aplazamiento se vuelve desesperanza, desánimo, frustración, depresión y tormento. Cuando parece que la gente no puede obtener avance en ciertas áreas, simplemente se da por vencida. Algunos han dejado la iglesia o dejado a Dios porque aquello que estaban esperando que sucediera fue muy obstinado y no se movió en su vida. Pero yo estoy comprometido con ver a los demonios y las fortalezas obstinadas ser destruidos. No importa cuán fuerte u obstinado sea un demonio, ¡Dios continúa teniendo todo el poder!

Uno de los animales más desafiantes y obstinados es la mula. Si las mulas no desean hacer algo, no se puede obligarlas a hacerlo. Simplemente se atrincheran. Mi oración es que a través de este libro y de los que seguirán, le esté dando herramientas y estrategias de Dios para lidiar con los espíritus mula, los demonios asnos y todos aquellos demonios que dicen no cuando usted les dice que salgan (a veces dicen no antes de que usted les dice que salgan). Ellos saldrán en el nombre de Jesús y a través de la oración y el ayuno.

UNA LARGA GUERRA

Hubo larga guerra entre la casa de Saúl y la casa de David; pero David se iba fortaleciendo, y la casa de Saúl se iba debilitando.

—2 SAMUEL 3:1

Posiblemente no le guste este término: *una guerra larga*. ¿A quién le podría gustar? Deseamos que terminé rápidamente. Pero algunas guerras no terminan rápidamente. Si usted está peleando con un enemigo obstinado que se niega a rendirse, entonces sepa que peleará, y peleará, y peleará. Hay demonios que pelean, y pelean y pelean para soportar. Pero le tengo buenas noticias. Si continúa presionando al enemigo, usted se fortalecerá y se fortalecerá, y él se debilitará y se debilitará.

Lo que los demonios no pueden soportar es una larga guerra. Ellos desean que los golpee y se rinda. Pero usted debe tener la mentalidad de que continuará en oración, ayuno y ejerciendo presión sobre ese demonio, ¡porque es cuestión de tiempo hasta que se quebrante!

A veces tenemos que debilitar a los demonios. Nosotros hemos experimentado esto en nuestro ministerio de liberación en la Crusaders Church. Hemos lidiado con demonios muy fuertes. Durante un período de tiempo oramos, ayunamos, reprendemos y tenemos varias sesiones en que lidiamos con el mismo demonio; y después de un tiempo vemos que el demonio se va debilitando cada vez más.

Cuando comience a orar por liberación sobre algunos espíritu demoníacos, ellos le dirán: "No nos marcharemos. No puedes anularnos/ echarnos fuera. No tienes poder. Permaneceremos aquí. Destruiremos. Nos perteneces. Esta es nuestra casa". Usted diga: "De acuerdo. Sigue hablando. Voy a orar, orar en leguas, ayunar, reprender al diablo, clamar la sangre, citar las Escrituras...". Después de un tiempo, aquellos mismos demonios parlanchines dirán: "¿Podrías dejarnos en paz? ¿Podrías tranquilizarte? Nos estás enfadando". Usted siempre puede saber cuando los demonios están comenzando a debilitarse, porque se enfadan y comienzan a amenazar. Dicen: "Te mataremos". No tema. Eso se llama terror. Cuando comience a ver al diablo aterrado, usted sabe que lo que necesita es continuar presionando hasta que salga lloriqueando de su vida.

Solo porque es una larga guerra no significa que usted esté perdiendo. La gente me ha preguntado por qué Dios permite que esas cosas permanezcan en nuestra vida para una larga guerra. Dios lo permite, porque Él desea enseñarnos a pelear. Aprendemos fe y resistencia en una larga guerra. Usted lo necesita como hijo de Dios. Necesita aprender a mantenerse en fe contra las situaciones imposibles. No mire cómo luce. Usted necesita creer en Dios.

Cuando Dios envió a Israel a la tierra para sacar al enemigo, ellos no los sacaron a todos en un año. Dios no les permitió sacar de la tierra a todos los enemigos en un año. Un versículo en Jueces 3 dice que Dios dejó a algunas de las naciones en Canaán para enseñarle a Israel a pelear, a hacer guerra. Muchos de los que salieron de Egipto no sabían nada de guerra.

A veces, mientras luchamos con las tinieblas, el Señor nos está enseñando a hacer guerra, a usar nuestra fe, a utilizar la Palabra, a utilizar la oración, a resistir. Él desea enseñarnos a pelear para que no seamos débiles en el ejército del Señor. Los mayores guerreros del Reino de Dios son personas que han tenido que pelear batallas para sí y vencer algunas cosas. Cuando vencemos cosas, eso ya no es una teoría de la Biblia. Sabemos que la victoria es real. Sabemos cómo ganar la victoria. Eso nos da una mucho mejor habilidad para pelear por otras personas, para hacer guerra por otras personas, para usar nuestra fe, para desarrollar nuestra fuerza en el Señor. A veces nuestras victorias personales nos colocan en el lugar correcto para poder ayudar a alguien más a obtener la victoria.

A muchos creyentes no les gusta la guerra. Se rinden. Esto es con lo que el enemigo está contando. Él está esperando que el pueblo de Dios se canse y se rinda. Lo que él desea que sintamos es que no podemos hacerlo, que no podemos vencerlo y que no ganaremos. Él desea engañarnos a creer que no somos suficientemente fuertes. Pero yo le digo: no se rinda. No se dé por vencido. Si Dios es por usted, ¿quién contra usted (Romanos 8:31)? Dios está de su lado. Posiblemente tenga que pelear por lo que es suyo y le lleve algún tiempo. Pero cuando ora y ayuna y se compromete con ver la victoria sin importar cuánto tiempo tome, solo es cuestión de tiempo para que el enemigo sea quebrantado, y usted *tendrá* la victoria.

No, la tercera
no es la vencida

En 2 Reyes 13:14–19 se nos presenta la saeta de salvación y aprendemos cómo es que la unción profética nos ayuda a hacer guerra.

Estaba Eliseo enfermo de la enfermedad de que murió. Y descendió a él Joás rey de Israel, y llorando delante de él, dijo: ¡Padre mío, padre mío, carro de Israel y su gente de a caballo! Y le dijo Eliseo: Toma un arco y unas saetas. Tomó él entonces un arco y unas saetas. Luego dijo Eliseo al rey de Israel: Pon tu mano sobre el arco. Y puso él su mano sobre el arco. Entonces puso Eliseo sus manos sobre las manos del rey, y dijo: Abre la ventana que da al oriente. Y cuando él la abrió, dijo Eliseo: Tira. Y tirando él, dijo Eliseo: Saeta de salvación de Jehová, y saeta de salvación contra Siria; *porque herirás a los sirios en Afec hasta consumirlos.* Y le volvió a decir: Toma las saetas. Y luego que el rey de Israel las hubo tomado, le dijo: Golpea la tierra. Y él la golpeó tres veces, y se detuvo. Entonces el varón de Dios, enojado contra él, le dijo: Al dar cinco o seis golpes, hubieras derrotado a Siria hasta no quedar ninguno; pero ahora sólo tres veces derrotarás a Siria.

—ÉNFASIS AÑADIDO

Yo creo que podemos hacer guerra de acuerdo con la profecía. La Palabra del Señor es lo que necesitamos para ganar y obtener la victoria. Es importante estar conectados con los profético. Las palabras nos animan en aquello con lo que estamos lidiando. Nos ayudan a pelear contra nuestros enemigos y ganar. Los sirios eran los más importantes enemigos de Israel. Ellos eran un enemigo muy fuerte y obstinado. El rey Joás acudió al enfermo y moribundo profeta Eliseo y clama a él con respecto a los ejércitos de Siria. Eliseo le dice a Joás que debe atacar a Siria una y otra vez hasta que fuera destruida. Luego Eliseo le dice que tome el arco y las flechas y que golpee el suelo con ellos. No le dijo cuántas veces. Joás golpeó con ellos el suelo tres veces y se detuvo. El profeta estaba enfadado, porque ahora, esas serían las veces que derrotaría a los sirios.

Tres veces no eran suficientes para destruir a los sirios como Eliseo lo había profetizado. Posiblemente Eliseo pudo haberle dicho cuántas veces golpeara el suelo con las flechas. Pero a veces, lo que está en la persona se revela en sus acciones. ¡Joás no tenía suficiente odio e ira contra el enemigo como para golpear la tierra después de la tercera vez y posiblemente hasta romper la flecha!

Cuando estamos lidiando con el enemigo necesitamos darle más que solo un una palmadita de cortesía. Necesitamos realmente desear ganar. Necesitamos aborrecer tanto por lo que estamos peleando que golpeemos hasta que las flechas se rompan. Tenemos que aborrecer la lujuria, la pobreza, el rechazo o lo que sea, hasta aplastarlo. No solamente darles uno, dos o tres golpes y luego mirar al profeta y preguntar: "¿Lo hice bien?". ¡No! ¡Golpee hasta que lo destruya!

Otro principio: a veces se necesita más de una victoria antes de consumir completamente al enemigo. No fue solo una batalla, fue más de una. En esencia, el profeta dijo: "Debiste haber golpeado cuatro o cinco veces para consumir al enemigo por completo. Ahora solamente ganarás tres veces". Y evidentemente tres victorias no serían suficientes para destruir a los sirios. Los sirios perdieron, pero continuaban estando en posición de recobrarse. Nosotros deseamos destruir al enemigo de manera que ya no pueda recobrarse. Deseamos arruinar sus fortalezas tanto que sean destruidas y que no tengamos que preocuparnos por verlo de nuevo.

FARAONES OBSTINADOS

No tengan miedo—les respondió Moisés—. Mantengan sus posiciones, que hoy mismo serán testigos de la salvación que el Señor realizará en favor de ustedes. A esos egipcios que hoy ven, *¡jamás volverán a verlos!*

—ÉXODO 14:13, NVI, ÉNFASIS AÑADIDO

El Faraón es un tipo de demonio. Él era obstinado. Continuaba endureciendo su corazón. Continuaba cambiando de opinión. Sin importar cuánto juicio llegara, él continuaba endureciendo su corazón. Pero finalmente Dios tuvo algo que lo quebrantó: Se llevó a su primogénito. Pero Faraón, aun así, fue tras de ellos, pero Dios dijo: "¡No se preocupen por él, yo lo ahogaré en el mar y ya no lo verán!".

¡Oro que todo faraón, todo faraón obstinado, sea ahogado y que usted no lo vea de nuevo! Posiblemente tenga que ayunar no una sola vez; tal vez tenga que ayunar diez veces. Se necesitaron diez plagas para quebrantar el poder de faraón. Es tiempo de quebrantar a esos faraones obstinados. A veces, un faraón puede ser una persona—un demonio controlador, brujo, hechicero, Jezabel, una persona que desea controlar su vida, su iglesia—.

Detesto utilizar este ejemplo, pero es lo que me viene a la mente. En *El mago de Oz*, cuando la Bruja del Este amenaza a la otra, ella se ríe y dice: "¡Ja, ja, ja! Basura. ¡Tú no tienes poder aquí!". De la misma manera, usted necesita reírse del diablo. Cuando el diablo lo amenace, ríase: "¡Ja, ja, ja! Basura. ¡Tú no tienes poder aquí!". Yo veo esa película solo por ver eso. Sé que es una bruja hablándole a otra, pero solo elimine la parte de la bruja y lo entenderá.

¡No permita que esos espíritus demoníacos lo amenacen! No me importa si están volando por la habitación en una escoba con un sombrero negro. Declare: "Ninguna bruja, ni hechicero, ni Jezabel controlará mi vida. Yo soy siervo de Jesucristo y a quien el Hijo libera es verdaderamente libre. Ningún apóstol, ni doctor apóstol, ni obispo, ni arzobispo, ni obispo de lujo, no me importa su título, ningún profeta, hombre o mujer, lo que sea, usted no está llamado a controlar mi vida. No está llamado a dominarme, ni a manipularme, ni a intimidarme. ¡El diablo es un mentiroso!".

A veces se necesita más de un juicio, batalla o victoria para quebrantar a los enemigos obstinados. Hay algo obstinado en los enemigos. Usted puede golpearlos una vez, pero continuarán regresando. Parecía que no importaba lo que Dios hiciera para soltar al pueblo de Israel de la sujeción del Faraón, él no dejaba que el pueblo de Dios se fuera. Incluso los consejeros de Faraón le dijeron: "Dedo de Dios es este", como diciendo: No puedes pelear con Dios (vea Éxodo 8:19). Y finalmente incluso él tuvo que arrodillarse ante el Rey de reyes.

Es hora de herir al diablo. No los dejaremos solos, aunque clamen: "¿Qué tienes con nosotros?" (Marcos 1:23–24). Ejerceremos presión sobre ellos. Ataremos, reprenderemos, echaremos fuera, oraremos y lidiaremos con los poderes del infierno. Se han quedado sin ser molestados durante mucho tiempo. Nadie estaba orando, ayunando, tomando autoridad ni predicando. Estaban teniendo mucha influencia en las generaciones. Hacían cuanto deseaban. Pero ahora hay una nueva estirpe siendo levantada. ¡Hay pastores, profetas, maestros, evangelistas y creyentes de la vida diaria que no dejarán al enemigo en paz hasta que se marche!

ATE al HOMBRE FUERTE

PARTE 5

Capítulo 12

DOBLE ÁNIMO: EL PLAN MAESTRO DE SATANÁS PARA DESTRUIR A LA HUMANIDAD

No piense, pues, quien tal haga, que recibirá cosa alguna del Señor.
El hombre de doble ánimo es inconstante en todos sus caminos.
—SANTIAGO 1:7–8

EL DOBLE ÁNIMO es un problema real de nuestra sociedad del que Jesús puede sanar y liberar. El doble ánimo está conectado con el trastorno psicótico llamado esquizofrenia, en el que la mente y la personalidad del individuo se fragmente y se atormenta con delirios e inestabilidad, de manera que finalmente les es imposible desarrollarse en sociedad.

La esquizofrenia a veces significa una personalidad partida o una mente partida. *Esquizo* es una palabra griega que significa "rasgar, desgarrar violentamente, abrir o desplegar".[1] La esquizofrenia severa es tratada por la psiquiatría con medicamentos y, como lo demuestra la historia, incluso con terapia de choque, debido a las alucinaciones y los delirios (enfermedad mental y locura). Existen diferentes grados de esquizofrenia, y la mayoría de esos grados no requieren hospitalización. Aunque la esquizofrenia y el doble ánimo son una en la misma, yo utilizaré el término doble ánimo, porque la esquizofrenia es interpretada por muchos como una severa enfermedad mental, y la mayoría ni siquiera consideraría la idea de poder ser esquizofrénico.

La mayor parte de la gente de doble ánimo logra desarrollarse en la vida y tener algunos éxitos, no obstante continúan teniendo las características de un espíritu de esquizofrenia, que les hace ser constantemente inestables en todos los aspectos, sin tener paz acerca de quienes son, de lo que pueden o han llevado a cabo. No siempre van a un lugar de locura que el mundo describe como esquizofrenia.

Entonces, ¿quién tiene problemas con el doble ánimo? ¿Cuántas personas están afectadas? Frank e Ida Mae Hammond la llamaron el plan maestro de Satanás para destruir a la humanidad: "Casi todos los que acuden a liberación parece que tienen diferentes niveles de una red de espíritus demoníacos que causan esquizofrenia".[2]

136

Algunos enseñan que los cristianos no pueden tener un espíritu de esquizofrenia, pero, por favor, sepa que cuando Santiago dijo que la persona de doble ánimo es inconstante en todos sus caminos, él estaba hablando de los santos (Santiago 1:8).

Todos conocemos a personas, incluso nosotros, que a veces actúan en polos opuestos. El ministro que a veces es devoto, piadoso y santo y, no obstante, tiene un período de pecado y perversión. El creyente que vive una fuerte vida cristiana y luego tiene temporadas de recaídas. La personas que es extrovertida y alegre, no obstante cae en episodios de retraimiento y depresión. La persona que trabaja duro y es perfeccionista, sin embargo tiene períodos de letargo y desorden. La persona que es amable y bondadosa, no obstante tiene períodos de explosión y rabia. Es casi como si estuviéramos lidiando con dos personas. Este es el doble ánimo.

La frase griega para doble ánimo (*dispuchos*) significa literalmente "de dos almas". Una persona en esta condición siempre es vacilante, irresoluta, dudosa, cambiante e inconsciente. Entre los sinónimos para doble ánimo, se encuentran: indeciso, inconsistente, impredecible, errático, dudoso, vacilante, tambaleante, que aplaza, cuestiona, duda, dubitativo, que prolonga, no está firme, inestable, carece de control emocional y cosas similares. El hombre de doble ánimo tiene problemas para tomar decisiones y apegarse a ellas. Siempre está cambiando de opinión con respecto a las relaciones, la carrera, los ministerios y las iglesias, debido a la inestabilidad.

El doble ánimo es el polo opuesto a la estabilidad, que significa: improbable que cambie o fracase; firmemente establecido, difícilmente movido o molestado, difícilmente movido o sacado de equilibrio; firme; constante; improbable que se derrumbe, se desmorone o se venza, no volátil, o que varía con poca frecuencia en un reducido radio, no sujeto a enfermedad mental ni irracionalidad, fijo; establecido firmemente; difícilmente conmovido. ¿Cuántos pueden decir que encajan con esta descripción en su personalidad y composición?

Dios no nos creó para ser personas inestables. Él nos creó a su imagen. Dios no es inconstante. Él es el mismo ayer, hoy y por los siglos. Dios es confiable y consistente. Él desea que nosotros seamos igual. El propósito de Dios es que tengamos una personalidad estable y no que estemos divididos con múltiples personalidades. No debemos ir de un lado al otro como una pelota de ping pong. No debemos ir de arriba abajo como un yoyo.

Dios desea que estemos firmes y constantes (1 Corintios 15:58). Él sabe que la inestabilidad puede evitar que sobresalgamos (Génesis 49:4). *Sobresalir* significa superar a los demás o ser superior en algún aspecto o área; tener mucho éxito. Dios nos creó para sobresalir en la vida. Él desea que sobresalgamos. Necesitamos estabilidad con el fin de sobresalir.

El deseo y el plan del enemigo es causar que la incredulidad, la duda, la indecisión, la inferencia, la vacilación y la confusión gobiernen nuestra vida. Los demonios vendrán a atacarnos, porque el diablo sabe que sin fe es imposible agradar a Dios. Sin fe no podemos recibir de Dios y de los demás, y constantemente lucharemos por llenar esos vacíos egoístamente y a través de la gratificación inmediata. Si usted carece de una fe estable, se vuelve de doble ánimo (dos opiniones, dos guerras que trabajan en su interior). Estas opiniones pueden convertirse en dos personalidades distintas, y aunque usted (su verdadera personalidad) sabe que debe tener fe, la fe no estará dando fruto en su vida a causa de que la inestabilidad de la duda lo hará ir de un lado para otro.

Es por ello que en Santiago 4:8 aprendemos que quienes son de doble ánimo necesitan que su corazón sea purificado: "Acercaos a Dios, y él se acercará a vosotros. Pecadores, limpiad las manos; y vosotros los de doble ánimo, purificad vuestros corazones". Cuando nuestro corazón es purificado a través de la liberación, comenzamos a amar la Palabra de Dios y detestamos el doble ánimo (Salmo 119:113). No podemos ser de doble ánimo y amar la Palabra a la vez. El doble ánimo nos alejará de la Palabra. Hay muchas personas con lealtades divididas. Nosotros debemos detestar el doble ánimo y salir del acuerdo con este. Debemos someternos a liberación, y esto sucederá si lo detestamos y deseamos ser libres.

Cómo comienza el doble ánimo: rechazo

He estado ministrando liberación durante más de treinta años y continúo asombrado con el número de personas que sufren del espíritu de rechazo. El rechazo es tan común que siempre se presenta cuando ministramos a personas endemoniadas. Esto se debe a que el rechazo es una herida que normalmente comienza a temprana edad, y una herida que se deja sin tratar se convierte en una infección. Los demonios son como gérmenes que son atraídos a una herida, causando una infección. En otras palabras, lo que comienza como una herida se vuelve algo mucho peor.

El rechazo no solamente hiere, sino que también afecta la identidad de la persona. La persona rechazada se siente como si hubiera algo malo con él, y por lo tanto se rechaza a sí mismo. El espíritu de autorrechazo normalmente acompaña al rechazo. El enemigo comienza a establecer personalidades falsas dentro de una persona que ha sido rechazada.

El centro de la personalidad de rechazo es el rechazo, el autorrechazo y el temor al rechazo. A nadie le gusta ser rechazado. Es una experiencia dolorosa e hiriente. La mayoría lo evita a toda costa. El temor es una fortaleza dentro de la personalidad de rechazo. El temor a ser rechazado, lastimado, ridiculizado, abandonado, maltratado, etcétera. La personalidad de rechazo es la personalidad introspectiva. El rechazo causa que una persona se retraiga o se aleje. Este es un mecanismo de defensa. Es equivalente al avestruz que entierra su cabeza en la arena.

El rechazo es la sensación de ser indeseado, la agonía de desear desesperadamente que la gente lo ame, pero estar convencido de que no lo aman. En realidad los demás pueden ser amorosos y aceptarlo, pero cuando está sufriendo de rechazo, usted no puede creerlo ni recibirlo. Hay un deseo doloroso de ser parte de algo, pero nunca sentir que lo es.

Para compensar el rechazo, algunos se han retraído como una tortuga en su caparazón para protegerse. Otros explotan en ira y odio, peleando amargamente contra el dolor y la injusticia. Las personas rechazadas a menudo pasan su vida buscando una identidad significativa fuera de la verdadera relación con Dios.[3]

Cómo entra el rechazo

El rechazo a menudo comienza a temprana edad e incluso puede comenzar en el vientre. El rechazo prenatal es común y puede suceder con embarazos no deseados, ilegitimidad, rechazo del padre, de la madre o de ambos, y la violación. Los hijos medianos pueden ser vulnerables si sienten que los padres favorecen a los mayores o a los menores.

El rechazo familiar puede incluir abandono por uno o ambos padres, ya sea intencional o percibido, abuso de figuras de autoridad (físico o emocional), hijos adoptivos, hijos con defectos de nacimiento, orden de nacimiento (síndrome del hijo mediano), favoritismo entre los hijos, muerte de un padre, descuido parental, padres autoritarios, padres perfeccionistas.

El rechazo prenatal puede incluir un niño no deseado, embarazos accidentales, parto traumático o estresante, intento de aborto y problemas de embarazo.

El rechazo social puede incluir rechazo de amigos, rasgos torpes, prejuicio racial, diferencias sociales y económicas, acoso, maltrato por parte de figuras de autoridad (es decir, maestros, entrenadores).

Espíritus demoníacos asociados con el rechazo

El rechazo no solamente es un demonio, sino también una personalidad. La personalidad de rechazo se compone de diferentes espíritus que unen el rechazo y fortalecen el rechazo. Los demonios son como pandillas. Así como las pandillas tienen personalidades distintas, lo mismo sucede cuando los demonios se juntan en una persona. Los demonios son atraídos al dolor emocional y entrarán en una persona que sufra rechazo. Los espíritus demoníacos que vienen como resultado del rechazo son:

* Lujuria, fantasía y perversión: la lujuria es un sustituto demoníaco del verdadero amor. La gente rechazada buscará relaciones y a menudo se involucrará en inmoralidad sexual a temprana edad. El espíritu de prostitución puede manifestarse a temprana edad y puede ser visto en mujeres jóvenes que se visten provocativamente. La impureza sexual se ha desenfrenado en nuestra sociedad. Entre los espíritus de lujuria sexual se encuentran el adulterio, la fornicación, la promiscuidad, la prostitución, la seducción, la impureza sexual, la perversión, la homosexualidad, el lesbianismo, la masturbación, la pornografía, el incesto, la lujuria fantasiosa, la sodomía y la impureza. La lujuria no solamente es sexual, sino puede manifestarse también en el materialismo, la indulgencia excesiva, las adicciones alimentarias (la glotonería, la bulimia, la anorexia, las dietas excesivas), adicciones a las drogas y el alcohol, la ropa, entre otras cosas. El grupo de demonios de fantasías incluye la pornografía, fantasear despierto y pueden llevar a pasatiempos excesivos en los que la persona puede escapar de la realidad. Los grupos de demonios de perversión pueden llevar a homosexualidad, lesbianismo, fetichismo, abuso sexual u otras actividades sexuales anormales. La perversión puede ser una manifestación del autorrechazo, cuando la gente rechaza su propia identidad sexual. Estos simplemente son intentos por superar el rechazo.
* La inseguridad y la inferioridad: los rechazos hacen que la persona se sienta inferior y causa baja autoestima.
* Orgullo, vanidad y ego: son espíritus que compensan el rechazo. El orgullo hace que una persona se sienta mejor consigo misma.
* Autoacusación: cuando la persona se culpa a sí misma por el rechazo. "¿Hay algo malo conmigo? Posiblemente no soy suficientemente bueno. Tal vez sea mi culpa".
* Depresión: incluye abatimiento, desesperación, desánimo y desesperanza. Hay multitudes que sufren de episodios de

depresión. Muchos de ellos están siendo medicados. Entrar y salir de la depresión es un signo de doble ánimo. Esto también incluye retraimiento y asilamiento. La depresión está perpetuamente en apogeo. Hay muchas personas que están siendo tratadas por depresión maniaca (bipolaridad). Esto incluso puede llevar a la gente a la desesperanza y el suicidio. La depresión puede causar que una persona desee escapar, lo cual puede llevar al letargo y a abusar de las drogas y el alcohol.

- Perfeccionismo: cuando una persona ha sufrido de rechazo, esta intentará compensarlo al hacer todo perfectamente, esperando que nadie lo rechace. Esto se vuelve una esclavitud y le abre las puertas a espíritus de orgullo, ego y vanidad. Algunos de los signos de espíritus de perfección incluyen ser quisquilloso, la crítica, el juicio, la crítica constructiva, la obsesión compulsiva, volver a revisar muchas veces el trabajo, volver a revisar el trabajo de los demás, la intolerancia, la frustración, espíritus religiosos y legalismo, hipocresía, el espíritu fariseo. La gente con espíritus de perfección obligará a los demás a rechazarlo y llevará más profundamente el rechazo que tienen, porque es casi imposible vivir con ellos.

- Injusticia: la persona rechazada a menudo siente que la vida es injusta y que la gente es injusta. Con frecuencia aceptarán causas para librar al mundo de la injusticia. Esta es una manifestación de falsa compasión y de falsa responsabilidad. A menudo se involucran en asuntos de derechos animales, derechos ambientales, derechos homosexuales y cosas por el estilo. A veces estos grupos se vuelven violentos en sus intentos por librar al mundo de la injusticia. La ira, la amargura, la rebeldía y el resentimiento son las fortalezas opuestas a la injusticia y el rechazo. Existe un don bíblico de misericordia que tiene una verdadera compasión por los que sufren, pero la falsa compasión es carnal y demoníaca.

- Culpabilidad, vergüenza y confusión: incluye condenación, falta de merecimiento y vergüenza. La vergüenza se define como una emoción dolorosa causada por una fuerte sensación de culpa, vergüenza, falta de merecimiento o deshonra. La vergüenza está conectada con la confusión (Salmo 44:15).

- Sensibilidad: las personas rechazadas son fácilmente lastimadas o dañadas, y están delicadamente conscientes de las actitudes y los sentimientos de los demás. Las personas rechazadas son exageradamente sensibles a cada palabra y acción. Se ofenden con facilidad.

- Afecto excesivo por los animales: las personas rechazadas aman y recibirán el amor incondicional de una mascota. No hay nada malo con las mascotas mientras no sea excesivo.

- Temor: temor al abandono, fracaso, dolor, rechazo, a la muerte, la brujería, la autoridad, los gérmenes, la oscuridad, el matrimonio, los perros, los accidentes, el hombre, Jezabel, la confrontación, la pobreza, entre otras cosas. Existen también temores extremos tales como pánico, ataques de pánico, terror, aprehensión, temor repentino y más. La locuacidad, el nerviosismo, la preocupación, la ansiedad y la tensión pueden ser también parte de un grupo de demonios de temor relacionados con el rechazo.

- Paranoia: definida como una tendencia por parte de una persona, o un grupo de personas, hacia la desconfianza y el recelo excesivos e irracionales hacia los demás que no está basada en la realidad objetiva, sino en una necesidad de defender el ego contra los impulsos inconscientes que usan la protección como un mecanismo de defensa y a menudo adopta la forma de megalomanía compensatoria. La megalomanía es una obsesión por cosas y acciones ostentosas y extravagantes.[4] Quienes están obsesionados por el poder, la fama y el estatus, a menudo pueden ser paranoicos al creer que todos se los van a quitar. La paranoia puede verse al culpar a los demás, en la acusación, en la acusación ilusoria, en la sospecha y está arraigada en el temor. La paranoia es la sospecha sin bases de las intenciones de los demás. Está arraigada en el temor y el rechazo. La personalidad de rechazo siempre se está cuestionando los motivos de los demás y juzgándolos sin causa.

- La indecisión: resulta en dilación, transigencia, confusión, olvido e indiferencia. La indecisión es uno de los problemas más debilitantes de la vida, porque la vida está basada en decisiones. La indiferencia es una actitud que provoca que una persona evite tomar decisiones. La dilación es otra manera de evitar decisiones al simplemente dejarlas para un momento en el futuro. Esta también puede estar arraigada en el temor de tomar una decisión. Nuestras decisiones abren paso al éxito o el fracaso. A una persona de doble ánimo se le dificulta tomar decisiones y con frecuencia cambia luego de tomar una decisión. Esto resulta en confusión y siempre se cuestiona una decisión. La toma adecuada de decisiones es el resultado de la sabiduría y una personalidad estable.

- Pasividad: provoca cobardía, apatía, letargo, tristeza continua, llanto, derrotismo, abatimiento, desesperación, desánimo, desilusión, escapismo, fatiga, melancolía, glotonería, dolor, culpabilidad, angustia, desesperanza, pena, hiperactividad, indiferencia, heridas internas, insomnio, pereza, soledad, duelo, negatividad, pasividad, rechazo, autocompasión, dolor y cansancio. A menudo he enseñado acerca del peligro de la pasividad. La pasividad inmoviliza a la persona. La pasividad resulta en retraimiento y letargo. Se lleva el deseo natural de ser agresivo en la vida. Las personas pasivas no perseguirán lo que necesitan para tener éxito en la vida, ni irán tras ello. Las personas pasivas dejarán que otros lo hagan por ellos.

LA REBELDÍA LE SIGUE AL RECHAZO

La rebeldía es otra de las dos personalidades del doble ánimo. Samuel reprendió al rey Saúl por su rebeldía al equipararlo con la adivinación (1 Samuel 15:23). Saúl es el ejemplo bíblico del doble ánimo. La rebeldía con frecuencia es resultado del rechazo. La rebeldía, especialmente en los niños, a menudo es el clamor por atención. El centro de la personalidad de rebeldía es la rebelión, la desobediencia y la falta de sumisión. La personalidad de rebeldía es la manifestación externa del doble ánimo; el opuesto polar de la personalidad de rechazo, la cual es interna. La personalidad de rebeldía se comporta mal, se insolenta y estalla.

Los espíritus demoníacos asociados con la rebeldía

- Obstinación: incluye falta de sometimiento, no ser enseñable y la idolatría. La obstinación es ser terco y negarse a someterse bajo un yugo. Entre las características de la obstinación se encuentran la incapacidad de recibir ministración, la incapacidad de escuchar la corrección, tener siempre la razón y cosas por el estilo. La obstinación también está conectada con la borrachera y la glotonería (Deuteronomio 21:20). La obstinación no le permite ser firme (Salmo 78:8). Israel era obstinado. Israel también tenía doble ánimo. *Obstinado* es la palabra hebrea *carar*, que significa reincidente, rebelde, revoltoso, retroceder. El doble ánimo es la raíz de la reincidencia. Israel era terco y resistió al Espíritu Santo (Hechos 7:51). La obstinación puede obstruir el flujo del Espíritu Santo. Quienes son obstinados no se someterán a Dios ni a su Espíritu.

- Engaño: incluye autoengaño, delirio y autoseducción. Las personas se engañan para creer que son alguien que no son. Esta es una falsa personalidad. Es así como algunas personas intentan superar el rechazo. Ellos creerán ser una persona grandiosa: un cantante, actor, amante, predicador o cosas similares. El espíritu de engaño se acerca y dice: "De verdad eres alguien. ¡Eres un gigante espiritual [o de otro tipo]!".

- Egoísmo: ser egoísta es estar preocupado principalmente y solamente por uno mismo. El rey Saúl se preocupó por sí mismo y por su reino. Él se volvió muy egoísta y estaba preocupado por preservar su reinado. El espíritu narcisista se manifiesta al ser exageradamente egocéntrico. Narciso, una persona de la mitología griega, conocido por su belleza, se enamoró de su propio reflejo en el agua de un manantial.

- Hechicería: se manifiesta en diferentes maneras, entre ellas: brujería, adivinación, intimidación, control y manipulación. Saúl, un ejemplo bíblico de rebeldía y doble ánimo, consultó a la adivina de Endor (1 Samuel 28:7). Él también manifestó el espíritu de hechicería cuando confabuló a través de manipulación y engaño para atrapar a David y quitarle la vida (1 Samuel 18–19). Jezabel es otro ejemplo clásico de una persona que utiliza hechicería para obtener lo que desea. "El demonio de hechicería también puede obrar en muchos otros tipos de relaciones. Un pastor puede buscar controlar a los miembros de su personal o a toda su congregación [...] Las personas que generalmente utilizan la manipulación o la intimidación para controlar a los demás se abren a la esclavitud y la influencia de un demonio de hechicería. Si esto sucede, ellos no podrán relacionarse con nadie separados de estas tácticas. Ya no será solamente la carne en acción, sino un poder sobrenatural que traiga a cualquier persona que controlen bajo una condición de esclavitud espiritual".[5] Todo el plano de lo oculto cae bajo la sombra de la hechicería. Esto incluye las falsas religiones, la adivinación del futuro, la Nueva Era, la percepción extrasensorial, la astrología, la hipnosis, las religiones occidentales, la masonería, la telepatía, la quiromancia, entre otros. Todas esas son manifestaciones de rebeldía. Las personas de doble ánimo normalmente son atraídas al ocultismo.

- Control o posesividad: controlar es ejercer influencia autoritaria o dominante sobre alguien; dirigir. "Las personas controladoras trabajan duro para manipular a las demás personas, eventos y circunstancias, para hacer que las cosas se hagan a su modo. Las personas controladoras pasan su vida intentando averiguar cómo hacer girar, diseñar y manipular situaciones para su ventaja y ganancia. Las personas controladoras se enfadan demasiado cuando las cosas no marchan como desean. Las personas controladoras se convencen de que el mundo que las rodea se desmoronará si no tienen el control, ya sea en casa, en el trabajo o dondequiera que estén, en cualquier posición o situación en la que se encuentren. Deben tener el control para estar cómodos. Piensan que nada puede hacerse bien; nada bueno puede suceder sin ellos, sin su aporte, sin su dirección y control".[6] La posesividad es "tener o manifestar un deseo de controlar o dominar a otro, especialmente con el fin de limitar las relaciones de esa persona con otras [...] un deseo excesivo de poseer, controlar o dominar".[7] Esto puede verse en las relaciones individuales, e incluso en la relación entre líderes y seguidores.

- Amargura: el centro de la personalidad de rebeldía está en la raíz de amargura (Hebreos 12:15). Una persona puede desarrollar una raíz de amargura a partir del dolor y la herida del rechazo. La raíz de rechazo tiene espíritus relacionados, entre ellos: la falta de perdón, la ira, la rabia, la violencia, la venganza, la represalia e incluso el asesinato. La palabra hebrea para "amargura", *marah*, conecta la amargura con la rebeldía. *Marah* significa ser (causar, provocar) amargo (o desagradable); rebelarse (o resistir, causar provocar); un cambio amargo, ser desobediente, desobedecer gravemente, provocación, provocar, rebelarse (contra, ser rebelde). La amargura es ira reprimida y está conectada con la obstinación (o negarse a perdonar). A la persona rechazada a menudo se le dificulta perdonar. El rechazo hiere y crea una ofensa, lo cual requiere de perdón. La falta de perdón puede producir amargura. La persona de

doble ánimo a menudo recuerda vívidamente las heridas del
pasado. A veces tienen problemas para hacer memoria. Los
constantes recuerdos de ofensas del pasado mantiene viva
la falta de perdón, la amargura y el odio (vea Hechos 8:23;
Romanos 3:14; Efesios 4:31; 1 Samuel 18:11–12).

- Conflicto: incluye contención, pelea, discusión, riña, pleito
  y cosas similares. La persona de doble ánimo siempre tiene
  relaciones tormentosas. Hay demasiadas relaciones rotas que
  resultan del doble ánimo.

LOS ESPÍRITUS QUE SE MANIFIESTAN A TRAVÉS DE LA PERSONALIDAD COMPLETA DE DOBLE ÁNIMO

Mundanalidad y carnalidad (Santiago 4:1–10)

El espíritu de rechazo casa a la persona con el mundo en búsqueda de amor. Es simplemente el sustituto de Satanás para el verdadero amor. La mundanalidad puede ser vista en la rebeldía adolescente.
Los adolescentes a menudo se involucran en un estilo de vida de lujuria, perversión, drogas, etcétera. Los padres con frecuencia pierden la
esperanza. Pueden verse las señales de doble ánimo en las perforaciones, los tatuajes, la ropa *punk*, las ropa gótica, la ropa provocativa,
las adicciones a las drogas, fumar, escapar, pelear, actividad de pandillas, blasfemar, falta de respeto a la autoridad, estilos de vida alternativos, depresión, tendencias suicidas y retraimiento.

Durante ya una generación, a los jóvenes estadounidenses alborotadores que se rebelan contra las figuras de autoridad les han
diagnosticado cada vez más enfermedades mentales y están
prescribiéndoles medicamentos psiquiátricos (psicotrópicos). A
los jóvenes rebeldes que se les está recetando Ritalín, Adderall
y otras anfetaminas reportan rutinariamente que estas drogas
pueden hacerlos "preocuparse menos" por su hastío, resenti-
mientos y otras emociones negativas, de esta forma haciéndolos
más dóciles y manejables. Y los famosos antipsicóticos atípicos
tales como el Risperdal y el Zyprexa—poderosas drogas tranquilizantes—se les están prescribiendo cada vez más a los jóvenes estadounidenses alborotadores, aunque en la mayoría de los
casos no estén mostrando síntomas psicóticos.[8]

El doble ánimo en los adolescentes se ha vuelto una epidemia. La
mayoría no sabe con lo que está lidiando. La solución de Dios es la

liberación y la sanidad. Al doble ánimo también se le ha llamado pasivo/agresivo, pero simplemente es rechazo/rebeldía.

Incredulidad y reincidencia (Hebreos 10:38)

La incredulidad y la reincidencia fueron el problema de los miembros de la iglesia temprana que estaban alejándose de la fe. Muchos de los hebreos estaban regresando al antiguo sistema de pacto. Estaban tambaleándose en su fe. La duda es una señal de doble ánimo. Estos cristianos también estaban peleando y haciendo guerra entre sí, y Santiago les ordena humillarse y limpiarse las manos (Santiago 4).

Observe en este mismo pasaje que los espíritus de lujuria y orgullo prevalecen en el doble ánimo, y hay contienda, lucha y adulterio. El adulterio le es infiel al pacto y puede referirse a la reincidencia y la apostasía. Algunos de estos creyentes estaban dejando a Cristo y regresando al mundo, y Santiago se refiere a ellos como pecadores (v. 8).

El doble ánimo engendra incredulidad y duda. La reincidencia y la apostasía pueden ser señales de doble ánimo. El profeta Jeremías reveló que el remedio a la reincidencia es la sanidad o, en otras palabras, la liberación (Jeremías 3:22).

¿Es usted de doble ánimo en su caminar con Cristo? ¿Tiene usted un historial de reincidir y salir de la fe? ¿Es culpable de mundanalidad y carnalidad? ¿Se quiebra ante la presión o la persecución, y regresa a las cosas del mundo? Todas estas son señales de doble ánimo.

El doble ánimo no es suficientemente estable para lidiar con los desafíos que a menudo vienen con ser creyente. Con frecuencia se retiran o se rebelan. Debemos volvernos estables si caminaremos consistentemente con Dios. Yo he visto este patrón en muchos creyentes. He visto a creyentes comprometerse con Cristo y luego volverse y regresar al mundo. Luego se vuelven y repiten el proceso de nuevo. Esto es desgarrador. La liberación es la respuesta y yo estoy comprometido con ver que esta verdad se enseñe en la iglesia.

Las sectas, la hechicería y el control mental
(2 Pedro 3:16; 2 Corintios 11:13, 20)

Estoy convencido de que las sectas están dirigidas por líderes de doble ánimo quienes son líderes inestables seguidos por personas inestables. Los líderes inestables también son controladores, lo cual es parte de una personalidad de rebeldía.

Los falsos apóstoles y ministros se exaltan a sí mismos y son abusadores y controladores. Todas estas son señales de una personalidad de rebeldía (Jezabel). Los falsos ministros también son engañados. Ellos operan en un falso engaño e ilusión con revelaciones falsas de escrituras que han pervertido. El engaño y la ilusión son partes de la rebeldía. La brujería (el control, la posesividad) también es parte de la rebeldía.

Las personas inestables son atraídas a las sectas y las iglesias legalistas (controladoras), porque están buscando una identidad. Cuando la gente no tiene una identidad, esta buscará una al entrar en lo que consideran un grupo "especial". Se encontrarán bajo el control de falsos líderes inestables que también son de doble ánimo.

Yo he visto este problema en el ministerio constantemente. La falta de liberación en la iglesia es la razón por la que hay demasiadas personas de doble ánimo no sanadas, incluso entre el liderazgo. Tenga cuidado con estar en un ministerio con un "Saúl".

Debemos asegurarnos de que los líderes de nuestros ministerios sean personas estables. El don no es el único requerimiento. El carácter es importante. Entre más conozcamos acerca del doble ánimo, más podemos identificar esto dentro de nosotros y recibir liberación. No podemos permitir que la confusión se desenfrene en la iglesia.

La estrategia para atacar el doble ánimo

La estrategia para atacar el doble ánimo es separar el rechazo de la rebeldía. Ataque la fortaleza del rechazo y ataque la raíz de la amargura, la cual está en el centro de la fortaleza de rebeldía. Luego ataque la fortaleza de rebeldía. Es útil que el obrero de liberación esté familiarizado con el patrón y los grupos de demonios que trabajan dentro de las personalidades falsas. Recuerde que esta liberación toma tiempo, poco a poco (Éxodo 23:29–30). Los espíritus bajo el rechazo y la rebeldía los fortalecen. El rechazo y la rebeldía son debilitados a medida que los demás son echados fuera. El grupo de demonios en la fortaleza de rechazo debe ser separado del grupo de demonios de la fortaleza de rebeldía y con el tiempo echado fuera. Una persona que no tiene personalidad debe tener tiempo para desarrollar una con la ayuda de Cristo o no tendrá nada en qué apoyarse.

Quienes han sido liberados del doble ánimo deben desarrollar valentía, virtud, honestidad, responsabilidad, compromiso, autenticidad, obediencia, iniciativa, confianza, reverencia, visión, sabiduría, fe, verdad, amor, honor, integridad, gozo, obediencia, virtud, devoción, lealtad, sabiduría, mansedumbre, bondad, paciencia, flexibilidad al Espíritu Santo, concentración, un solo ánimo, bondad, seguridad, confianza en sí mismo, autodisciplina, autoestima positiva y la capacidad de estimar a los demás sin intenciones impuras, respetarse a sí mismo, equilibrio, puntualidad, plenitud en las cosas de Dios, meticulosidad, sumisión a Dios y al liderazgo, una profunda apreciación de las bendiciones espirituales y un corazón por Dios y por su pueblo.

Estas son las características que quienes han sido liberados del doble ánimo necesitan con el fin de reconstruir su verdadera personalidad, su personalidad divina. Ellos deben tener tiempo para desarrollarse en su verdadera personalidad mientras están recibiendo liberación. Es importante ser dirigidos por el Espíritu Santo cuando se ministra, porque existen diferentes grados de presencia demoníaca en diferentes personas.

Aceptación en el Amado

Debido a que el rechazo es un problema muy común, y ya que está en el centro del doble ánimo, no es de sorprenderse que se mencione como parte de la historia de la redención de Cristo. Jesús fue rechazado para que nosotros pudiéramos ser liberados del rechazo. Isaías 53:3 nos dice que Él fue despreciado y rechazado por los hombres. Él fue rechazado por los sumos sacerdotes y los fariseos. ¿Por qué Jesús pasó por el rechazo como una de las áreas principales de su pasión? Debido a que el hombre necesita ser liberado del rechazo. Él tomó sobre sí nuestro rechazo para que pudiera liberarnos del rechazo. El mayor rechazo llegó cuando preguntó: "Dios mío, Dios mío, ¿por qué me has desamparado?" (Mateo 27:46), debido a que en ese momento se convirtió en pecado y su Padre lo rechazó. Dios siempre rechaza el pecado. Jesús se volvió pecado, pasó por el rechazo, sufrió y fue golpeado, herido, abatido con el fin de liberarnos del rechazo.

El rechazo es la puerta abierta para la personalidad de doble ánimo y un aspecto importante de la liberación y la salvación. Y ahora, debido al rechazo de Cristo, nosotros somos aceptos en el Amado (Efesios 1:4-6). Somos aceptados a través de la sangre de Cristo. Somos aceptados por gracia. No tenemos que ser perfeccionados mediante el legalismo ni mediante guardar las leyes. Podemos ser aceptados por gracia. Esta es la tremenda bendición del cristianismo.

Capítulo 13

LEVIATÁN, REY DEL ORGULLO

[Leviatán] Menosprecia toda cosa alta; es rey sobre todos los soberbios.
—JOB 41:24

E N JOB CAPÍTULO 41, el Señor le aparece a Job en un torbellino y comienza a cuestionarlo con respecto a una criatura llamada Leviatán. Aunque yo había leído el libro de Job en numerosas ocasiones, no comprendía quién era esta criatura hasta que llegué al ministerio de liberación.

Luego me di cuenta de que Leviatán era un espíritu representado por un cocodrilo o una larga serpiente de mar. En Isaías capítulo 27 se le llama la "serpiente veloz", la "serpiente tortuosa", "el dragón que está en el mar" (v. 1). En Job 41:34 se le llama "rey sobre todos los soberbios".

Luego de estar en el ministerio de liberación durante algún tiempo, comenzamos a ver que uno de los espíritus más difíciles de vencer es el espíritu de orgullo. Parece que algunas personas nunca vencen este espíritu y finalmente terminan cayendo. Pero nosotros podemos sacarlo y destruirlo.

El Señor nos ha dado en su gracia una revelación de Leviatán y sus características. Ahora podemos identificarlo, salir del acuerdo con él y recibir liberación. Con la ayuda del Señor, nosotros podemos atarlo y echarlo fuera.

Hay cinco referencias a Leviatán en la Palabra de Dios. La referencia más extensa se encuentra en el libro de Job, capítulo 41. Las otras referencias son Job 3:8, Salmo 74:14, Salmo 104:26 e Isaías 27:1. Job 41 es la referencia en que me enfocaré en este capítulo, porque nos da más revelación del carácter y la personalidad de este espíritu demoníaco y nos proporciona estrategias espirituales para derrotarlo.

LEVIATÁN, ¿UN DRAGÓN DE FUEGO?

La traducción Knox de la Biblia en inglés de Job 41:9 dice: "No lo dejen más que estornudar, el fuego se proyecta: déjenlo abrir su ojo, es como el destello del alba" (vea también Job 41:19). Esta es una imagen de un dragón que echa fuego. En lo natural no tenemos conocimiento de una criatura semejante. Esto se debe a que Job 41 no se está refiriendo a una criatura natural. El Señor está exponiendo a Leviatán, el rey

150

del orgullo. Hay muchas historias de conocimiento popular con respecto a dragones que echan fuego. La mitología se refiere a esta criatura. Yo creo que estos mitos e historias son representativos de Leviatán.

Los antiguos tenían contacto con el plano espiritual y con frecuencia mostraban lo que sabían en su literatura y su demosofía. Usted puede decir: "Pastor, Eckhardt, ¡eso es ridículo! No lo creo". Pero yo no lo creía hasta que me encontré con Leviatán en liberación y estudié la Palabra de Dios.

Otra referencia importante a Leviatán y el fuego puede encontrarse cuando el apóstol Santiago se refiere a la lengua como un pequeño miembro que se jacta de grandes cosas (Santiago 3:5). Esta es una referencia obvia al orgullo que se manifiesta a través de la lengua. Santiago continúa diciendo: "He aquí, ¡cuán grande bosque enciende un pequeño fuego!" (v. 5). La lengua incendia el curso de la naturaleza (v. 6). Leviatán puede manifestarse a través de la lengua en la jactancia, la mentira y la maldición.

Uno de los pecados del orgullo es la maldición y la mentira (Salmo 59:12). La jactancia es otra manifestación del orgullo. Jactarse significa inflarse con palabras, hablar con vanagloria. Discutir y contender es otra manifestación del orgullo (1 Timoteo 6:4). Santiago dijo que "ningún hombre puede domar la lengua" (Santiago 3:8). Esto podría deberse a la influencia de Leviatán, porque él no puede ser domado. Necesitamos una obra de gracia en nuestro corazón y nuestros labios para vencer las manifestaciones del orgullo.

Job 41:20 hace referencia a "una olla o caldero que hierve". *Hervir* significa revolver o hacer espuma como en ebullición. También significa agitarse. Agitar significa perturbar. También significa un problema en la mente o los sentimientos. Yo creo que esta es una referencia a la ira.

La ira es una manifestación del orgullo. Además es una referencia a una lucha que se suscita. Proverbios 28:25 dice: "El altivo de ánimo suscita contiendas". La traducción New English Bible en inglés traduce este versículo como: "Un hombre prepotente provoca riñas". Quienes se entregan fácilmente a la pelea, la ira y las riñas son controlados por Leviatán.

El aliento representa el espíritu. Los espíritus malignos pueden manifestarse a través de la lengua. El orgullo de nuestro corazón se manifestará a través de la lengua. De la abundancia del corazón habla la boca. El aliento de Leviatán enciende carbones (Job 41:21).

El fuego se extiende y destruye. Ese es uno de los elementos más destructivos conocido por el hombre. La gente controlada por Leviatán hará mucho daño a través de su mente y su boca. En lugar de encender carbones con nuestra lengua, necesitamos carbones del altar celestial para limpiar nuestros labios (Isaías 6:7).

La obstinación y
la dureza de corazón

La fuerza de Leviatán está en su cerviz (Job 41:22). De acuerdo con Salmos 18:40, el Señor nos da las cervices de nuestros enemigos. Josué e Israel demostraron la derrota de sus enemigos al colocar su pie sobre el cuello de los reyes de Canaán (Josué 10:24).

Un cuello fuerte se refiere a ser obstinado o porfiado. La obstinación y la rebeldía son dos manifestaciones más del orgullo. La obstinación es la negación al cambio. Muchos líderes e iglesias se niegan a cambiar cuando un nuevo fluir del Espíritu está siendo soltado sobre el Cuerpo de Cristo. Hay resistencia al cambio, lo cual no es sino una manifestación de Leviatán. De acuerdo con 1 Samuel 15:23: "Porque como pecado de adivinación es la rebelión, y como ídolos e idolatría la obstinación".

La obstinación llevará a un hombre a rechazar la palabra del Señor. Este fue el pecado de Saúl. Muchos rechazan la verdad presente que se está hablando en la actualidad por causa de la obstinación. El cambio es parte de la vida. No podemos crecer sin cambiar. Debemos ser flexibles con el fin de cambiar con Dios. Siempre hay cosas nuevas gestándose y liberándose en el Reino.

Israel a menudo era referido como un "pueblo de dura cerviz" (Éxodo 33:3). Esteban llamó a quienes resisten al Espíritu Santo "duros de cerviz, e incircuncisos de corazón" (Hechos 7:51). Deuteronomio 31:27 dice: "Porque yo conozco tu rebelión, y tu dura cerviz". La obstinación es negarse a arrepentirse y volverse del camino perverso.

Salmo 75:5 dice: "No hagáis alarde de vuestro poder; no habléis con cerviz erguida". Hacer alarde del poder significa presumir o hacer ostentación del poder. Significa ser arrogante e irreverente. Significa desafiar a Dios (resistencia). Esto se asocia con la dura cerviz. Negarse a escuchar, la falta de sumisión y la incapacidad de ser enseñable están vinculados con la dura cerviz (Jeremías 17:23). Todas estas son manifestaciones de orgullo y de Leviatán.

Otra característica de este espíritu Leviatán es ser inflexible e inconmovible (Job 41:23). Ser flexible significa someterse a través de ceder por la fuerza, argumento, persuasión o la súplica. Significa renunciar a los derechos propios. Las personas que "no se mueven" (son inflexibles e inconmovibles) están siendo controladas por Leviatán, quien se niega a ceder.

La dureza de corazón es la siguiente manifestación del espíritu de Leviatán que el Señor nos muestra en Job 41:24. Muchos creyentes sufren de la condición de dureza de corazón al igual que los discípulos. El faraón, quien también es llamado "el gran dragón" (Ezequiel

29:3), endureció su corazón y fue destruido en el Mar Rojo. La dureza de corazón nos impide caminar en la plenitud de las bendiciones de Dios.

Leviatán obstaculiza el crecimiento espiritual. El letargo mientras oramos, estudiamos la Palabra o incluso mientras estamos sentados en un servicio son manifestaciones de este espíritu. A la gente que se le dificulta orar o comprender la Palabra de Dios con frecuencia es controlada por Leviatán. No lograr recordar las versículos o la Palabra de Dios también ha sido rastreado hasta Leviatán.

LA HUELLA DEL ORGULLO

La versión Amplificada en inglés dice en Job 41:30: "Su vientre es como piezas afiladas de barro quebrado". La parte inferior del vientre es una de las áreas más vulnerables que se encuentran en los reptiles. Cuando esta afilada parte se arrastra deja una huella distintiva sobre la tierra. Es la misma manera en que el orgullo deja una marca adondequiera que va. Este rastro incluye herida, dolor, matrimonios rotos, reincidencia, vergüenza y destrucción. La Biblia nos dice que "Antes del quebrantamiento es la soberbia, y antes de la caída la altivez de espíritu" (Proverbios 16:18). La destrucción sigue el rastro del orgullo.

Leviatán vive en las profundidades y las hace hervir como una olla (Job 41:31). El orgullo es tan profundo en el hombre que es difícil sacarlo, porque vive muy profundamente en nosotros. Hervir representa la inquietud. La humildad trae descanso. El orgullo provoca inquietud. Adondequiera que va el orgullo, este deja una huella detrás. A donde miremos podemos ver una huella de miseria, vidas rotas y destrucción. No camine en la senda del orgullo. Es un camino que lleva a la vergüenza y la destrucción.

Leviatán no es una criatura terrenal. Nosotros estamos lidiando con un espíritu, un hombre fuerte del reino de las tinieblas. No hay criatura en la Tierra que se compare con este intrépido espíritu (Job 41:33).

LA CAPACIDAD DEL HOMBRE PARA SACAR Y CONQUISTAR A LEVIATÁN

En los primeros siete versículos de Job capítulo 41, el Señor le hace a Job catorce preguntas con respecto a Leviatán. Estas preguntas revelan la incapacidad del hombre para sacarlo y conquistarlo.

La primera pregunta implica que no hay ningún anzuelo ni cuerda que pueda sacar a Leviatán de lo profundo de la tierra (v. 1). No solamente Leviatán vive en las profundidades, sino también es tan fuerte y poderoso como para romper cualquier cuerda o anzuelo que un hombre podría utilizar para apresarlo y sacarlo.

El orgullo es un espíritu muy fuerte y tan profundamente arraigado que es imposible pescarlo y sacarlo. El comienzo de la humildad es reconocer nuestras limitaciones y nuestra incapacidad, y nuestra dependencia del Señor. Un hombre humilde reconoce su necesidad del Señor en todo lo que hace. No podemos engancharlo con un garfio y hacer con él como a otras criaturas marinas (v. 2). Este método no será exitoso con Leviatán. El hombre ha tenido éxito para conquistar incluso a las más grandes criaturas marinas como la ballena; pero Leviatán no puede ser conquistado con medios naturales.

No negociará
Job 41:3 nos da la imagen de un enemigo derrotado que ruega o que le hace súplicas a su vencedor. A menudo las naciones o reyes les rogaban a sus conquistadores. *Rogar* significa interceder ante, especialmente con el fin de persuadir o negociar. El enemigo, una vez conquistado, intentará hablar palabras suaves y halagadoras.

¿Leviatán hará esto: le suplicará, negociará con usted o lo halagará con sus palabras? ¡No! Es un demonio orgulloso y obstinado que no habla palabras suaves. No se humillará ni suplicará. La súplica es una forma de oración. Hemos encontrado que el espíritu de Leviatán obstaculiza la oración. La gente a quien se le dificulta orar o se siente somnolienta cuando intenta orar, a menudo está batallando con Leviatán. Las personas orgullosas no sienten una necesidad de orar ni de buscar a Dios (Salmo 10:4), y se les dificultará pedir ayuda. A menudo les hablan duro a los demás. El tono de voz es una indicación de si uno está manifestando orgullo.

No se someterá ni hará pacto
Leviatán no hará pacto (Job 41:4). Él es un espíritu independiente y orgulloso. Nunca se someterá ni servirá a otro. El orgullo evita que la gente entre o haga un pacto. Hacer un pacto requiere de humildad. Un pacto es un acuerdo mutuo entre dos partes. El matrimonio es un pacto. No es solo una esposa que se somete al esposo, sino ambos se someten mutuamente en el temor de Dios. Hemos encontrado que Leviatán es el espíritu que opera en muchos matrimonios, causando divorcio y separación. Leviatán no hará ni mantendrá un pacto. No es de sorprenderse que muchos del pueblo de Dios no comprendan ni operen en relaciones de pacto. El orgullo lo enceguecerá y lo obstaculizará para honrar un pacto.

El orgullo también ciega a una persona de recibir y caminar en el pacto que tenemos a través de la sangre de Jesús. La Biblia es un libro de pactos. Nuestro Dios es un Dios que guarda pactos. La salvación, la sanidad, la liberación, la prosperidad, los dones del Espíritu, los milagros, las señales y los prodigios son parte del nuevo pacto. No debe sorprendernos que muchos creyentes y algunas iglesias rechacen partes del nuevo pacto.

Algunos rechazan la sanidad. Algunos rechazan la liberación. Otros rechazan el bautismo del Espíritu Santo y sus dones. Estoy convencido de que el espíritu de Leviatán ha obstaculizado a muchos de caminar en la plenitud del pacto que tenemos a través de Jesucristo.

Existen diferentes tipos de orgullo, y uno de ellos es el orgullo religioso. Este dice: "Mi iglesia (mi denominación) tiene toda la verdad". El orgullo religioso dice: "No podría ser Dios si nosotros no lo practicamos ni lo creemos".

Estas actitudes no son sino manifestaciones de Leviatán. Si un creyente o una iglesia tiene un problema con caminar en la plenitud del nuevo pacto, revise si Leviatán está presente.

No servirá

La siguiente pregunta que el Señor le hace a Job con respecto a Leviatán es: "¿Lo tomarás como siervo para siempre?". La traducción Moffat en inglés, dice: "¿Él siempre estará a tu servicio?".

Se necesita humildad para servir a los demás. El orgullo evitará que se someta y sirva a otra persona. El orgullo siempre desea estar en la cima y tener el control. El orgullo desea que todos se sometan a él. No me sorprende que a tantas personas se les dificulte someterse y servir. La razón es que demasiadas personas tienen un problema con Leviatán. Si a usted se le dificulta someterse y servir, entonces tiene un problema con Leviatán. Jesús es nuestro ejemplo de humildad. Él se humilló a sí mismo y se volvió siervo, incluso hasta lavar los pies de sus discípulos.

No será domado

Leviatán no es una mascota. Él no puede ser domado. Las mascotas son animales que han sido domesticados para la ventaja del hombre. Job 41:5 dice: "¿Jugarás con él como un pájaro, o lo atarás para tus niñas?". En otras palabras, Leviatán no es una criatura con la cual jugar.

El orgullo no puede ser domado. El orgullo es destructivo y provocará dolor en su vida y en la vida de los demás. Leviatán no será tomado cautivo como una mascota. No será amarrado ni domado. Leviatán debe ser destruido, y solamente el Señor puede destruir el orgullo en nuestra vida. Nosotros no podemos sacarlo, cazarlo, hacer pacto con él ni atarlo con nuestra propia fuerza. Si no le permitimos al Señor destruir el orgullo en nuestra vida, ¡Leviatán nos destruirá!

Provocar a Leviatán

La traducción de Jerusalén de Job 41:2, dice: "Cuando se le provoca se enfurece, nadie puede enfrentarlo en batalla". *Provocar* significa despertar o agitar. Job 3:8 habla de provocar a Leviatán: "Maldíganla los que maldicen el día, los que se aprestan para despertar a Leviatán". Este versículo compara a los suficientemente hábiles para despertar a Leviatán con aquellos que pueden maldecir el día. La versión New English Bible en inglés dice: "Maldita sea por aquellos a quienes la magia ata incluso al monstruo de las profundidades, quienes están listos para domar a Leviatán mismo con hechizos".

Si compara este versículo con Job 41:10 ("Nadie es tan tonto como para agitarlo" [Berkeley]), implica que ni siquiera los magos, con todos sus embrujos y hechizos se atreverían a agitar y provocar a Leviatán. Ni siquiera los dotados en la sabiduría del mundo—magia, hechizos y encantos—agitarían a Leviatán.

El Señor hace esta pregunta: "¿Quién, pues, podrá estar delante de mí?". Lo que Él está diciendo es que si un hombre no puede agitar y derrotar a Leviatán, definitivamente no puede sostenerse contra el Señor, porque Él es el único que puede humillar a Leviatán. Por el contrario, el orgullo puede hacer que una persona se pare contra el Señor. Esa fue la caída de Faraón. El orgullo de Faraón le hizo endurecer su corazón y oponerse al Señor.

En Ezequiel 29:3, él es llamado "el gran dragón que yace en medio de sus ríos". La traducción New English Bible en inglés lo llama "el gran monstruo, latente en la corriente del Nilo". Ezequiel profetiza contra Faraón y Egipto. "Yo, pues, pondré garfios en tus quijadas" (v. 4). Dios es capaz de poner garfios en la boca del dragón y sacarlo de su lugar de morada.

Lo que el hombre no puede hacer en su fuerza, el Señor puede hacerlo al derrotar y aplastar a Leviatán. Leviatán no puede permanecer en la presencia de Dios. Dios aplastará el orgullo.

Salmo 74:13–14 es una referencia al Señor que destruye a Faraón en el Mar Rojo. La cabeza representa autoridad. La cabeza de la serpiente es la parte más vulnerable. Al destruir a la serpiente, siempre vaya por la cabeza. La cabeza de la serpiente fue herida por la simiente de la mujer; su nombre es Jesús.

La humildad de Jesús (su sumisión al Padre y su muerte en la cruz) es nuestra única victoria sobre Leviatán. Es la única manera de aplastar su cabeza. El Señor resiste al orgulloso. Él aplastará a quien sea orgulloso. El Señor no permitirá que el orgullo lo resista ni se levante contra Él y sus propósitos.

Dios es poderoso y autosuficiente. Todos y todo se inclina ante Él. Él no se inclina ante nadie. Él no le debe nada a nadie y todo le pertenece

(Job 41:11). Nadie sino Dios puede afirmar eso. Nadie puede exaltarse a su posición. El orgullo es la autoexaltación. Quienes se exaltan a sí mismos son víctimas del control de Leviatán. Ellos están en rebeldía e intentando usurpar la posición de Dios. Este fue el pecado de Lucifer y la razón de su caída. Cuando nos exaltamos estamos en directa oposición a Dios. Nos estamos colocando contra Dios. Esto es lo que Leviatán provoca que la gente haga.

El orgullo, la arrogancia y la altivez son características de Leviatán. La autoexaltación, la dureza de corazón y la rebelión son también manifestaciones de Leviatán. El Señor nos está dando una revelación con respecto a Leviatán. Nos está exponiendo sus miembros (Job 41:12).

RASGAR LAS ESCAMAS DE LEVIATÁN

A la gruesa capa de piel de Leviatán se le refiere como "cota" (Job 41:13, BERKELEY). *La cota* es una armadura hecha de eslabones metálicos de placas. La armadura se usa para propósitos de defensa. Jesús afirmó que un extraño debe vencer al hombre fuerte, derrotarlo y llevarse su armadura en la que confía (Lucas 11:22). Leviatán es un hombre fuerte cuya armadura debe serle despojada.

El orgullo de Leviatán está en sus escudos (Job 41:15). Este espíritu está orgulloso por su habilidad para soportar el ataque. El orgullo es capaz de escudarse con otros espíritus simbolizados por escamas y actúan como escudos protectores. El espíritu de Leviatán usará este y otros espíritus como escudos, con el fin de protegerse del ataque. Estos demonios protectores deben ser atacados primero antes de que un ataque contra Leviatán sea exitoso.

Algunas personas no recibirán liberación de Leviatán, porque su reino a menudo está protegido por sus escamas. El rechazo, la lujuria, el dolor, la inseguridad, la vergüenza, el temor, el fariseísmo y los espíritus religiosos son demonios que generalmente encontramos en la liberación. Estos le dan "razones" a la persona para asirse del orgullo. La fuerza de Leviatán solamente puede ser destruida cuando le quitamos los demonios que lo protegen.

Las escamas de Leviatán están tan firmemente unidas que viento no entra contra ellas (Job 41:16). El viento representa al espíritu. La palabra para "espíritu" es la palabra hebrea *ruwach*, y la palabra griega *pneuma*, que significa aire, viento o aliento. El aliento es esencial para la vida. El orgullo es un espíritu que obstaculizará a una persona para fluir en el Espíritu. Las personas a quienes se les dificulta fluir en los dones del Espíritu a menudo están batallando con el espíritu de Leviatán. Leviatán es un espíritu que gobierna sobre muchos grupos religiosos que rechazan el bautismo en el Espíritu Santo y sus dones. El orgullo religioso es un espíritu que dice: "Lo tienes todo. No necesitas nada más. Tu denominación está bien y todas las demás están equivocadas".

Las escamas de Leviatán representan grupos de demonios que se unen para protegerlo (Job 41:17). Es un espíritu gobernador que tiene numerosos demonios bajo su control. Los demonios se unen y se traban con el único propósito de mantener atada a la persona. Los demonios sacan fuerza uno del otro al unirse. Los demonios trabajarán en cualquier sistema conveniente para atar a una persona al crear no solamente una cadena, sino también redes demoníacas. Ellos resisten la separación y se unen estrechamente para mantener a sus víctimas en esclavitud.

LOS DEMONIOS PROTECTORES DE LEVIATÁN

A continuación se encuentra una lista de demonios que se unen para formar las escamas de Leviatán que lo protegen de nuestros ataques. Recuerde, solo el Señor puede separar y dividid a los demonios que protegen a Leviatán, pero ahora nosotros tenemos el poder en el nombre de Jesús y el poder en el Espíritu Santo para separarlos y echarlos fuera para después atacar a Leviatán y ganar.

- Dureza del corazón: provoca divorcio y problemas maritales (Mateo 19:8); incredulidad y duda (Marcos 16:14); falta de percepción espiritual, insulsez espiritual, falta de sabiduría y entendimiento, olvido (Marcos 8:17–18); falta de arrepentimiento y pena divina (Romanos 2:5); reincidir y alejarse de Dios (Hebreos 3:12).
- Rahab: espíritu de orgullo, significa: escandaloso, violento, tumultuoso, feroz, valiente, orgulloso, egoísta e insolente. Un monstruo marino, un cocodrilo, destruido por el brazo del Señor (Salmo 89:10; Isaías 51:9), tiene ayudantes (Job 9:13; significa literalmente los ayudantes de Rahab).
- Basán: espíritu de orgullo; las encinas de Basán (Isaías 2:12–13) representan orgullo y altivez; los toros de Basán (Salmo 22:12) representan fuerza y surgir con fuerza salvaje como un toro; o el rey Og de Basán (Números 21:33), un gigante que representa al orgullo.
- Arba (Josué 14:15): un gigante que significa fuerza, un cubo, cuatro, símbolo de gran fuerza y estabilidad, caracterizado en el cuadrado de un cubo; Quiriat-arba (ciudad de Arba) que significa ciudad de los cuatro gigantes (Jueces 1:10).
- Acac (Deuteronomio 9:2): gigantes de cuello largo; representan el orgullo.

- Isbi-benob: un gigante, significa "mi morada en la prominencia"; "mi morada en la altura";[1] representa orgullo y altivez; vencido por David (2 Samuel 21:16).
- Corona de soberbia (Isaías 28:1), cadena de soberbia (Salmo 73:6), vara de la soberbia (Proverbios 14:3); Dios lidia con los soberbios en sueños (Job 33:15–17). El orgullo en las mujeres provoca alopecia, quemaduras, comezón y olores corporales (Isaías 3:16–24).

Otras manifestaciones del espíritu de orgullo:

1. Altanería
2. Altivez
3. Arrogancia
4. Autoexaltación
5. Autopromoción
6. Burla
7. Cólera
8. Contienda
9. Control
10. Desdén
11. Desobediencia
12. Destrucción
13. Dominio
14. Dureza de corazón
15. Ego
16. Egocentrismo
17. Egoísmo
18. Engreírse
19. Falta de sumisión
20. Farisaísmo
21. Hechicería
22. Independencia
23. Inflexibilidad
24. Intelectualismo
25. Intolerancia
26. Ira
27. Jactancia
28. Maldición
29. Manipulación
30. Mentira
31. Necedad
32. No disposición a admitir equivocación
33. No disposición a cambiar
34. No disposición a disculparse
35. Obstinación
36. Orgullo de conocimiento
37. Orión
38. Perfección
39. Prejuicio
40. Prepotencia
41. Rabia
42. Rebeldía
43. Rechazo (el orgullo es un espíritu que compensa el rechazo): Cuando una persona se siente rechazada, el orgullo le provocará tener una falsa sensación de seguridad y les hará sentirse bien consigo mismos
44. Resistencia
45. Rigidez
46. Riña
47. Soberbia
48. Temor (causa que una persona se cubra y se esconda): temor a ser uno mismo
49. Vanidad
50. Vergüenza

LA BATALLA DE SU VIDA

La mayor batalla que peleará será contra el orgullo. Leviatán es un enemigo imponente. No subestime su fuerza y su poder. Una vez que se enfrente en batalla con este espíritu, se acordará de la lucha (Job 41:8). El Señor nos está dando una imagen del orgullo y nos está mostrando nuestra incapacidad de pelear con él. Cuán desesperadamente necesitamos depender del Señor. Somos demasiado débiles para pelear con el enemigo sin la ayuda del Señor. Debemos someternos al Señor y humillarnos ante Él para experimentar victoria.

Otra manera de ver Job 41:8 es nunca entrar en lucha o contienda con una persona orgullosa. El orgullo le llevará a discutir, pelear y ser contencioso. No hay descanso si llega a encontrarse en batalla con alguien controlado por Leviatán. Las personas contenciosas y que suelen discutir están controladas por Leviatán.

Es inútil intentar derrotar y dominar el orgullo con su propia fuerza (Job 41:9). Una vez más, el énfasis es la incapacidad el hombre de sacar y conquistar a Leviatán. No podemos dominar el orgullo con nuestra propia fuerza. No podemos capturarlo con nuestra propia habilidad. No podemos atacarlo con armas carnales. Una vez que un hombre reconoce su propia incapacidad, eso lo forzará a humillarse y buscar ayuda del Señor. La esperanza del hombre por vencer a Leviatán solo es una falsa esperanza. Jesús es la única esperanza que tenemos para derrotar a Leviatán.

CÓMO ATACAR A LEVIATÁN Y A OTROS ESPÍRITUS RELACIONADOS

El ayuno a menudo es necesario al lidiar con Leviatán. A través del ayuno, nosotros humillamos nuestra alma (Salmo 35:13). El ayuno ayuda a quebrantar el poder del orgullo en nuestra vida.

Ordéneles a los ayudantes de Rahab que se arrodillen debajo del Señor (Job 9:13). Rahab es un espíritu de orgullo. El nombre significa "escandaloso, violento, tumultuoso, feroz, valiente, orgulloso, egoísta e insolente". Pero Leviatán es un monstruo marino, un cocodrilo que es destruido por el brazo del Señor (Salmo 89:10; Isaías 51:9).

Recuerde que la fuerza de Leviatán está en su cerviz (Job 41:22). El Señor nos dará las cervices de nuestros enemigos (Salmo 18:40). Pídale al Señor que rompa su cabeza.

Recuerde quitarle las escamas a Leviatán. Sus escamas son demonios que lo protegen del ataque. Quítele su armadura y despójelo de sus bienes (víctimas) (Lucas 11:22).

Capítulo 14

BEHEMOT

Behemot: algo de talla, poder y apariencia monstruosa.[1]

UN BEHEMOT ES cualquier sistema suficientemente grande en tamaño o poder para oprimir a multitudes. Puede ser un sistema religioso, político, cultural o económico. Los behemot son erigidos por el enemigo para mantener el evangelio fuera y a multitudes en las tinieblas. Un sistema que ha sido sacudido y está cayendo es el behemot del comunismo.

El comunismo fue un sistema anticristo que controló a millones. La cabeza de este sistema (la URSS) se ha desmoronado económica y políticamente, y ahora el evangelio está siendo predicado en Rusia, e iglesias están surgiendo por doquier. Durante años, la Iglesia oró y ayunó por el desmantelamiento de este behemot, y ahora vemos los resultados de nuestras oraciones.

Los behemot son fortalezas que deben ser quebrantadas con el fin de ver a millones de personas liberadas de las tinieblas y venir a la luz gloriosa del conocimiento de Jesucristo.

El Señor está levantando a un ejército de creyentes que comprenden la guerra espiritual y desafiarán y derribarán los behemot de nuestros días.

> He aquí ahora behemot, el cual hice como a ti; hierba come como buey.
>
> —JOB 40:15

El Señor está llamando la atención de Job a una criatura conocida en su día como behemot. La traducción de Berkeley lo llama "el hipopótamo". Otra traducción lo llama "el buey del río". El buey es primordialmente conocido por su fuerza. Behemot es una criatura masiva conocida por su poder y su fuerza. Su puro tamaño y fuerza le hacen un enemigo imponente.

La Iglesia debe darse cuenta de que cuando estamos lidiando con behemot, estamos peleando contra un sistema demoníaco que es grande y fuerte, ya sea religioso, económico, cultural o político. En diferentes partes del mundo hay algunas fortalezas que son behemots.

161

El behemot del islam

Tal como el comunismo controló la mente de millones a través de la ideología anticristo, la religión conocida como islam lo hace igualmente.

El islam controla naciones enteras, esclavizando a millones de personas a través de su sistema anticristo. El evangelio es dejado fuera por este behemot, y millones están muriendo sin el conocimiento salvador de Jesucristo. La Iglesia debe percatarse de que estamos peleando contra más que un espíritu de anticristo y falsa religión. Estamos lidiando con un behemot que influye en gobiernos, culturas y economías de naciones enteras y las controla.

El sistema religioso ha esclavizado a algunas naciones durante más de mil años. Es un sistema opresor que esclaviza a multitudes a su código rígido de ley religiosa. La buena noticia es que el behemot del islam caerá tal como el behemot del comunismo está cayendo, y el evangelio será predicado a aquellas personas por las que Cristo murió.

> He aquí ahora que su fuerza está en sus lomos, y su vigor en los músculos de su vientre.
>
> —Job 40:16

Este versículo habla de la fuerza de los lomos de behemot. Los "lomos" representan la capacidad de reproducir y tener crías. La reproducción es la clave para tener dominio. Lo que pueda reproducirse finalmente tendrá el dominio y la capacidad para subyugar. La fuerza de behemot es la capacidad de reproducirse y subyugar a quienes están bajo su poder. Esta fue la clave del comunismo.

Desde sus raíces en Rusia, la Revolución Bolchevique de 1917, este se extendió a lugares tales como China, Corea del Norte, Vietnam del Norte, Bulgaria, Polonia, Hungría, Checoslovaquia, Yugoslavia, Alemania Oriental, Letonia, Lituania, Estonia, Afganistán, Cuba y Rumania.

Lo mismo sucedió con el islam, desde sus raíces en Arabia, se extendió a países entre los cuales se encuentran Argelia, Egipto, Libia, Túnez, Marruecos, Turquía, Afganistán, Sudán, Malasia, Indonesia, Pakistán, Irán, Irak, Líbano, Siria, Mauritania y Nigeria. Estas naciones están completa o parcialmente bajo el control del islam.

> Vean ahora, su fuerza está en sus lomos, y su virilidad en el ombligo de su vientre.
>
> —Job 40:16, traducción de la versión Spurrell

La traducción Spurrell habla de "su virilidad". Ser *viril* significa tener la naturaleza, las propiedades o las cualidades de un varón adulto: capaz de funcionar como varón en la copulación. Esta es la capacidad de reproducirse—la habilidad de crecer, multiplicarse y sojuzgar—. Esta es una ley espiritual: "Fructificad y multiplicaos; llenad la tierra, y sojuzgadla" (Génesis 1:28).

Aquello que es fructífero, se multiplica y rellena, finalmente sojuzga. La habilidad de behemot para reproducirse le da la fuerza para sojuzgar. El sistema político del comunismo y el sistema (religioso) del islam se reprodujeron en muchas naciones. Se convirtieron en behemots que controlaron a la gente y ataron naciones, evitando que recibieran la verdad.

> Su cola mueve como un cedro, y los nervios de sus muslos están entretejidos.
>
> —JOB 40:17

Este versículo habla de su cola y sus músculos. La versión New American Bible en inglés dice: "Los músculos de sus muslos son como cables". El muslo es uno de los músculos más fuertes del cuerpo.

> Sus huesos son fuertes como bronce, y sus miembros como barras de hierro.
>
> —JOB 40:18

Los huesos le proporcionan estructura al cuerpo físico. La estructura de un behemot es de fuerza, caracterizada por huesos fuertes. No es imposible quebrar sus huesos, aunque sean fuertes. Sin embargo, es difícil quebrar un sistema que se ha vuelto un behemot. No obstante, con el hombre esto es imposible, pero con Dios todas las cosas son posibles. La traducción de Jerusalén dice: "Sus huesos son tubos de bronce; sus miembros como barras de hierro".

> El es el principio de los caminos de Dios; el que lo hizo, puede hacer que su espada a él se acerque.
>
> —JOB 40:19

La versión de la Biblia Amplificada en inglés, dice: "[El hipopótamo] es la primera [en magnitud y poder] de las obras de Dios [en vida animal]; solamente Él que lo hizo le proporcionará su [colmillo de espada, o solamente Dios que lo hizo, podrá acercar su espada para dominarlo]".

No hay criatura hecha por Dios que Él no pueda controlar. El Señor, con su fuerte y poderosa espada, puede dominar a behemot. ¡Todo sistema impío anticristo que ha sido erigido por el diablo para obstaculizar el mensaje del evangelio, puede ser destruido, y lo será, por el asombroso poder de nuestro Dios! Las puertas del infierno no prevalecerán contra la Iglesia. El poder de behemot será quebrantado, sus huesos aplastados, sus músculos rasgados y sus lomos despojados de su poder por el poder de nuestro Dios.

La versión New English Bible en inglés afirma: "Él es el jefe de las obras de Dios, hecho para tiranizar a sus pares". La palabra clave aquí es *tiranizar*. Behemot es un tirano. Los sistemas religiosos, políticos o económicos que son behemot se vuelven tiránicos y opresivos. Se vuelven controladores dominantes. Este no es más que el espíritu de hechicería. Controlar la mente y la voluntad de una persona o de personas es hechicería.

El evangelio de Jesucristo siempre produce libertad. Los behemot resisten el evangelio y la verdad de Jesucristo, e intentan mantener a la gente en esclavitud. Behemot niega la libertad religiosa, pelea contra la existencia de la Iglesia e intenta controlarla. Este puede ser un sistema de gobierno tiránico, tal como el comunismo (el cual, gracias a Dios, está desmoronándose alrededor del mundo), o un sistema religioso como el islam (el cual caerá, ¡gloria a Dios!).

Al categorizar las fortalezas, los santos necesitan comprender que algunas caen bajo la categoría de un behemot. Esta fortaleza no puede ser atacada como otras, por el puro tamaño y la magnitud de su fuerza. Este tamaño puede incluir fuerza geográfica, monetaria, política y militar. Tomó años para orar y desmantelar el behemot del comunismo.

Se necesita de persistencia y paciencia para derribar a behemot. La oración, el ayuno y a menudo el sacrificio son necesarios para destruir a behemot.

Martín Lutero y el behemot de la religión

Un sistema religioso puede convertirse en un behemot cuando se vuelve controlador y opresivo. Martín Lutero se encontró enfrentando a un behemot cuando comenzó a oponerse a las enseñanzas de la iglesia católica romana. La iglesia establecida de sus días controlaba a los reyes, los gobiernos y a naciones enteras de personas. La palabra del papa era suprema y era considerada como la voz de Cristo en la Tierra. Él era considerado infalible y tenía derecho de instalar, aprobar o desaprobar a reyes y a gobernantes.

La iglesia católica romana tenía autoridad absoluta en los asuntos de la iglesia, para establecer y fijar la doctrina, ordenar e instalar a ministros (sacerdocio), excomulgar a miembros considerados herejes, etcétera. Quienes no estaban de acuerdo con las enseñanzas de la iglesia, no solamente eran sujetos a ser excomulgados, sino también a la muerte.

Muchos fueron colocados en el "potro" (un método de tortura diseñado para estirar el cuerpo humano), quemados en la hoguera y decapitados. La iglesia católica romana era tan grande y poderosa que afectó la política, la economía, la religión y la cultura de la mayor parte de Europa durante el Oscurantismo.

Martín Lutero es conocido como el "padre de la Reforma Protestante". Él no fue el único reformista de sus días, pero su defensa contra el behemot de su día no tuvo precedentes. Fue excomulgado de la iglesia católica romana en 1521.[2] Quienes lo seguían eran llamados luteranos. Dejaron muchas de las enseñanzas de la iglesia establecida, la cual consideraban como falsa comparada con la Palabra de Dios, y comenzaron a seguir las enseñanzas de la Santa Biblia.

Behemot puede volverse violento cuando lo atacan. Utiliza el temor y la intimidación para mantener su control. La traducción Taylor en ingles de Job 40:19, dice: "¡Cuán feroz es él entre toda la creación de Dios, que quien espera dominarlo traiga una espada afilada!".

Martín Lutero vivió en un constante temor por su vida. Se emitió un edicto que lo declaraba proscrito. Legalmente, cualquiera podía matarlo sin ser castigado de asesinato. Pero la unción que había sobre Lutero le hacía predicar la Palabra de Dios sin importarle este behemot de la religión establecida. Su mensaje de "el justo por la fe vivirá" (Hebreos 10:38) sacudió el sistema religioso de su día y liberó a mucha gente del error religioso y la falsa enseñanza.

> He aquí, sale de madre el río, pero él no se inmuta; tranquilo está, aunque todo un Jordán se estrelle contra su boca.
>
> —JOB 40:23

La versión Amplificada de la Biblia en inglés dice: "Mirad, si un río es violento y se desborda, este no tiembla; está confiado aunque el Jordán se acrecenté y se apresure contra su boca".

Una de las características de behemot es la confianza en sí mismo. Él es suficientemente grande y fuerte para tragarse un río salvaje. De ahí que veamos que behemot está cercanamente relacionado con Leviatán. Dios está usando estas criaturas como imágenes del orgullo.

El orgullo hace que los hombres se rebelen contra Dios. Toda la rebelión y la desobediencia están arraigadas en el orgullo. El problema con la confianza en sí mismo es que la confianza está atada al ser. Nuestra confianza no debe estar en la carne, sino en Dios. Cualquier religión de obras es de autoconfianza, pero el verdadero cristianismo está basado en la religión por gracia, con nuestra confianza en la sangre derramada de Jesucristo.

¿Lo tomará alguno cuando está vigilante, y horadará su nariz?

—Job 40:24

La traducción Taylor en inglés dice: "Nadie puede tomarlo por sorpresa ni colocar un arillo en su nariz y conducirlo a otra parte".

La traducción New American en inglés dice: "¿Quién puede capturarlo por los ojos u horadar su nariz con una trampa?". Este versículo nos muestra la dificultad y la imposibilidad de atrapar y conquistar a behemot. El hombre, en su propia fuerza, no puede domar ni capturar a behemot ni a Leviatán. Solamente Dios quien los creó puede domarlos y subyugarlos. Nuestra confianza está en el Señor de los ejércitos.

Nuestro capitán está levantando y capacitando un ejército de creyentes que pelearán la guerra en el espíritu contra los behemot de nuestros días. Hemos sido ungidos y comisionados para derribar las fortalezas y liberar a los cautivos. El Señor está incrementando nuestro discernimiento y entendimiento de las fortalezas del diablo.

CÓMO CONQUISTAR A BEHEMOT
¿Lo tomará alguno cuando está vigilante, y horadará su nariz?

—Job 40:24

Nuestro capitán está levantando y capacitando a un ejército de creyentes que peleen la guerra en el espíritu contra los behemot de nuestros días. No intente enfrentar a este hombre fuerte de frente ni solo. Usted debe estar sometido bajo la apropiada cobertura espiritual para ser eficaz en la batalla. Deje que los líderes y ministros experimentados en guerra espiritual de su iglesia lo dirijan a orar contra behemot. Algunos espíritus están más allá de nuestra autoridad individual y no deben ser agitados sin la correcta estrategia. Recuerde a los siete hijos de Esceva (Hechos 19:11–20).

Unidos bajo el liderazgo del Dios de los ejércitos celestiales, nosotros hemos sido ungidos y comisionados para derribar las fortalezas y libertar a los cautivos.

El Señor está incrementando nuestro discernimiento y entendimiento de las fortalezas del diablo.

Capítulo 15

BELIAL, EL GOBERNADOR MALIGNO

> Entonces va, y toma consigo otros siete espíritus peores que él, y entrados, moran allí; y el postrer estado de aquel hombre viene a ser peor que el primero. Así también acontecerá a esta mala generación.
>
> —MATEO 12:45

AUNQUE TODOS LOS espíritus son malvados, es evidente a partir de este versículo de la Escritura que hay algunos espíritus "peores" en maldad que otros. De igual manera hay generaciones más malvadas, debido a los espíritus que habitan en ellas.

Webster define *malvado* como "moralmente malo, maligno, feroz, despiadado, propenso a, o marcado por, la maldad, revoltoso, asquerosamente desagradable, vil, que va más allá de los límites razonables y predecibles".[1] En otras palabras, hay demonios más feroces, despiadados y viles que otros. Uno de los espíritus más malvados y viles del reino de las tinieblas es el espíritu de Belial.

Él es el espíritu gobernador de la maldad. Existe un ejército de demonios que opera bajo su mando, de lo cual hablaremos en este capítulo. Belial se menciona veintisiete veces en el Antiguo Testamento hebreo y una vez en el Nuevo Testamento. Proviene de la palabra hebrea *běliya`al*, traducida como "Belial" dieciséis veces en la versión King James en inglés.

La palabra también se traduce en otros versículos como malvado, impío, depravado, detractor y malo. La definición que Strong proporciona de *beliyaal* es "sin ganancia, futilidad [...] destrucción, maldad [...] mal, depravado". La más común de estas definiciones es "inutilidad".

La definición de Webster de *inútil* es "sin valor, inútil, despreciable, vil";[2] y *vil* se define como "que merece ser despreciado... tan inútil o repugnante como para despertar indignación moral".[3]

Por lo tanto, la obra de Belial es causar que los hombres cometan pecados tan viles y despreciables que despierten indignación moral. Todo el pecado es malo. Aunque yo no excuso ni doy concesiones para ningún pecado, existen, sin embargo, pecados que son más abominables que otros. Es decir, hay diferentes grados de pecado.

Bajo la ley, hay algunos pecados que eran considerados como "abominaciones" y castigados con muerte; mientras que otros pecados requerían de ciertos sacrificios. El trabajo de Belial es llevar a una nación a pecados tan abominables que traigan maldición y juicio de Dios.

Cuando observo las prácticas y los pecados que están comenzando en nuestra nación, sé que el espíritu de Belial está detrás de ellos. Belial es un hombre fuerte en Estados Unidos, así como en otras naciones del mundo. Belial es un gobernador mundial de maldad. Jesús nos enseñó sobre la necesidad de atar al hombre fuerte para saquear sus bienes (Mateo 12:29). Como lo afirmé anteriormente, este hombre fuerte tiene una lista de demonios a su disposición que ha soltado sobre nuestra sociedad.

ESPÍRITUS DEMONÍACOS QUE OPERAN BAJO BELIAL

Espíritu de idolatría (Deuteronomio 13:13–17)

Esta es la primera mención de Belial en la Palabra de Dios. El Señor identifica como "hijos de Belial" a los hombres que intentarían alejar a su pueblo de Él para servir a otros dioses. Hijos de Belial denomina a las personas que están bajo el control de Belial. Están siendo usados por Belial para alejar al pueblo de Dios del Señor para que sirvan a otros dioses. Es interesante observar que la palabra *ídolo* es la palabra hebrea *'eliyl*, y significa "bueno para nada, sin valor, nada". Esto puede resumirse en una palabra: inútil. Belial, que significa inutilidad, intenta desviar a los hombres para que sigan algo que es inútil. Los ídolos son inútiles; no tienen valor, y no pueden satisfacer.

Existe un principio de estudio bíblico que llamamos la ley de la primera mención. Dice que cuando un tema de una palabra en particular se *menciona primero* en la Biblia, hay algunos principios importantes que se encontrarán con respecto al tema o la palabra.

El primer principio que vemos en relación con Belial es que intenta alejar a la gente de adorar al Dios verdadero. Bajo Belial se encuentran espíritus que seducirán a la gente y la alejarán de Dios.

El apóstol Pablo profetizó que "en los postreros tiempos algunos apostatarán de la fe, escuchando a espíritus engañadores y a doctrinas de demonios" (1 Timoteo 4:1). *Engañar* significa desviar, persuadir a desobediencia o deslealtad, desviar con permiso o con falsas promesas, atraer, tentar. La traducción Taylor en inglés de este versículo dice: "Algunos de la Iglesia se alejarán de Cristo". Esto se conoce como apostasía, la cual Webster define como "abandono de una previa lealtad, defección".[4] Creo que estas son las razones por las que demasiadas iglesias y algunas denominaciones han abandonado la fe.

Algunas están considerando ordenar a homosexuales como ministros. ¡Qué abominación! Esta sin duda es la obra de Belial y de los espíritus engañadores que provocan que muchos apostaten.

Inmundicia (2 Corintios 6:17)

Los corintios habían salido de un estilo de vida de idolatría. Pablo los amonestó en 2 Corintios 6:17 a que se separaran completamente de su antiguo estilo de vida y no tocaran lo inmundo. La versión Knox en inglés de 2 Corintios 6:17 dice: "Y ni siguiera toquen lo inmundo".

Como creyentes, nosotros no tocaremos lo inmundo. Hay espíritus inmundo unidos a lo inmundo. La palabra *inmundo* se define como aquello que es sucio y asqueroso. La idolatría es inmunda. Es considerada como prostitución y adulterio espirituales. Es alejarse del Señor y romper el pacto. Como pueblo de Dios, nosotros debemos guardarnos de todo lo que es impío.

Belial está asociado con la inmundicia. De acuerdo con Gálatas 5:9, la inmundicia es una obra de la carne. Nosotros no debemos permitir que la inmundicia se mencione siquiera entre nosotros como santos (Efesios 5:3). Dios no nos ha llamado a inmundicia, sino a santificación (1 Tesalonicenses 4:7). Estos versículos atan la inmundicia con la fornicación. *Fornicación* proviene de la palabra griega *porneia*, que significa prostitución, adulterio, incesto e idolatría.

Había un hombre en Corinto que era culpable de relaciones sexuales con la esposa de su padre (1 Corintios 5:1). La traducción de la versión Taylor en inglés dice: "...algo tan malo que ni siquiera los impíos lo practican". Otra versión dice: "...inmoralidad de la clase que incluso los paganos condenan" (Phillips). Este hombre fue juzgado y entregado a Satanás para la destrucción de la carne (v. 5).

La única ocasión en que se menciona a Belial en el Nuevo Testamento es en la Segunda Carta de Pablo a los Corintios. Belial obviamente era fuerte en la ciudad de Corintio, ¡él estaba operando dentro de la Iglesia!

De acuerdo con 2 Corintios 7:1, nosotros debemos de limpiarnos "de toda contaminación de carne y de espíritu, perfeccionando la santidad en el temor de Dios". Debemos soltarnos de la influencia de Belial si deseamos tener una vida que agrade a Dios. ¡Debemos atar al hombre fuerte Belial y saquear sus bienes!

Jezabel (Apocalipsis 2:20)

Belial trabaja con el espíritu de Jezabel para seducir a los siervos del Señor hacia la fornicación y la idolatría. Jezabel puede manifestarse a través de falsas enseñanzas, y es un espíritu engañador. De nuevo, la intención es alejar a la gente de la verdad y provocar que se equivoquen, trayendo sobre sí el juicio de Dios.

He aquí, yo la arrojo en cama, y en gran tribulación a los que con ella adulteran, si no se arrepienten de las obras de ella. Y a sus hijos heriré de muerte, y todas las iglesias sabrán que yo soy el que escudriña la mente y el corazón; y os daré a cada uno según vuestras obras.

—Apocalipsis 2:22–23

Este fue el juicio del Señor sobre aquellos que se permitieron ser engañados por las enseñanzas de Jezabel. La fornicación y el adulterio siempre serán juzgadas por el Señor.

Honroso sea en todos el matrimonio, y el lecho sin mancilla; pero a los fornicarios y a los adúlteros los juzgará Dios.

—Hebreos 13:4

El matrimonio está bajo ataque en Estados Unidos como nunca antes. El divorcio ya no es considerado inaceptable, casi se espera. Jezabel es un espíritu engañador que lleva a la gente a la prostitución y el adulterio. Webster define las acciones de las rameras como prostitución. Prostituirse además significa un deseo desleal, indigno o idólatra, depravar. Esto traerá juicio de Dios. La depravación de define como exagerada complacencia en sensualidad. Ser sensual significa ser carnal, de deficiente moral, espiritualidad o intereses intelectuales: profano.

Jezabel no trabaja solo. Belial trabaja con Jezabel para atraer a la gente a pecados abominables, entre ellos la sodomía, la homosexualidad, el incesto, la violación y la perversión de toda clase (más al respecto adelante). Jezabel trabaja a través de la manipulación y la intimidación. Si el espíritu de Jezabel no puede manipular a la gente a pecar, entonces se manifestará la intimidación. Jezabel amenazó al profeta Elías con la muerte. Jezabel detesta a los verdaderos apóstoles y profetas de Dios.

La mayor amenaza a la influencia de Jezabel siempre han sido los verdaderos siervos de Dios. Quienes predican la verdad y mantienen un estándar de santidad son obstáculos para la obra de Jezabel. Este espíritu, por lo tanto, ataca a estos hombres y mujeres de Dios con el fin de quitarlos del camino.

Espíritus de violación y abuso sexual (Jueces 19:25–29)

Jueces 19:25–29 habla de uno de los actos más viles registrados en la Palabra de Dios. Dice que los "hijos de Belial" violaron a la concubina de un hombre literalmente hasta la muerte. Este abominable acto provocó una guerra civil en Israel. Las tribus de Israel se unieron contra la ciudad de Gabaa para destruirla. La Palabra de Dios llama esto "lascivia" (Jueces 20:6, NBLH). Webster define *lascivia* como maldad, malvado, sexualmente impuro o promiscuo, obsceno, salaz. Y la palabra *obsceno* significa asqueroso a los sentidos, repulsivo. De ahí que Belial provoque a los hombres a cometer actos viles y obscenos.

La proliferación de la violación y el abuso sexual, incluso el incesto y la sodomía, son el resultado del espíritu malvado de Belial. He ministrado a miles de mujeres y hombres que fueron víctimas de abuso sexual en la infancia. Además he echado fuera espíritus de muerte que entraron durante la violación. Cuando alguien es violado de esa forma, puede ser como una muerte que entra en su alma. El abuso sexual está desenfrenado en nuestra nación. Estos espíritus sucios son el trabajo del malvado gobernante Belial.

De vuelta a Jueces. Las tribus de Israel quedaron tan asqueadas por este acto de violación masiva que se unieron contra la ciudad de Gabaa y demandaron que quienes eran culpables de este acto fueran puestos a muerte (Jueces 20:11–13). Hay mucha controversia en la actualidad en Estados Unidos con respecto a la pena de muerte. Muchos liberales de nuestra nación piensan que es un método cruel que necesita ser proscrito. Sin embargo, en la Palabra de Dios hubo pecados suficientemente abominables que merecían la muerte. Este libro no está debatiendo los pros y los contras de la pena de muerte, pero basta con decir que se encuentra en la Palabra de Dios.

El espíritu de Belial desea que toleremos los actos viles de nuestra nación. Pero hay algunos pecados tan viles y abominables que deberían despertar la indignación moral de la mayoría, de tanto salvos y no salvos.

Espíritus de alcohol y ebriedad (Proverbios 23:31–33)

El espíritu de Belial opera a través del alcohol y la ebriedad. El alcohol es una manera de quebrantar la moral y abre a la gente a la lujuria y la perversión. Se sabe que muchos hijos de padres alcohólicos a menudo son víctimas de abuso sexual, incluso de incesto. El alcohol también puede ser la puerta abierta a los espíritus de "violación en citas" (lo cual es predominante en muchos campus universitarios).

Proverbios 23:31–33 muestra la conexión del espíritu de perversión con la ebriedad. *Pervertir* significa provocar a apartarse de lo que es bueno o verdadero o moralmente correcto, corromper, provocar a desviarse de lo que generalmente se hace o es aceptado.

La perversión sexual se ha desenfrenado en nuestra nación con la promoción de la homosexualidad y el lesbianismo como estilos de vida aceptables y alternativos. Estas son perversiones, de acuerdo con la Palabra de Dios. Los espíritus de perversión, incluso la homosexualidad y el lesbianismo, operan bajo el hombre fuerte de Belial. En la Biblia también se la llama sodomía.

Sodomía se define como copulación con un miembro del mismo género o con un animal (bestialidad). También la sodomía puede ser sin coito, especialmente: copulación anal u oral con un miembro del género opuesto.

El término *sodomita(s)* se menciona cinco veces en el Antiguo Testamento. Los sodomitas eran los prostitutos del templo que eran parte de la adoración de los ídolos de la fertilidad en Canaán. Estos actos viles eran parte de la adoración cananea de los ídolos.

Espíritus de enfermedad (Salmo 41:8)

Salmo 41:8 dice: "Cosa pestilencial se ha apoderado de él". Las enfermedades fatales eran consideradas asunto de Belial. La versión Jubileo 2000 dice: "Cosa de Belial de él se ha apoderado; y el que cayó en cama, no volverá a levantarse".

Belial tiene un ejército de espíritus de enfermedad y dolencia que operan bajo él. Donde hay inmoralidad, hay enfermedad y dolencia. Hay maldiciones que vienen sobre los perversos y torcidos. Recuerde: Belial desea atraer a los hombres a pecar, a la inmoralidad y a la perversión, con el fin de traer la maldición del Señor sobre una nación.

Dios juzgará a los fornicarios y a los adúlteros (Hebreos 13:4). Es posible que el SIDA sea algo de Belial que se adhiere a la persona. El SIDA es sin duda el resultado del pecado, la homosexualidad, la fornicación, la perversión y el abuso de las drogas. El SIDA es fatal y en lo natural no hay cura. La Nueva Traducción Viviente dice en Salmos 41:8: "«Tiene alguna enfermedad fatal—dicen—. ¡Jamás se levantará de la cama!»".

El contexto de Salmo 41 es la recepción de ataques de Belial contra David, el ungido del Señor. David afirma: "Reunidos murmuran contra mí todos los que me aborrecen" (v. 7). Otra vez, Belial se menciona en este contexto. Creo que es un espíritu de los postreros tiempos. Belial ha sido soltado por el enemigo para atacar los dones del ministerio.

Estos pueden incluir también ataques de brujería contra los verdaderos siervos del Señor, lo cual a menudo se manifiesta a través de enfermedad. Los líderes necesitan un fuerte apoyo de oración contra estos espíritus que se sueltan bajo el hombre fuerte, Belial, quien detesta y busca destruir los dones del ministerio.

Pornografía (Salmos 101:3)

La traducción de la versión Harrison en inglés de Salmo 101:3 dice: "No tendré nada indigno en mi presencia".[5] ["No pondré cosa de Belial delante de mis ojos" (Jubileo 2000)]. Esto nos muestra la actitud y el odio que nosotros como pueblo de Dios debemos tener contra cualquier cosa relacionada con Belial. Nosotros debemos resistir y aborrecer cualquier cosa vulgar, indigna, impura, impía, despreciable, maligna, blasfema o vergonzosa.

Debemos aborrecer lo malo y seguir lo bueno (Romanos 12:9). *Aborrecer* es una palabra fuerte. Significa considerar con extrema repugnancia, odiar, apartarse, alejarse especialmente con desdén o gran temor, rechazar, detestar.

Salmo 101:3 puede aplicarse al incremento actual de la pornografía y la inmundicia sexual que Belial está derramando en nuestra nación. Una de las formas más viles de pornografía es la "pornografía infantil", la cual es un negocio próspero apoyado por pedófilos. La pedofilia es una perversión sexual en la que los niños son los objetos sexuales predilectos.

La pornografía le abre la puerta a un ejército de espíritus malignos de lujuria y perversión. También ha habido conexión entre pornografía y violación en los mismos estudios.

Conspiraciones malignas (Proverbios 16:27)

La versión Reina-Valera 1977 en Proverbios 16:27 dice: "El hombre perverso trama el mal". La versión Jubileo 2000 dice: "El hombre de Belial cava en busca del mal". *Tramar* significa planear, producir. Una conspiración es un plan secreto para llevar a cabo un fin generalmente maligno ilegal.

Belial hace que los hombres planeen y tramen lo malo. Salmo 37:12 dice: "Maquina el impío contra el justo, y cruje contra él sus dientes". Hay personas involucradas en formas de brujería que están planeando destruir a la Iglesia. Hemos escuchado de brujos que están ayunando para destruir los matrimonios de líderes cristianos y perturbar a la iglesia. Es casi difícil creer que de verdad haya gente tan mala. Yo lo creo porque la Palabra de Dios lo afirma. La mayoría de las personas se asombraría de saber los tipos de pecados vulgares y conspiraciones que están sucediendo a puertas cerradas.

Salmo 37:32 dice: "Acecha el impío al justo, y procura matarlo". La Nueva Traducción Viviente dice: "Los malvados esperan en emboscada a los justos, en busca de una excusa para matarlos". Dios Habla Hoy dice: "El malvado espía al hombre bueno, con la intención de matarlo".

¡Qué pensamiento tan aleccionador! No me sorprende que la Palabra de Dios nos exhorte a ser sobrios y velar. Belial influirá en los hombres para que confabulen contra los justos.

El espíritu del anticristo: anarquía y rebelión (Nahúm 1:11)

La versión Jubileo 2000 en Nahúm 1:11 dice: "De ti salió el que pensó mal contra el SEÑOR, un consejero de Belial". Nahúm está profetizando un juicio contra Nínive y el imperio asirio. El rey de Asiria estaba realmente confabulando contra el Señor. La traducción Taylor en inglés dice: "¿Quién es este rey tuyo que se atreve a confabular contra el Señor?".

Este es el espíritu del anticristo. Salmo 2:2–3 dice: "Se levantarán los reyes de la tierra, y príncipes consultarán unidos contra Jehová y contra su ungido, diciendo: Rompamos sus ligaduras, y echemos de nosotros sus cuerdas".

El objetivo supremo de Belial es quitar las restricciones. La iglesia es una fuerza de resistencia en la Tierra contra la inmundicia y la impiedad con la que Belial desea inundar la Tierra.

La Biblia Amplificada en inglés dice: "Alejen sus cuerdas [de control] de nosotros". Estos son espíritus de anarquía y rebelión. Donde no hay ley, el pueblo se desenfrena. Nuestro sistema jurídico entero fue fundado sobre la ética judeocristiana que se encuentra en la Biblia.

En otras palabras, la Biblia es el fundamento de nuestro sistema legal. Una sociedad que rechace la Biblia como su autoridad moral finalmente tendrá problemas con su sistema jurídico. Belial detesta el poder limitante de la Biblia, el Espíritu Santo y la Iglesia. Es por ello que los ataca ferozmente.

Belial desea que la inmoralidad y la impiedad reinen sin limitación. Belial es responsable de un ataque contra nuestro sistema jurídico. Las leyes contra la homosexualidad, el lesbianismo y el adulterio, las cuales alguna vez fueron parte de nuestro código legal, ahora son renovadas.

Los homosexuales creen tener derecho de vivir estilos de vida impíos. Muchas personas están clamando: "Déjenlos en paz, y dejen que hagan lo que deseen. No deseo que un predicador me diga lo que está bien y lo que está mal". "Separación Iglesia–Estado", y: "Erradiquen la oración de las escuelas". Todo esto es un intento por eliminar la limitación.

Una conciencia cauterizada (1 Reyes 21)

En 1 Reyes 21 vemos otro ejemplo en que Jezabel y Belial trabajan juntos. Los hombres de Belial fueron evidentemente contratados para llevar testimonio falso contra Nabot. La traducción Taylor en inglés dice: "Luego, dos hombres que no tenían conciencia lo acusaron"

(v. 13). [Vinieron entonces los dos hombres, hijos de Belial, y se sentaron delante de él; aquellos hombres de Belial atestiguaron contra Nabot" (Jubileo 2000)]. Belial provoca que los hombres actúen sin conciencia.

Pablo afirma que habría "mentirosos [...] teniendo cauterizada la conciencia" (1 Timoteo 4:2). La Nueva Traducción Viviente dice: "...tienen muerta la conciencia". La New English Bible dice: "...marcados con la señal del diablo". La versión Amplificada de la Biblia dice: "...cuya conciencia está quemada (cauterizada)".

Cauterizar significa adormecer. Una de las maneras en que Belial podrá hacer que los hombres cometan actos viles es al cauterizar su conciencia. Los hombres sin conciencia son capaces de cometer cualquier acto sin sentir remordimiento.

Cada persona nace con una conciencia. El enemigo debe neutralizar la conciencia antes de engañar a la gente para cometer ciertos pecados. De acuerdo con Tito 1:15, la mente y la conciencia pueden estar corrompidas. *Corromper* significa contaminar o hacer impuro. Esta es una obvia referencia a los espíritus malignos que operan en la conciencia.

Cuando la conciencia es cauterizada, hombres y mujeres están abiertos a todo tipo de espíritus inmundos y son capaces de todo tipo de actos impuros. Hay muchas personas en la actualidad que ya no sienten que la homosexualidad, el lesbianismo y el incesto estén mal. Belial ha cauterizado la conciencia para aprobar estas cosas como estilos de vida aceptables.

Cuando la conciencia ha sido cauterizada, los hombres son capaces de los actos más viles y enfermos. Casi no hay límite para la depravación que los hombres pueden practicar cuando la conciencia ha sido cauterizada.

Desconsiderados, desamorados, inconsiderados
(1 Samuel 30:33; Mateo 24:12)

Luego de que David persiguiera a los amalecitas de Siclag y recuperara el botín, ciertos hombres de Belial manifestaron una actitud egoísta contra quienes no podían continuar en la batalla debido al agotamiento. La actitud de David fue dividir el botín en partes iguales entre todo el ejército, porque consideraba que todos pertenecían a su grupo. Pero los hombres de Belial eran egoístas y solamente estaban preocupados por sí mismos. La traducción Knox los llama "hombres groseros y desgraciados" (1 Samuel 30:22). Webster define *desgraciado* como inmoral, impertinente, falto de cualidades atractivas. Por otro lado, ser gentil significa ser considerado y cortés.

Quienes están dominados y controlados por Belial son egoístas, desconsiderados, despreocupados acerca de las necesidades y la condición de los demás. No tienen afecto ni pena, encallecidos, despiadados, desamorados y sin compasión.

Y por haberse multiplicado la maldad, el amor de muchos se enfriará.

—Mateo 24:12

Esta es una condición conocida como "amor frío" y es el resultado de la maldad. La palabra *maldad* en este versículo significa anarquía. La maldad hace que los hombres pierdan su compasión y ternura. Hace que los hombres se vuelvan duros y despiadados. Otros espíritus que pueden obrar con amor frío son la traición y la deslealtad. Estos son espíritus de los postreros tiempos.

Belial es un espíritu de los postreros tiempos que hará que la iniquidad y la anarquía abunden. Cuando decimos "de los postreros tiempos" no significa que este espíritu no haya existido antes. Simplemente significa que tendrá una fuerte manifestación en los últimos días.

Otros términos para describir un amor fríos son: inmisericorde, implacable, no tener compasión, no tener misericordia, no mostrar misericordia, endurecer el corazón.

Lazos impíos del alma (2 Corintios 6:14–15)

Donde hay un yugo desigual entre creyentes y no creyentes, podemos llamarlo un lazo impío del alma. Romper lazos impíos del alma es una clave para la liberación. La asociación impía provoca que se transfieran espíritus malignos. Si Belial no puede controlarlo directamente, él influirá en usted a través de una asociación impía.

Asociarse con las personas equivocadas le hará recibir una transferencia de espíritus malignos. Una de las claves para ser liberado del control de Belial es romper con todo lazo impío del alma y obedecer la Palabra de Dios que dice: "No os unáis en yugo desigual con los incrédulos" (2 Corintios 6:14).

La traducción William en inglés dice: "Dejen de formar relaciones íntimas e inconsistentes con los no creyentes".[6] Segunda de Corintios 6:15 es la única ocasión en que se menciona a Belial en el Nuevo Testamento. Creo que el Espíritu de Dios eligió esta palabra para traer revelación de un espíritu con que la Iglesia no debe tener relación bajo ninguna circunstancia.

Este versículo vincula a Belial con la impiedad, la oscuridad, la infidelidad y la idolatría. La primera referencia a Belial en la Palabra de Dios lo vincula con la idolatría. Los corintios habían sido salvados de un estilo de vida de idolatría.

Como lo afirmé anteriormente, creo que Belial es un espíritu de los postreros tiempos que será un enemigo de la Iglesia. Nosotros tenemos que separarnos de toda impiedad y suciedad que esté asociada con este espíritu gobernante.

La iglesia de Corinto también tenía un problema con la carnalidad. Había pleitos, envidia, contención, impureza sexual e incluso ebriedad dentro de la iglesia. El apóstol Pablo le escribió una carta a los corintios para corregir estos problemas y poner en orden las cosas.

LA GUERRA DE BELIAL CONTRA EL UNGIDO DEL SEÑOR

Mas los hijos de Elí eran hijos de Belial; no conocían al SEÑOR.

—1 SAMUEL 2:12, JBS

Pero Elí era muy viejo; y oía de todo lo que sus hijos hacían con todo Israel, y cómo dormían con las mujeres que velaban a la puerta del tabernáculo de reunión.

—1 SAMUEL 2:22

Los hijos de Elí representan el ministerio. Ellos, junto con Elí, estaban a cargo del sacerdocio, regulaban el templo y los sacrificios de Israel. Sus abusos trajeron el juicio del Señor sobre ellos y el establecimiento de un nuevo orden bajo Samuel. Estos hijos son llamados "hijos de Belial". Ellos estaban siendo motivados y controlados por el espíritu de Belial.

Una de las obras de Belial es traer impiedad al templo de Dios. El ministerio es el objetivo de este espíritu. Él desea atraer al siervo del Señor, su ungido, al pecado (en especial el pecado sexual) para traer el reproche de la iglesia.

Estos sacerdotes también eran culpables de codicia, al engordarse "de lo principal de todas las ofrendas de mi pueblo Israel" (1 Samuel 2:29). Su pecado era tan grande que "los hombres menospreciaban las ofrendas de Jehová" (Samuel 2:17).

Pero ellos no oyeron la voz de su padre, porque Jehová había resuelto hacerlos morir.

—1 SAMUEL 2:25

La versión Rótterdam dice: "Porque a Yahvé le ha agradado hacerlos morir".[7] El Señor juzgó su pecado con la muerte. No hay razón para este tipo de actividad, especialmente de aquellos que están en el ministerio. Que Dios no permita que los hombre de Dios se acuesten con las mujeres de sus congregaciones.

El espíritu de Belial desea atraer a los siervos de Dios hacia esa clase de actividad espantosa, con el fin de traer juicio sobre los siervos del Señor. Los hijos de Elí no conocían al Señor. Los verdaderos apóstoles, profetas, evangelistas, pastores y maestros conocen al Señor. Ellos también saben que hay estándares morales de acuerdo con los que se espera que los siervos de Dios vivan.

> Quienes habiendo entendido el juicio de Dios, que los que practican tales cosas son dignos de muerte, no sólo las hacen, sino que también se complacen con los que las practican.
>
> —ROMANOS 1:32

¿Qué pecados menciona Pablo que son dignos de muerte? La respuesta es idolatría, homosexualidad y lesbianismo. Ahora, no estoy afirmando que todos aquellos que estén involucrados en estos pecados deban ser ejecutados. Gracias a Dios por su misericordia. La salvación se les ofrece a todos. Jesús murió y derramó su sangre por el pecado. Quienes se arrepienten y aceptan sus sacrificio recibirán liberación y perdón del pecado. Sin embargo, el juicio de Dios viene sobre quienes, con un corazón duro e impenitente no se arrepienten (Romanos 2:5).

Rechazo al ungido de Dios (1 Samuel 10:26–27; 2 Samuel 20:1)

Otra manifestación de Belial es rechazar al ungido del Señor. Este es un espíritu de irreverencia y falta de respeto por los que son enviados por Dios. Belial odia a los ungidos del Señor. Los ungidos del Señor traen liberación a la gente. Una traducción de 2 Samuel 20:1 (JBS) llama a Seba "un varón de Belial". La versión Amplificada en inglés lo llama "un hombre vulgar y despreciable".

Quienes son controlados por Belial despreciarán a los ungidos del Señor. *Despreciar* significa menospreciar con desdén o aversión, considerar insignificante o desagradable. Esta fue la actitud de aquellos que estaban controlados por Belial hacia David, el ungido de Dios.

La traducción Basic English de 1 Samuel 10:27 dice: "Y no teniendo respeto por él, no le dieron ofrenda". Belial hará que las personas no apoyen a los hombres y las mujeres enviadas por Dios. Retendrán su apoyo económico.

Es importante honrar a quienes son llamados y enviados por el Señor. Una de las maneras de honrarlos es apoyarlos económicamente y bendecirlos con nuestras palabras. Es peligroso tocar a los ungidos del Señor. Cuando recibamos a los ungidos del Señor recibiremos la plenitud y la bendición del Señor.

Belial detesta a los ungidos del Señor. Los predicadores y maestros ungidos por Dios son un obstáculo para la obra de Belial. Los líderes devotos llaman a los hombres al arrepentimiento y a un estilo de vida de rectitud. Ellos traen liberación y restauración al pueblo de Dios. Están restringiendo la influencia de la obra de Belial.

Maldecir al ungido de Dios (2 Samuel 16:5–7)

En 2 Samuel 16:5–7, Simei estaba llamando a David un hombre inútil. La versión Basic English dice: "Tú, bueno para nada". David estaba huyendo de su hijo rebelde, Absalón, cuando se encontró con Simei, quien era de la familia de la casa de Saúl y sin duda estaba molesto por el hecho de que David había sucedido a Saúl como rey. Simei estaba acusando a David de ser un asesino rebelde, responsable por la caída de Saúl.

Luego de que David regresara a su posición en Jerusalén, Simei acudió a él y se arrepintió de lo que dijo. Abisai deseaba que Simei fuera asesinado por maldecir al ungido del Señor (2 Samuel 19:21). David, sin embargo, tuvo misericordia de Simei y no lo asesinó.

Los fuertes intercesores ayudan a cubrir a los hombres y mujeres de Dios de los ataques de Belial. Una maldición es una palabra maligna hablada contra una persona o una cosa. Las palabras habladas contra los siervos de Dios son flechas enviadas por el enemigo para herir y destruir. Son lo que la Palabra menciona como "dardos de fuego del maligno" (Efesios 6:16).

David comprendió la guerra espiritual que el ungido del Señor experimentó cuando los hombres lo maldijeron. Las oraciones de David en Salmo 64:2–3: "Escóndeme del consejo secreto de los malignos, de la conspiración de los que hacen iniquidad, que afilan como espada su lengua; lanzan cual saeta suya, palabra amarga". Estas palabras son ataques de hechicería enviados contra los siervos del Señor. Son misiles espirituales dirigidos hacia el ungido del Señor. La vida y la muerte están en poder de la lengua (Proverbios 18:21). Este es uno de los métodos que utiliza Belial para dirigir su ataque contra los siervos del Señor.

CÓMO ATACAR A BELIAL

Mas los de Belial serán todos ellos como espinas arrancadas, las cuales nadie toma con la mano; sino que el que quiere tocar en ellas, se arma de hierro y de asta de lanza, y son quemadas del todo en su lugar.

—2 SAMUEL 23:6–7 (JBS)

Estos versículos comparan a los hijos de Belial con espinos que no pueden ser arrancados. Aquellos que lidian con Belial deben estar protegidos con hierro y hasta de lanza. Un espino es algo que provoca aflicción e irritación. Ser espinoso significa estar lleno de dificultades o puntos controversiales.

Este versículo pronuncia el juicio sobre Belial y quienes lo siguen: "Y son quemadas del todo en su lugar". Esta es una referencia a la condenación eterna en el fuego del infierno. Creo que Belial es un espíritu que causará que muchos mueran perdidos y pasen la eternidad en el infierno.

"Se arma de hierro y de asta de lanza" es una referencia a colocarse toda la armadura de Dios. No podemos lidiar con este espíritu sin toda la armadura de Dios. El Señor está levantando intercesores y predicadores que vengan contra este espíritu en los postreros días. Este es un espíritu de los postreros tiempos asignado para corromper la Tierra; pero el Señor tiene gente de los postreros tiempos que pelee contra él.

David tuvo que pelear y vencer a los hombres controlados por Belial. David es un tipo de la iglesia del Nuevo Testamento. Él es una clase de iglesia profética que el Señor está levantando en esta hora. Tal como David venció, la iglesia también vencerá a este espíritu de los postreros días. Nosotros no manejaremos a este espíritu con nuestra manos físicas; él es demasiado espinoso y difícil para eso. Debemos atacarlo, y lo haremos, en el poder del Espíritu, vistiendo la armadura de Dios.

Capítulo 16

DEMONIOS MARINOS Y OTROS ESPÍRITUS ANIMALES

De Jehová es la tierra y su plenitud; el mundo, y los que en él habitan.
Porque él la fundó sobre los mares, y la afirmó sobre los ríos.
—SALMO 24:1–2

LOS DEMONIOS SON representados por diferentes criaturas. La diversidad del reino animal es una imagen de la diversidad del reino de las tinieblas. La Biblia habla de serpientes, escorpiones, leones, chacales, toros, lobos, búhos, serpientes marinas, moscas y perros. Estos representan diferentes tipos de espíritus malignos que operan y destruyen a la humanidad. Son invisibles al ojo humano, pero son tan reales como las criaturas naturales. Los ídolos que adoran los hombres son hechos a la imagen del hombre, bestias de cuatro patas, aves y cosas que se arrastran. Detrás de esos ídolos hay demonios. Estos espíritus malignos que se manifiestan en lo natural a través de ídolos.

Nosotros podemos destruir y derrotar las fuerzas de las tinieblas en los lugares celestes, en la Tierra, en el mar y debajo de la Tierra. Estas fuerzas pueden operar a través de la gente, los gobiernos, los sistemas económicos, los sistemas educativos y diferentes estructuras establecidas por el hombre. Estas fuerzas pueden operar desde diferentes ubicaciones y en diferentes territorios. En este capítulo exploraremos algunos ejemplos de estos espíritus animales y cómo derrotarlos.

DEMONIOS MARINOS: EL MISTERIO DE LAS AGUAS

Las aguas se mencionan al principio de la creación. El Espíritu de Dios se movía sobre la faz de las aguas (Génesis 1:2). Una traducción lo llama "las profundidades rugientes". La Tierra no tenía forma (estaba caótica). La frase para "sin forma" es *tohu wabohu*.

Tohu wabohu, ese caos sin forma, al que son añadidas las tinieblas [*choshek*] y la profundidad acuosa (*tehom*), en Job, en Salmos y en varios de los profetas se entienden como que han sido dominadas por las entidades que están en enemistad con

Dios. Ellas están controladas por los "poderes" que se resisten al poder de Dios. Dios representa orden, luz, vida, amor y creación. La profundidad caótica representa desorden, tinieblas, destrucción y muerte. El mar, las salvajes aguas oceánicas, es lo que Dios reprime o sujeta en la creación.[1]

Dios reunió las aguas en mares y las contuvo. Estableció límites y ordenó que apareciera la tierra seca. La palabra que describe más fielmente esta acción es *amordazar*. Dios amordazó a los poderes rebeldes en la creación. Estos poderes son identificados en las Escrituras como Leviatán, Rahab y el dragón. El poder de Dios en la creación se utilizó para restringir estos espíritus rebeldes y hacer que la Tierra fuera habitable para el hombre.

El hombre recibió el dominio sobre los peces del mar y sobre las aves de los cielos. El hombre perdió su dominio a través del pecado. Satanás entró en la tierra a través del pecado de Adán. La tierra y las aguas fueron afectadas por la caída.

Los demonios marinos son la clase de demonios que operan desde el agua. Los demonios marinos tienen un rango muy alto en todo el reino de Satanás y afectan la tierra cuando los hombres los invitan mediante pactos y decisiones conscientes o inconscientes. Estos espíritus representan la hechicería, la lujuria, la perversión, el asesinato, la muerte, el orgullo, la rebeldía, la destrucción y la codicia. Las áreas costeras son vulnerables a estos espíritus, y las iglesias de estas áreas necesitan estar conscientes de sus actividades. En la actualidad se necesita del poder de Dios para amordazarlos tal como Dios lo hizo al principio. Quienes están involucrados en la guerra espiritual no deben ignorar este componente clave del reino de Satanás.

El agua simboliza la vida. No puede haber vida separada de las aguas. No debe sorprendernos que los demonios perviertan esta verdad y utilicen las aguas para traer destrucción. Ha habido violencia, sangre, asesinato, violación, esclavitud y robo dentro de nuestros océanos. Miles de esclavos fueron echados por la borda mediante el comercio de esclavos. La riqueza, incluso oro y plata, ha sido transportada por los océanos luego de saquear tierras. Drogas ilegales han sido transportadas por los mares. Espíritus malignos promueven el asesinato y la codicia. El derramamiento de sangre provoca contaminación. Muchas aguas han sido contaminadas con sangre, lo cual les da fuerza a los espíritus marinos para operar. Ha habido muchos pactos hechos con espíritus conectados con las aguas (Isaías 28:17).

Los canales son entradas a ciudades y naciones. Satanás siempre intentará poseer las entradas. Él colocará a algunos de sus demonios más fuertes en esas puertas. Las puertas controlan el flujo de entrada y salida de una región. Nosotros debemos poseer las puertas del enemigo. Podemos ordenarles a las puertas que sean abiertas para que entre el Rey de gloria (Salmo 24:7).

Ciudades costeras y naciones isleñas son fortalezas para los demonios marinos

> Ay de los que moran en la costa del mar.
>
> —SOFONÍAS 2:5

- Filistea: los filisteos fueron enemigos perpetuos de Israel. Ellos eran personas costeras y adoraban a Dagón. Dagón era un dios pez. El templo de Dagón estaba en Asdod, que significa "saqueador". Los filisteos estaban controlados por espíritus malignos que operaban bajo Dagón. Los filisteos representan nuestra guerra contra los espíritus marinos. Los apóstoles y los líderes de las iglesias que se encuentran en áreas de agua necesitan comprender la amenaza. Necesitamos una unción davídica de guerra para derrotar a estos espíritus. Hay demasiados líderes que están inconscientes de la amenaza. Que el Señor nos dé sabiduría para derrotar todo dios pez y serpiente marina.
- Sidón (1 Reyes 16:31; Joel 3:4): Jezabel era la hija de Et-baal, rey de los sidonios. Sidón era una ciudad portuaria del mar. Sidón es una parte del antiguo imperio fenicio. Los fenicios eran un pueblo marítimo. Sidón era una ciudad controlada por espíritus marinos. El hombre por quien la ciudad recibió su nombre, fue el primogénito de Canaán (1 Crónicas 1:13). Jezabel llevó a Israel la adoración a Baal. Jezabel llevó la prostitución (idolatría) y la hechicería a otro nivel. Jezabel era poseída por espíritus marinos. Los espíritus marinos promueven la idolatría (la pornografía moderna) y la hechicería.
- Tiro (Zacarías 9:3; Ezequiel 26:16, 19–21; 28:2): Ezequiel capítulos 26 y 28 pronuncia juicio sobre Tiro, una ciudad localizada en la costa, la cual sacó su poder del mar. Los comerciantes de Tiro eran conocidos en todo el mundo antiguo. La ciudad tuvo una tremenda influencia a través de su riqueza y poder. Era una ciudad sumamente orgullosa por sus riquezas (Ezequiel 28:5). Tiro era una ciudad de comercio y violencia (Ezequiel 28:16). Tiro estaba llena de

iniquidad y maldades (Ezequiel 28:18). El rey de tiro era el querubín ungido (Ezequiel 28:14). Esta es una evidente referencia a Lucifer.

- No-amón (Nahúm 3:8): Esta es la antigua ciudad egipcia de Tebas. Era considerada impenetrable, pero Dios la destruyó. Las antiguas ciudades eran construidas rodeadas de ríos o mares. Esto dificultaba su ataque.

- Nínive (Génesis 10:8–12; Jonás 1–4; Nahúm 1–3; Mateo 12:41; Luchas 11:32): Esta antigua ciudad situada a lo largo del Tigris, fue construida por Nimrod (el conquistador rebelde que construyó la torre de Babel, la cual se convirtió en Babilonia). La maldad era tan grande que se levantó a los cielos al aposento de Dios. Aunque se arrepintieron con la predicación de Jonás, regresaron a la misma maldad y se levantaron contra las naciones de Israel, representando así del espíritu del anticristo.

- Babilonia: Babilonia la grande yace sobre muchas aguas (Apocalipsis 17:1), en específico, era sostenida por el río Éufrates. Hay cuatro ángeles malignos atados en el río Éufrates (Apocalipsis 9:14). Se derramó ira sobre el río Éufrates (Apocalipsis 16:12). Darío el Medo conquistó Babilonia al desviar el río y entrar por las puertas del río. Babilonia es responsable por la sangre de santos y la sangre de mártires (Apocalipsis 17:6). Babilonia es la madre de las prostitutas y las abominaciones de la Tierra (v. 5). Babilonia controla las almas de los hombres (Apocalipsis 18:13). Babilonia enriquece a quienes tienen naves (v. 19). Dios pronuncia seguía sobre las aguas de Babilonia (Jeremías 50:38, 51:36).

- Egipto (Ezequiel 29:3): Egipto estaba bajo el control de espíritus marinos. Se requirió una unción sobrenatural para milagros para romper el poder de Egipto. El Nilo se volvió sangre. Este fue el juicio de Dios sobre las aguas que sostenían a Egipto. Israel fue salvado a través del agua, y Faraón fue destruido en el agua (Isaías 51:10). El Faraón y Egipto simbolizan la esclavitud y el orgullo.

Muchas ciudades de Estados Unidos localizadas en grandes cuerpos de agua, tales como San Francisco, Los Ángeles, Nueva York, Miami, Nueva Orleáns y Chicago son fortalezas de perversión, violencia, drogadicción, brujería y rebelión. Ciudades como Ámsterdam, Río de Janeiro, Estambul, Ciudad del Cabo y Mumbai son ejemplos internacionales de ciudades controladas por espíritus marinos. Estas ciudades de acceso incluyen puertos. Hay un alto grado de tráfico espiritual a través de estas puertas. Los espíritus marinos deben ser desafiados y atados si deseamos ver que el avivamiento venga a estas ciudades.

Los espíritus marinos también son fuertes naciones isleñas. Esto es obvio, porque las islas están rodeadas de agua. Muchos isleños antiguos adoraban a dioses marinos. Los isleños hacían pactos con espíritus marinos que les daban a estos demonios acceso legal para controlar las islas. Muchas cadenas isleñas tienen fuertes raíces de hechicería que necesitan ser destruidas para ver un avivamiento. Grandes cadenas de islas tales como las Indias Occidentales, Indonesia y Filipinas tienen fuertes influencias de espíritus marinos.

A las islas se les ordena alabar (Isaías 42:10, 12). La alabanza de las islas es un testimonio de la gracia y el poder de Dios. Dios usará a la iglesia de las islas para ayudar a romper el poder de Leviatán. La alabanza será un arma para incomodar y destruir el poder de los espíritus malignos. Necesita soltarse un cántico nuevo.

Las aguas están conectadas con el inframundo (Job 26:5–6)

Hay grandes abismos y fosas debajo de los océanos. También hay entidades espirituales que gobiernan esas regiones. Job 26:5–6 no solamente muestra que el Seol está debajo del mar, sino también nombra a sus habitantes, Abadón, que está desnudo sin cobertura ante el Señor.

Al describir lugares remotos donde los fugitivos pueden esconderse de Dios, el profeta Amós dice: "Aunque cavasen hasta el Seol [...] y aunque se escondieren de delante de mis ojos en lo profundo del mar, allí mandaré a la serpiente y los morderá" (Amós 9:2–3).

Gerhard Kittel dice en el *Theological Dictionary of the New Testament* [Diccionario teológico del Nuevo Testamento]: "Scol-Hades significa el oscuro (Job 10:21) 'reino de la muerte', el cual está debajo del océano (26:5), y que consigna indiscriminadamente (Salmo 89:48) detrás de sus portales...".[2]

Ezequiel 28:8 nos muestra que el sepulcro (el infierno, el Seol) y el inframundo están conectados con el mar: "Al sepulcro te harán descender, y morirás con la muerte de los que mueren en medio de los mares".

Las puertas o entradas al Seol-Hades están debajo del mar. Hemos mostrado en capítulos previos que las perturbaciones físicas y naturales en estas puertas provienen de la guerra espiritual que se está librando por las almas de la humanidad.[3]

Los espíritus marinos están conectados con el Seol-Hades, el cual yace debajo del mar. Jonás fue tragado por un gran pez y llevado a las profundidades del mar (Jonás 1:17). Él le llamó a este lugar el seno del Seol (Jonás 2:2). Bajó a los cimientos de los montes (hay montes debajo del mar). Dios sacó a Jonás de la sepultura (corrupción, v. 6). Jesús utilizó esto para ilustrar su descenso al infierno (Mateo 12:40).

Dios sabe lo que está en las profundidades. Él quebranta las profundidades a través de su conocimiento (Proverbios 3:20). Las partes más profundas de la Tierra son la Fosa de Puerto Rico y la Fosa de las Marianas. La Fosa de Puerto Rico yace debajo del Triángulo de las Bermudas o el Triángulo del Diablo a 27 500 pies (8382 m) y la Fosa de las Marianas yace debajo del Mar del Diablo a un costado de la isla de Guam a 36 198 pies (11 033 m). Las profundidades de la Tierra están en la mano de Dios (Salmo 95:4). Enormes cañones continúan debajo del océano en la boca del Hudson, el Delaware, el San Lorenzo y el Congo. Geográficamente hablando, las puertas del Seol con los corredores más cortos hacia el interior de la Tierra estarían debajo de los mares, en particular en sus mayores profundidades.

Espíritus representados por criaturas marinas

Hay muchos espíritus que son representados por criaturas marinas. A estos espíritus les es natural permanecer secretos y escondidos. A menudo son difíciles de discernir y detectar. Muchos de estos espíritus tienen formas de serpientes marinas, peces, anfibios, cocodrilos, cangrejos, calamares, ranas, anguilas y otras cosas que se arrastran. También hay espíritus que parecen mitad pez y mitad hombre, sirenas y otros híbridos. Esto se debe a que los espíritus buscan mezclarse con los hombres para corromper la sociedad.

Nosotros hemos echado fuera muchos espíritus que atan la mente y controlan la mente que tienen forma de calamares o de pulpos. Estos espíritus tienen tentáculos que enrollan alrededor de la mente de la gente, impidiéndoles pensar claramente. Estos espíritus provocan mucha confusión y evitan que la gente vea la verdad. Estos son espíritus poderosos y a menudo se requiere de ayuno para quebrantarlos.

Los espíritus de lujuria y perversión con frecuencia pueden tomar la forma de ranas. Leviatán, el espíritu de orgullo, toma la forma de una gran serpiente.

Rahab y Leviatán

Leviatán y Rahab son las patrullas marinas de Satanás. Rahab tiene ayudantes (Job 9:13). Estas son entidades espirituales que trabajan debajo de él. Las primeras dos menciones de Leviatán se encuentran en Job 3:8, y nosotros hablamos a detalle de este espíritu en el capítulo 13. Rahab (orgullo) se menciona las primeras dos veces en Job 9:13 y Job 26:12. La liberación de Dios a Israel vino a través de romper el poder de Rahab y ahogar al Faraón en el mar.

Dios también ha prometido aniquilar a Leviatán en el mar (Isaías 27:1). Dios está enfadado con estas entidades que operan desde las aguas y Él las juzgará (Zacarías 10:11). Estas entidades orgullosas deben inclinarse ante el poder de Dios. Nosotros podemos soltar el juicio y la ira de Dios contra ellos.

Los huracanes son causados por la guerra espiritual entre las fuerzas del mal y el bien. Se dice que uno de los gobernantes de Satanás, Leviatán: "Hace hervir como una olla el mar profundo, y lo vuelve como una olla de ungüento" (Job 41:31).

Peces voladores y aves que nadan (Génesis 1:20)

Mucha de la guerra espiritual se ha hecho con respecto a la maldad espiritual que reside en los cielos. Satanás es el príncipe de la potestad del aire (Efesios 2:2). El reino marino a menudo ha sido ignorado, pero hay una conexión entre los dos reinos. El reino marino le da fuerza y apoyo al reino celestial.

Las aves vuelan en los cielos. Algunos espíritus malignos son representados por aves impuras que vuelan. Hay una conexión entre las aves y el agua. Los reinos de las tinieblas de los cielos están conectados por el reino marino. Las aguas y las aves se mencionan en el mismo versículo de Génesis. Algunas aves viven en el agua (la cigüeña y la garza, ambas aves impuras, Deuteronomio 14:18). Hay peces que vuelan y aves que nadan.

Las aves dependen de las aguas para vivir y migrar. Las migraciones de aves siguen cursos de ríos y de agua. Los mayores cursos se llaman humedales. Estos son lugares donde las aves migran y se reproducen. Esta ilustración natural muestra una conexión entre el reino celestial y el reino marino.

Dios juzga las aguas (Apocalipsis 8:10–11; 16:4–5)

Nosotros estamos viviendo en el día en que Dios está exponiendo este plano del reino de Satanás. Los espíritus malignos están siendo juzgados y echados fuera. Su control sobre las familias, las ciudades y las naciones se quebrantará. La salvación viene como resultado de quebrantar los poderes del espíritu marino (Salmo 74:12–15).

Dios es más poderoso y más alto que las inundaciones y las olas. El Reino de Dios gobierna sobre todo. Dios establecerá su autoridad sobre el secreto y escondido reino marino. No hay nada que se le esconda al Señor. Él descubre las profundidades de las tinieblas (Job 12:22). Las profundidades de las tinieblas son luz para el Señor. "No hay tinieblas ni sombra de muerte donde se escondan los que hacen maldad" (Job 34:22). El mal no puede esconderse de Dios. Los espíritus marinos y sus operaciones no se esconden de sus ojos.

Dios gobierna sobre la braveza del mar (Salmo 89:9). El mar fue creado para alabar a Dios, no para ser gobernado por demonios (Salmo 98:7–8). Él desarraigará la rebelión de las aguas. Aunque Satanás desee gobernar cada parte de la creación de Dios, Dios tiene la autoridad final. En su mano están las profundidades de la Tierra (Salmo 95:4). El mar es suyo, y Él lo hizo (v. 5). El único derecho que Satanás tiene es el que el hombre le da. Todos los demonios que operan en las aguas deben someterse al señorío de Jesús.

Dios detiene las aguas de derramarse en la Tierra (Job 28:11). Él ha colocado un límite para el mar. Dios encierra el mar con puertas (Job 38:8). Esto muestra la autoridad y el poder de Dios sobre el reino marino y los espíritus marinos. Las corrientes que inundan representan el quebrantamiento de los límites (rebelión). Los espíritus marinos son orgullosos y rebeldes. Engañan y motivan a la gente a pecar y a involucrarse en actos de rebeldía. Por su entendimiento, Dios aniquila, quebrante y derrota a esta rebelde y orgullosa clase de demonios (Job 26:10, 12–13).

El libro de Apocalipsis revela los juicios de Dios en las aguas. Nos muestra el avance y la victoria del Reino de Dios. Jesús vino para anunciar y predicar el Reino. Este fue un anuncio del final para Satanás y su reino. El Reino ha estado avanzando desde que Jesús lo anunció. Este Reino subyugará y juzgará cada plano del reino de Satanás, incluso el que está en las aguas. Nosotros, la Iglesia, somos este Reino a través del cual vendrá el juicio. Nosotros tenemos acceso y autoridad para pedirle al Señor que suelte a los ángeles que Él ha asignado a las aguas para que activen nuestros juicios sobre el reino marino de las tinieblas.

Los dos profetas en Apocalipsis tienen poder sobre las aguas para volverlas sangre (Apocalipsis 11:6). Moisés volvió el río en sangre. Este fue un juicio contra Egipto y sus dioses del agua. Los tsunamis son otra manifestación del juicio de Dios contra naciones y regiones que han cedido ante espíritus marinos. Dios utiliza las olas para ejecutar sus juicios contra la idolatría y la religión falsa. Los juicios pueden venir sobre el reino marino y la gente que tenga pacto con estos espíritus.

Los abismos se estremecen con la presencia de Dios (Salmo 77:16). Dios huella la solas del mar (Habacuc 3:8, 15; Job 9:8, 38:11). Nosotros podemos hollar serpientes y escorpiones. También podemos hollar serpientes marinas y todo poder del enemigo. Podemos hollar a los dragones (Salmo 91:13).

Muchas ciudades están influidas y controladas por los espíritus malignos. Cuando estos espíritus son desafiados, atados y juzgados, sucede una gran salvación. Su tarea principal es evitar que multitudes reciban salvación. Muchas ciudades costeras tienen fortalezas de crimen, drogas, perversión, orgullo y rebelión.

Pero Jesús cumplió y conquistó todas las cosas a través de su descenso y ascenso (Efesios 4:9–10). Jesús descendió a las partes más bajas de la Tierra. El infierno está debajo de la Tierra y debajo del mar. Jesús descendió al infierno para poder cumplir todas las cosas. Todos los reinos ahora están sujetos a su poder y autoridad. Esto incluye las profundidades. Los juicios de Dios sobre Satanás y su reino vienen a través de la muerte y la resurrección de Cristo.

LIBERACIÓN DE ESPÍRITUS MARINOS

Los espíritus marinos son muy malvados, y Dios los aborrece de manera especial. Él desea liberar a quienes están controlados por estos espíritus. El agua, la cual es un símbolo de vida, se vuelve muerte a través de la operación de estos espíritus. La gente que se encuentra bajo la influencia de estos espíritus siente como si se hundiera en muchas aguas.

Hay muchas escrituras que se refieren a la liberación de las aguas, inundaciones y profundidades (Salmo 18:14–17; 69:1–2; 93:3–4; 124:4–5; 130:1; 144:6–7). Estas escrituras pueden ser usadas para echar fuera a espíritus marinos. Nosotros podemos soltar a la gente de los poderes del mar y liberar su alma de las profundidades del mar. Es esencial soltar la Palabra de Dios contra estos espíritus.

La gente que está atada con perversión, orgullo, lujuria y hechicería a menudo está controlada por espíritus marinos. Rompa todos los lazos con el reino marino y ordéneles a los espíritus que salgan fuera. Suelte los juicios escritos contra ellos y libere a los cautivos. Rompa cualquier pacto con el reino marino hecho por ancestros. Rompa las maldiciones de orgullo y hechicería comunes con los espíritus marinos. Corte todo lazo con Leviatán, Rahab y Babilonia. Suelte la espada del Señor contra ellos y ordéneles a las aguas malignas que se sequen. El ayuno es otra poderosa arma contra los espíritus marinos. Los espíritus marinos son fuertes y algunos solamente serán vencidos a través de del ayuno.

Redes de oración (Ezequiel 32:3)

Las redes naturales son usadas para atrapar y enganchar a las criaturas marinas. La oración actúa como una red contra los espíritus marinos. El nivel de oración determinará la fuerza de la red. Las redes de oración son necesarias para detener la operación de estos espíritus. Las iglesias deben echarles la red y detenerlos de llevar a cabo sus planes destructivos.

> Sabed ahora que Dios me ha derribado, y me ha envuelto en su red.
>
> —Job 19:6

Las redes de oración necesitan extenderse sobre regiones y ciudades enteras que son controladas y afectadas por espíritus malignos. Ore que esos espíritus sean vencidos y limitados con la red de Dios. Entre más grande sea la operación de los espíritus marinos, mayor será la red necesaria. Las ciudades y naciones que están alrededor de grandes cuerpos de agua y ríos necesitan incrementar su entendimiento sobre los espíritus marinos y la guerra espiritual a través de la oración.

Suelte la voz del Señor

De acuerdo con Salmo 29:3, nosotros podemos soltar la voz del Señor sobre las aguas. Podemos profetizar sobre las aguas. Podemos hacer sonar shofares sobre las aguas. Podemos soltar alabanza sobre las aguas. Estas son maneras eficaces de quebrantar los poderes de los espíritus marinos. Los espíritus marinos escaparán con la represión de Dios y correrán a la voz de su trueno (Salmo 104:6–7). Pídale al Señor que los visite con truenos (Isaías 29:6). Ore que el Señor sea sobre las aguas.

Otras estrategias para quebrantar el poder de los demonios marinos

1. Adorar (postrarse) al Señor que creó los mares. Esta es la postura contraria a las arrogantes entidades marinas y es una represión a su orgullo (Salmo 95:1–6).
2. Alabe a Aquel que creó los mares. La alabanza es un arma contra estas entidades. El cántico nuevo es especialmente poderoso para soltar juicios contra ellos (Salmo 33:1–7).
3. Declare y decrete la autoridad de Dios sobre las aguas (Salmo 104:9).
4. Ordéneles a las aguas que adoren a Aquel que las reunió (Salmo 98:7–8).
5. Pídale a Dios que rompa las cabezas de los dragones de las aguas (Salmo 74:13; Isaías 27:1).
6. Pídale a Dios que despierte y hiera a Rahab (Isaías 51:9).

7. Sople shofares sobre las aguas (esto representa la voz de Dios sobre las aguas, Salmo 29:3).

8. Entone cánticos con respecto a la autoridad de Dios sobre las aguas.

9. Utilice sal, que representa la limpieza y la purificación de las aguas. Algunas veces en liberación podemos orar sobre sal y tocar la frente de la persona. También la podemos usar al orar sobre tierras que han sido profanadas o contaminadas.

10. Ordéneles a las profundidades que alaben, y ordéneles a las maravillas de Dios en las profundidades (Salmo 148:7–14; 107:21, 24).

OTROS ANIMALES Y ESPÍRITUS INSECTOS

El reino animal, cuando se estudia con discernimiento, pucde darnos una gran revelación del plano demoníaco.

El avestruz

El avestruz carece de sabiduría y entendimiento. La avestruz no tiene la sabiduría para proteger a sus crías. Dios utiliza al avestruz para mostrarnos la necesidad de sabiduría.

¿Diste tú hermosas alas al pavo real, o alas y plumas al avestruz? El cual desampara en la tierra sus huevos, y sobre el polvo los calienta, y olvida que el pie los puede pisar, y que puede quebrarlos la bestia del campo. Se endurece para con sus hijos, como si no fuesen suyos, no temiendo que su trabajo haya sido en vano; porque le privó Dios de sabiduría, y no le dio inteligencia.

—JOB 39:13–17

Hay muchas personas que carecen de sabiduría. Esto sucede en especial en la manera que tratan a sus hijos. Una falta de sabiduría de una parte de los padres puede poner en peligro a los hijos. Me asombra ver cómo la gente abandona a sus hijos. El espíritu del avestruz— una falta de sabiduría y dureza de corazón—es la raíz.

Aun los chacales dan la teta, y amamantan a sus cachorros; la hija de mi pueblo es cruel como los avestruces en el desierto.

—LAMENTACIONES 4:3

El avestruz deja a sus crías en el desierto. Esto se considera como cruel. Puede aplicarse al aborto. El avestruz no protege sus huevos, sino los abandona.

El avestruz es el ejemplo de Dios para la estupidez, la insensatez y la frialdad de corazón en el mundo natural. El temor del Señor es un arma contra la insensatez y traerá liberación a quienes batallen con este espíritu (ver Salmo 111:10; Proverbios 9:10).

La sanguijuela (chupa sangre)

Una sanguijuela es una persona que se aferra a otra para beneficio personal, especialmente sin dar nada a cambio—un parásito—. Actuar como sanguijuela es aferrarse y alimentarse o drenar, tal como lo hace una sanguijuela; agotar y mermar. Una sanguijuela es una chupa sangre. Un parásito desagradable que intenta chuparle la vida.

> La sanguijuela tiene dos hijas que dicen: ¡Dame! ¡Dame!
>
> —Proverbios 30:15

La versión Basic English en inglés es interesante, dice: "El espíritu nocturno tiene dos hijas: Dame, dame. Hay tres cosas que nunca están llenas, incluso cuatro que nunca dirán: suficiente". Debería observarse que la correcta interpretación de "sanguijuela" es la de un vampiro o un demonio vampírico, y no de un animal natural. La palabra *sanguijuela*, como se utiliza en la versión King James en inglés, es la palabra árabe *alupah*, que significa una sanguijuela de cualquier clase, no solo una sanguijuela. Además es casi idéntica en significado a la palabra hebrea que significa "demonio necrófago" o espíritu maligno que busca lastimar a los hombres y caza a los muertos.

Las sanguijuelas chupan la sangre de sus víctimas. La vida está en la sangre. Quienes son influidos por los espíritus sanguijuela les chupan y les drenan la vida. Ellos nunca se satisfacen. Son insaciables. La sanguijuela lo drenará económicamente.

La Biblia dice que la sanguijuela tiene dos hijas. Esto habla de una familia de espíritus y de gente que drena. A veces las mayores sanguijuelas pueden ser miembros de la familia. Con frecuencia uno deberá separarse de las personas que son sanguijuelas.

El león y la hiena[4]

El león y la hiena son enemigos naturales, y ellos se detestan mutuamente y eso puede llamarse algo eterno. La mala sangre entre leones y hienas moteadas corre profundamente y es una de las rivalidades más celebradas de la naturaleza.

Las hienas son criaturas desagradables que representan espíritus impuros. Los leones también pueden representar demonios, pero también pueden representar a Cristo y a los creyentes.

La hiena tiene una de las mandíbulas más fuertes del reino animal, y un adulto de la especie solamente les teme a los felinos más grandes de la familia (leones, tigres, etcétera). La mordida de una hiena adulta puede alcanzar las ochocientas libras por pulgada; puede destrozar hueso.

Las hienas son animales impuros que representan la desviación sexual y la anarquía. La hiena es un carroñero horrendo y feroz, cuya mandíbula es el doble de poderosa que la del león. Una hiena es un carroñero, porque no mata predominantemente a otros animales para comer; prefiere alimentarse de lo que ha quedado de otras cazas.

Las hienas son una imagen de juicio y desolación: "Pronto Babilonia será habitada por hienas y animales del desierto. Será un hogar de búhos. Nunca más vivirá gente allí; quedará desolada para siempre" (Jeremías 50:39, NTV).

Una hiena hembra es una "maestra" del caos. Es común ver leonas trepando árboles por temor a las hienas. Las leonas no intimidan a las hienas, ellas solamente les temen a los machos. La hiena reina solamente le teme al rey de cada manada.

En la sociedad de las hienas, los machos son físicamente más pequeños, débiles y toman el papel de subordinación. Ellos viven en temor de las hembras, especialmente de la matriarca, una hembra dominante—la reina—...

Las hienas hembras detestan y le temen al león macho. Pero no son objetos de su desdén. Su enfoque es matar a la reina. Él sabe que si la mata, afecta a todo el grupo. Y solamente el rey de las bestias es suficientemente feroz para encontrarse con ella. En realidad, él está ansioso de confrontar a la hiena reina. Se necesita del león rey para matar [a la hiena reina]. Él acecha a la matriarca, ella se aterra—él la persigue, cae sobre ella y quiebra su espalda, y con una mordida en su cuello le da un golpe de muerte. Y con mami muerta, la joven aspirante a reina es expulsada del grupo para defenderse por su propia cuenta. Sus ex súbditas no tan leales incluso pueden matarla. Las hembras adultas restantes ahora pelean por la posición dominante de reina.

La jerarquía de la hiena presenta una clara imagen de cómo la autoridad demoníaca se quebranta una vez que el espíritu gobernante es expulsado de un creyente. Los demonios no pueden ser destruidos. Ellos, una vez expulsados, buscan regresar o encontrar un nuevo anfitrión.[5]

El asno montés

> ¿Quién echó libre al asno montés, y quién soltó sus ataduras?
>
> —Job 39:5

El asno montés es indomable y representa un espíritu rebelde. La gente rebelde a menudo afirma ser libre, cuando en realidad simplemente es salvaje.

Muchos no se dan cuenta de las terribles consecuencias de la rebeldía. Génesis 16:12 dice: "Y él será hombre fiero; su mano será contra todos, y la mano de todos contra él, y delante de todos sus hermanos habitará". La rebeldía provocará que esté en compañía de los demás, pero todos estarán contra usted y usted estará contra ellos.

Cuando se rebela contra las palabras de Dios y el consejo del Altísimo, usted se sienta en las tinieblas y en la sombra de muerte. La rebeldía puede hacer que esté en cadenas, atado en aflicción y hierro (Salmo 107:10–11).

La rebeldía es arrogancia, amargura, falta de sumisión y odio a la autoridad. Las personas rebeldes establecen sus propias reglas y límites. No hay absolutos; todo es relativo. Se vuelven su propio dios, lo cual es idolatría. La gente rebelde no tiene responsabilidad. Sienten como si no tuvieran responsabilidad con nadie. Con frecuencia son salvajes e incontrolables.

Langosta (revoltón, saltón, oruga; Joel 1:4)

El ejército del Señor enviado en juicio. Las langostas también son clases de espíritus demoníacos. La apariencia de algunos demonios se asemeja a la de las langostas (Apocalipsis 9:1–11).

- Revoltón: una langosta joven que desea dar lengüetadas; un devorador, un revoltón, una oruga.
- Saltón: una langosta que desea devorar.
- Oruga: una langosta que desea devastar.

Estas criaturas representan espíritus que devoran, comen, lengüetean e intentan devastar al pueblo de Dios. En liberación se ha encontrado al revoltón como el espíritu que se come el conocimiento, por ende obstaculizando el aprendizaje de la Palabra de Dios.

El pueblo de Dios es devorado como pan (Salmo 14:4). Los malignos vienen a devorar nuestra carne (Salmo 27:2). Herodes fue devorado por gusanos por su orgullo (Hechos 12:23). Dios promete reprender al devorador en el área de nuestras finanzas (Malaquías 3:11).

Serpientes y escorpiones (Lucas 10:19)

Las serpientes y los escorpiones son tipos de espíritus demoníacos. Algunos espíritus se asemejan a estas criaturas en el plano espiritual. Los espíritus serpentinos de lujuria y los espíritus escorpión de temor, generalmente operan en la parte baja del abdomen. Los espíritus escorpión de temor causan tormento (Apocalipsis 9:5; 1 Juan 4:18).

El Señor le ha proporcionado a cada persona un seto de protección mientras obedezcan su mandamiento (Salmo 91; Eclesiastés 10:8). Los espíritus serpiente entrarán y morderán si nuestro seto de protección está roto.

El Señor envió serpientes feroces entre el pueblo por su desobediencia (Números 21:6). Cuando el Señor envía serpientes (demonios) en juicio, no hay encantamiento que las ahuyente (Jeremías 8:17). Otras referencias incluyen: las áspides (Jeremías 8:17, Deuteronomio 32:33) y la víbora (Isaías 30:6).

Araña (Proverbios 30:28)

Algunos demonios se asemejan a arañas en el plano espiritual. Las arañas son consideradas altamente sabias. De acuerdo con Isaías 59:5 la tela de una araña es una trampa, un enredo. Representa esclavitud a la maldad. Hay un espíritu demoníaco llamado Araña que se ha encontrado en liberación. Los espíritus araña trabajan en lo oculto y el temor. Algunas personas necesitan ser liberadas de la tela de la araña, las telas demoníacas que los enredan.

El hombre fue creado para tener dominio y autoridad sobre la creación (Salmo 8:6, 8). Nosotros tenemos un mandato de subyugar la Tierra y señorear "en los peces del mar, en las aves de los cielos, y en todas las bestias que se mueven sobre la tierra" (Génesis 1:28). Como creyentes necesitamos ejercitar esta autoridad a través de la oración. Debemos involucrarnos en la guerra espiritual contra la rama del reino de Satanás que opera a través del reino animal.

Conclusión

LA LIBERACIÓN Y LA GUERRA ESPIRITUAL HACEN AVANZAR EL REINO DE DIOS

Pero recibiréis poder, cuando haya venido sobre vosotros el Espíritu Santo, y me seréis testigos en Jerusalén, en toda Judea, en Samaria, y hasta lo último de la tierra.
—HECHOS 1:8

EL PROPÓSITO SUPREMO de Dios es hacer avanzar su Reino en la Tierra, traer sanidad a las naciones y acercar a la gente de vuelta a una relación con Él. Esto se lleva a cabo a través de la liberación y la guerra espiritual. Mientras Jesús estaba en la tierra, comenzó a predicar, enseñar y demostrar el Reino a través de milagros, señales, prodigios, sanidades y echando fuera demonios. Este mismo mensaje y demostración del Reino *continuó* con los apóstoles y ahora con nosotros, el Cuerpo de Cristo.

Es por ello que tanto la liberación como la guerra espiritual son necesarias en la vida de los creyentes. Es también por ello que el enemigo ha buscado corromper nuestro entendimiento y aceptación de la liberación y la guerra espiritual con temor y con enseñanza equivocada. Pero yo creo que estamos en un tiempo en que el enemigo no podrá evitar que conozcamos, aceptemos y llevemos a cabo los propósitos de Dios en la Tierra. El Reino de Dios avanzará. La gente no temerá la liberación y la guerra espiritual. Ellos verán que el Reino no es un concepto teológico, sino una realidad viva, y serán drásticamente transformados por el poder y el mensaje del Reino. El Cuerpo de Cristo recibirá poder del Espíritu Santo para expresar el mensaje del Reino a través de milagros, sanidades, ángeles, visiones, juicios y oración. La Iglesia será liberada para ser un instrumento de restauración a las naciones.

LAS NACIONES SON NUESTRA HERENCIA
Pídeme, y te daré por herencia las naciones, y como posesión tuya los confines de la tierra.
—SALMO 2:8

La visión de los profetas siempre fue global, como lo verá usted en las profecías del libro de Salmos:

* "Mi hijo eres tú [...] y te daré por herencia las naciones" (Salmo 2:7–8).
* "Y todas las familias de las naciones adorarán delante de ti" (Salmo 22:27).
* "De Jehová es la tierra" (Salmo 24:1).
* "Conforme a tu nombre, oh Dios, así es tu loor hasta los fines de la tierra" (Salmo 48:10).
* "Esperanza de todos los términos de la tierra" (Salmo 65:5).
* "Todas las naciones que hiciste vendrán y adorarán delante de ti, Señor, y glorificarán tu nombre" (Salmo 86:9).
* •"Entonces las naciones temerán el nombre de Jehová, y todos los reyes de la tierra tu gloria" (Salmo 102:15).
* "Exaltado seas sobre los cielos, oh Dios, y sobre toda la tierra sea enaltecida tu gloria" (Salmo 108:5).

Cuando leemos estas escrituras no debe haber duda del plan y el propósito de Dios. Este propósito viene a través de la Iglesia, el pueblo de la nueva creación, quien se volverá un fenómeno mundial.

El libro de los Hechos cuenta la historia de la Iglesia y el Reino que se salen del marco del antiguo pacto para avanzar hacia toda la Tierra. Lo que comenzó como una pequeña secta de nazarenos se convirtió en un movimiento mundial que no pudo ser detenido. El libro de los Hechos es por lo tanto el cumplimiento de la profecía de que el Reino se extendería a las partes más alejadas de la Tierra. El libro comienza con Jesús hablando acerca del Reino, y termina con Pablo en Roma, hablando acerca del Reino.

Antes de que se escribiera Hechos, el mensaje del Reino solamente se predicaba en Israel. Jesús les dijo a los doce discípulos que fueran "antes a las ovejas perdidas de la casa de Israel" (Mateo 10:6). El mensaje del Reino debía dárseles primero a los judíos. Esto se debió a que Dios no podía traer salvación a las naciones hasta que trajera salvación a Israel y les cumpliera su promesa.

Y cuando lo hizo, a través de su Hijo Jesucristo, las naciones que una vez adoraron ídolos se volverían la realización de que el Dios de Israel es el Dios verdadero. Ellos desecharían a sus ídolos y buscarían al Señor para salvación.

Enseñarles a las naciones
la cultura del Reino

Por lo tanto, a medida que se extiende el Reino mediante la predicación, la enseñanza y la demostración, nosotros somos responsables de conformar las diversas culturas de las naciones a la cultura del Reino.

Hay algunas cosas que usted necesita comprender acerca de la cultura del Reino. El Reino de Dios tiene la capacidad de atravesar barreras culturales. Esa es una *buena nueva* para todos. Hay personas en cada cultura que desean la *paz* que viene con el Reino de Dios. Esto se debe a que el mensaje del Reino sobrepasa la cultura y toca el espíritu.

Los nuevos creyentes, sin importar su proveniencia, deben aprender las características y la cultura del Reino. La cultura del Reino incluye amor, humildad, servicio, integridad, perdón, trabajo, generosidad, alabanza, oración, respeto, honor, entre otras cosas.

La cultura del Reino cambiará la impiedad que reside en muchas culturas. Nos cambiará en áreas de nuestra cultura en las que el pecado es aceptable.

A lo largo de la Biblia vemos cómo entró el Reino de Dios en muchas culturas paganas. Estas culturas estaban llenas de idolatría y superstición. La inmoralidad sexual era común en estas culturas. La cultura occidental también está llena de inmoralidad, porque tiene sus raíces en el paganismo.

Camille Paglia escribe: "La cultura occidental es una combinación muy compleja de dos tradiciones: la judeocristiana y la greco-romana. El argumento dominante de toda mi obra es que el paganismo nunca fue derrotado en realidad por el cristianismo, sino que se hizo clandestino para resurgir en tres momentos clave: el Renacimiento, el Romanticismo y la cultura popular del siglo veinte, cuyo sexo y violencia interpreto como un fenómeno pagano".[1]

Quienes reciban el evangelio se separarán de la inmoralidad sexual. Pablo exhortó a la Iglesia de Éfeso: "Pero fornicación y toda inmundicia, o avaricia, ni aun se nombre entre vosotros, como conviene a santos" (Efesios 5:3). Los líderes de la Iglesia temprana resaltaron que abstenerse de la fornicación es la voluntad de Dios para los creyentes: "Pues la voluntad de Dios es vuestra santificación; que os apartéis de fornicación" (1 Tesalonicenses 4:3).

El Concilio de Jerusalén emitió un decreto en el que los gentiles debían abstenerse de la fornicación (Hechos 21:25). *Fornicación* es la palabra griega *porneia*, la cual tiene un amplio significado, incluye: "coito sexual ilícito, adulterio, homosexualidad, lesbianismo, coito con animales, etcétera.; coito sexual con parientes cercanos (Levítico 18); coito sexual con un hombre o mujer divorciado; y la adoración de ídolos de la contaminación de la idolatría, como sucede cuando se comen sacrificios ofrecidos a los ídolos".[2]

En cuanto a la cultura griega a la que Pablo se dirigió, Doyle Lynch escribe:

> La cultura dominante en el establecimiento del Reino fue la cultura griega. El mundo en el que Pablo vivía era un mundo griego (helenizado) gracias a Alejando Magno quien hizo de su misión hacer que el mundo fuera griego. En su muerte en 323 a. C., gran parte del mundo conocido estaba siendo gobernada por Grecia. La cultura griega fue introducida al mundo a la fuerza. Incluso cuando Roma se convirtió en el gobernante mundial, justo antes de la llegada de Cristo, adoptó mucha de la cultura griega. Los griegos eran doctos y hábiles en las artes. Se referían a los no griegos como bárbaros. Le dieron un significado a la cultura. Ellos también eran un pueblo moralmente corrupto. La inmoralidad y la promiscuidad abundaban y eran consideradas normales. El divorcio era común y la homosexualidad era vista como normal por muchos griegos. Quienes están familiarizados con la mitología griega sabrán que los dioses griegos no eran mejores que los griegos mismos. Pablo no estaba exagerando cuando decía que muchos cristianos habían caminado en inmoralidad, impureza, pasión, deseos malignos, codicia e idolatría (Colosenses 3:5–6). No es maravilla que muchos cristianos judíos no aceptarán cálidamente a los griegos que recién se convertían al cristianismo.[3]

El avance del Reino en el mundo griego es un testimonio del poder del Reino.

> Porque los gentiles buscan todas estas cosas; pero vuestro Padre celestial sabe que tenéis necesidad de todas estas cosas. Mas buscad primeramente el reino de Dios y su justicia, y todas estas cosas os serán añadidas.
>
> —MATEO 6:32–34

Dios creó un pueblo santo en medio de la idolatría y la perversión. Lo mismo sucede ahora. La revelación de la liberación que acompaña al evangelio tiene poder para vencer la inmoralidad de la cultura occidental de la actualidad. Jesús compara a quienes están en el Reino con los paganos. Un *pagano* se define como "un seguidor de una religión politeísta de la antigüedad, especialmente cuando se ve en contraste con un adepto de una religión monoteísta". Pablo le advirtió a la iglesia corintia acerca de la necesidad de evitar amistad con los paganos que podían estar bajo la influencia de un ser demoníaco, por causa de sus sacrificios.

> Antes digo que lo que los gentiles sacrifican, a los demonios lo sacrifican, y no a Dios; y no quiero que vosotros os hagáis partícipes con los demonios.
>
> —1 CORINTIOS 10:20

Los paganos adoran a demonios (ídolos). Su adoración involucraba prostitutos del templo (sodomitas). Fue en este mundo pagano que el Reino fue establecido. Los griegos tenían muchos dioses, incluida Afrodita, la diosa del amor, quien era la más hermosa entre las diosas olímpicas. Una mujer aristocrática llamada Safo, quien vivía en la isla de *Lesbos* en el mar Egeo, cerca de Grecia, adoraba a Afrodita y frecuentemente mencionaba a la diosa en su poesía, admirándola y pidiéndole ayuda en sus relaciones con mujeres. Se debe a Safo y al nombre de la isla en que vivía que obtenemos la palabra moderna *lesbiana*.

La inmoralidad sexual y la perversión son paganas y están arraigadas en la idolatría (vea Romanos 1). Los gentiles detuvieron la verdad de Dios y se fueron en picada a la idolatría y la inmoralidad sexual.

La cultura del Reino es una cultura de santidad y pureza sexual. Quienes se sometan a Cristo y al Reino presentarán su cuerpo como sacrificio vivo, santo y agradable a Dios. Esta es la cultura del Reino que estamos comisionados a brindar y enseñarles a las naciones.

LA LIBERACIÓN PROMUEVE LA CULTURA DEL REINO

El Reino de Dios desafía y supera en poder al gobierno de Satanás sobre las naciones. La liberación es necesaria cuando hay idolatría, ocultismo, hechicería y brujería presentes en la vida de la gente. Cuando las personas entran bajo el gobierno de Dios, el poder de Satanás es quebrantado.

Lo milagroso es un aspecto importante del Reino de Dios. La liberación de los demonios es un ministerio de milagros. Jesús comenzó con el mensaje del Reino. Él predicó este mensaje en toda Galilea y echó fuera demonios (Marcos 1:39).

Jesús echó fuera *muchos demonios*. Esta fue una parte integral de su ministerio. Jesús demostró la autoridad del Reino sobre los poderes de las tinieblas.

Y sanó a muchos que estaban enfermos de diversas enfermedades, y echó fuera muchos demonios; y no dejaba hablar a los demonios, porque le conocían.

—MARCOS 1:34

Los discípulos también echaron fuera muchos demonios. Ellos también predicaron el Reino de Dios. Ellos ungieron a muchos con aceite y los sanaron. "Y echaban fuera muchos demonios, y ungían con aceite a muchos enfermos, y los sanaban" (Marcos 6:13). Quienes estaban atados a la enfermedad y a los demonios eran hechos libres. Esta fue la buena noticia del Reino de Dios.

Con demasiada frecuencia la Iglesia ha intentado hacer avanzar el Reino sin lo sobrenatural. Muchos se han asustado de la liberación, porque el temor y la ignorancia que a menudo se ha encontrado en esta área. Nosotros debemos recordar que este es el ministerio de Cristo. Él tuvo compasión por los enfermos y los endemoniados, y nosotros también debemos tenerla. El ministerio de Cristo continúa a través de su Iglesia. Esta es una señal que debe seguir a los creyentes (Marcos 16:17).

LA NECESIDAD DE LIBERACIÓN Y GUERRA ESPIRITUAL DEBE SER DESCUBIERTA

Creo que la enseñanza de este libro le ayudará a comprender la importancia de la liberación y la guerra espiritual en su vida y en la vida de quienes le rodean—y aceptar el llamado supremo de extender el Reino de Dios hasta los confines de la Tierra—. Estas son dos de las herramientas de Dios para hacer avanzar el mejor Reino de todos. Aunque he compartido mucho en este libro, tomado de más de treinta años en el ministerio, no he llegado a la revelación exhaustiva de estos temas importantes. Oro que lo que usted haya leído aquí le provoque estudiar todos estos temas más profundamente. La Biblia dice que debemos estudiar para presentarnos aprobados ante Dios (2 Timoteo 2:15). Solamente ganamos cuando conocemos lo que dice la Palabra. La verdad nos hace libres. Nosotros no deseamos ser víctimas del error y el engaño, los cuales nos llevan de vuelta a la esclavitud. Debemos continuar estudiando y proclamando la verdad del Reino de Dios.

Jesús vino a predicar y a demostrar el Reino. Él es el Rey, el árbol de vida. Coma de este árbol y disfrutará la vida abundante del Reino. No hay sustituto para el Reino, y es nuestra responsabilidad hacerlo avanzar de generación en generación. Comprometámonos de nuevo y volvamos a dedicarnos al Reino. Comprendamos y enseñémoselos a la siguiente generación. No nos alejemos de la liberación por temor y hagamos nuestra labor para combatir al enemigo en guerra espiritual. Permanezcamos ceñidos del poder de Dios.

> Por tanto, ceñid los lomos de vuestro entendimiento, sed sobrios, y esperad por completo en la gracia que se os traerá cuando Jesucristo sea manifestado; como hijos obedientes, no os conforméis a los deseos que antes teníais estando en vuestra ignorancia; sino, como aquel que os llamó es santo, sed también vosotros santos en toda vuestra manera de vivir; porque escrito está: Sed santos, porque yo soy santo.
>
> —1 Pedro 1:13–16

La verdad del mensaje del Reino, la cual incluye libertad y descanso de todos nuestros enemigos, debe ser recuperada. Josías recuperó la ley, y el avivamiento vino a Israel. Yo creo que la recuperación de estas verdades colocará al Cuerpo de Cristo en la posición correcta como una respuesta llena de autoridad para los problemas del mundo. La justicia, la paz, el gozo y el avivamiento reinarán entre las naciones en las generaciones por venir.

Apéndice A

ESTRATEGIAS DEL MINISTERIO Y LA GUERRA ESPIRITUAL PARA SITUACIONES ESPECÍFICAS

CÓMO MINISTRAR SOBRE LAS CONSECUENCIAS DEL ABORTO

U N ABORTO PUEDE ser, y normalmente es, un evento traumático. Los obreros de liberación necesitan tener conocimiento para ministrar sobre las consecuencias de un aborto, las cuales pueden incluir depresión, culpabilidad, enfermedad, temor, condenación y tristeza continua que resulta de lo que se conoce como una matriz en trabajo de parto (Isaías 42:14; Oseas 13:13). El gozo que a menudo se experimenta con el nacimiento de un hijo también es abortado, y el resultado es una matriz que siempre está dilatada con (la presencia de) el hijo (Juan 16:21; Jeremías 20:17). Como consecuencia, la mujer continúa sintiendo el dolor y el esfuerzo de llevar y dar a luz al niño.

Cuando se ministra liberación a una mujer con señales de una matriz en trabajo de parto, ordéneles en el nombre de Jesús a los espíritus de dolor, culpabilidad (Salmo 51:14), trabajo de parto, duelo, llanto, luto y cualquier otro espíritu que el Espíritu Santo le dirija, que salgan fuera. Las mujeres que han tenido abortos deben recibir el consuelo del Espíritu Santo y el amor de Dios a través de obreros que ministran liberación.

Cuando se encuentre con mujeres que se nieguen a ser consoladas (Mateo 2:18), quebrante la maldición de Raquel y ordéneles a los espíritus asociados con Raquel que salgan fuera.

Las manifestaciones durante la liberación pueden incluir llanto y lamentación que resulta por la pérdida de un hijo. La maldición de la "matriz en trabajo de parto" debe ser quebrantada y los espíritus echados fuera.

Los hijos y el aborto

Aunque una mujer solamente haya contemplado el aborto o haya realizado un intento no exitoso, su hijo está expuesto a espíritus de rechazo, temor, suicidio y la maldición del rechazo de la matriz. Al lidiar con víctimas (madre o hijo) de aborto, usted necesitará romper las maldiciones de Moloc, quien era el dios demonio de los amonitas.

Los niños eran sacrificados en fuego a Moloc (Levítico 18:21; 20:2–5), también conocido como Milcom (Sofonías 1:5). Este dios demonio llevó a los amonitas en Galaad a abrir mujeres encintas (Amós 1:13).

Atar al espíritu de Moloc y quebrantar la maldición de Moloc es útil al lidiar con los espíritus de aborto. Además, ate al espíritu de Moloc que está operando en los Estados Unidos.

CÓMO LLEGAR A LA RAÍZ DE LA AMARGURA

Observe que en Hebreos 12:5 el autor comienza hablando acerca del castigo del Señor antes de llegar a la raíz de la amargura. Dios disciplinará el corazón de cada creyente verdadero tentado con la falta de perdón y la amargura para perdonar y que puedan producir fruto apacible de justicia (v. 11). Una persona tiene que perdonar con el fin de quebrantar el poder de la amargura.

Cuando la disciplina del Señor es rechazada, la raíz de amargura surge, perturba y contamina a muchos (v. 15). Podemos ver claramente que el remedio se da en Hebreos 12:11–13.

La sangre de Jesús (1 Pedro 1:18–19)

La sangre de Jesús es un verdadero testimonio que libera almas (Proverbios 14:2; 1 Juan 5:8). Los demonios aborrecen la sangre de Jesús, porque esta testifica y lleva testimonio de la verdad de nuestra redención. Satanás es un testigo falso que habla mentiras (Proverbios 14:5, 25). La sangre de Jesús tiene una voz y habla de misericordia (Hebreos 12:24). La sangre de Cristo le recuerda a los demonios que nuestro cuerpo le pertenece a Dios (1 Pedro 1:18–19; 1 Corintios 6:20). Los demonios detestan esto, porque ellos ven el cuerpo de la persona como su casa. Los demonios no tienen derecho legal para permanecer en el cuerpo de un santo por causa de la sangre de Jesús. Nosotros vencemos a Satanás con la sangre del Cordero y nuestro testimonio (Apocalipsis 12:11).

La comunión (1 Corintios 10:16)

La comunión es la copa de bendición, la comunión del Cuerpo y la sangre de Cristo. Algunos espíritus han sido echados fuera luego de que la persona recibe oración y luego "bebe la sangre de Cristo" (espiritualmente hablando). Esto rompe su poder y ha comprobado ser poderoso para destruir las fortalezas del enemigo.

Quebrante el espíritu de esclavitud (Romanos 8:15)

Esclavitud significa cautiverio. El espíritu de esclavitud provoca legalismo, el cual promueve la salvación por obras en lugar de la gracia, incluyendo la esclavitud a las reglas, las regulaciones y la tradición del hombre. El espíritu de esclavitud provoca temor de reincidir y temor de perder la salvación.

- Esclavitud al hombre: el temor al hombre esclaviza a la persona (Proverbios 29:25). "Porque el que es vencido por alguno es hecho esclavo del que lo venció" (2 Pedro 2:19). Ya sea esclavitud a falsos maestros, profetas y apóstoles (2 Corintios 11:13), los lazos del alma necesitan ser quebrantados y los espíritus echados fuera (control mental, temor, engaño, brujería).
- Esclavitud a organizaciones, logias, sectas, etcétera: Este tipo de esclavitud sucede a través de juramentos, promesas y votos a organizaciones o logias, tales como los masones, Eastern Star, fraternidades, hermandades y clubes. Los juramentos atan el alma (Números 30:2), y nuestra alma necesita ser libre para amar al Señor (Mateo 22:37). Estas organizaciones tienen un efecto en el alma incluso después de que uno se ha marchado. Los lazos del alma necesitan ser quebrantados y debe renunciarse a estas organizaciones.
- Esclavitud al uno mismo: Se nos dice que nos neguemos a nosotros mismos (Marcos 8:34). Con el fin de ser liberados de nosotros mismo, debemos enfocar nuestra atención en Jesús: "Y ya no vivo yo, mas vive Cristo en mí" (Gálatas 2:20). Esta esclavitud a uno mismo se manifiesta en preocupación por sí mismo y egoísmo. Los espíritus de uno mismo incluyen: consciencia de uno mismo, amor a sí mismo, autocondenación, autocompasión, inseguridad, autorecompensa, autoengaño, autorrechazo, autodefensa, masoquismo, autodependencia, alabanza a sí mismo, autodestrucción, egoísmo, mojigatería y autodesprecio.

Cómo identificar y quebrantar maldiciones

De acuerdo con el autor Derek Prince, existen principalmente siete maneras de determinar si una persona está bajo una maldición:

1. Crisis mentales y emocionales.
2. Enfermedad crónica.
3. Abortos repetidos.
4. Problemas maritales o familiares.
5. Problemas financieros crónicos.
6. Ser propenso a accidentes.
7. Muertes prematuras/no naturales en una familia.[1]

La lista no es necesariamente exhaustiva, pero muchas maldiciones caen bajo estas siete categorías. Las maldiciones pueden romperse y los terrenos legales pueden ser destruidos, basados en Gálatas 3:13. La siguiente lista contiene unas cuantas maldiciones que se encuentran en la liberación:

- Maldición de muerte y destrucción: abre la puerta para que espíritus de muerte y destrucción entren en una familia, provocando muertes prematuras, accidentes y tragedias.
- Maldición de destrucción del sacerdocio de la familia: abre la puerta para que los espíritus de riña, alcoholismo, adulterio, rebelión, Acab y otros entren en la familia con el resultado de relaciones rotas y crisis en la unidad familiar.
- Maldición de Jezabel: abre la puerta para que los espíritus de Jezabel y de Acab operen, provocando que el orden de Dios en una casa sea pervertido y destruido. Esta maldición también trabaja con la maldición de destrucción del sacerdocio de la familia.
- Maldición de pobreza: abre la puerta para que los espíritus de escasez, esclavitud, limosna, vagabundo, pobreza, desempleo y deuda operen en la familia.
- Maldición de orgullo (Leviatán): abre la puerta para que el orgullo opere causando destrucción y resistencia a Dios.
- Maldición de enfermedad y dolencia: les abre la puerta a los espíritus tales como el cáncer, la artritis, la diabetes y otras enfermedades para que operen en la familia.
- Maldición del vagabundo: abre la puerta para que operen pobreza, deambulación y vagabundo. Muchos cristianos que vagan de iglesia en iglesia sin compromiso pueden estar bajo la maldición del vagabundo.
- Maldición de prostitución: les abre la puerta a los espíritus de lujuria, vanidad, prostitución, perversión, Jezabel e impureza sexual para que entren en una familia.
- Maldición de brujería: les abre la puerta a los espíritus de pobreza, lujuria, rebelión, fragmentación del alma y un ejército de otros para que entren en la línea sanguínea, debido a una participación real o ancestral en la brujería.
- Otras clases de maldiciones:
- Imprecación: pronunciar una maldición; hay muchos salmos imprecatorios que pueden ser usados en la guerra espiritual para destruir demonios. En los Salmos, David maldecía a sus enemigos y le pedía al Señor que los destruyera.

- Maldiciones habladas: "La muerte y la vida están en poder de la lengua" (Proverbios 18:21).
- Anatema: una prohibición o una maldición pronunciada por una autoridad eclesiástica (1 Corintios 16:22).

Una maldición es la recompensa de Dios en la vida de una persona y sus descendientes como resultado de la iniquidad. La maldición provoca dolor en el corazón y les da a los espíritus demoníacos entrada legal en una familia a través de la cual pueden llevar a cabo y perpetuar sus estratagemas malignas. Definiré diferentes palabras para dar una imagen clara y una mejor comprensión de cómo funcionan las maldiciones.

Pago (Lamentaciones 3:64–66; Jeremías 32:18; Romanos 12:19)

El pago es un equivalente o una devolución por algo hecho, sufrido o dado, regresar en especie, retribuir, volver a pagar. El Señor recompensa la iniquidad en el seno de los hijos en la forma de maldiciones.

Iniquidad

La palabra "iniquidad" se deriva de la palabra hebrea *avown*, que significa perversidad, mal moral, defecto, delito, pecado.

Perversión

Perversión es volverse de lo que es bueno o moralmente correcto; desviarse a un propósito equivocado; dirigir mal; obstinación y terquedad para hacer lo correcto. La perversión de cualquier tipo trae maldiciones sobre los hijos. Dios maldice la iniquidad (perversión).

- Perversión sexual: incluye adulterio, fornicación, incesto, bestialidad, homosexualidad, lesbianismo, sexo oral, orgías, abuso sexual y violación. Un historial de estos pecados sexuales en la línea sanguínea les abre la puerta a las maldiciones de lujuria.
- Perversión financiera: incluye el mal uso del dinero, ingreso ilícito, trampa, apuesta, codicia, no honrar a Dios (diezmar), soborno, maneras torcidas de obtener dinero, tráfico ilegal de drogas y alcohol, robo, malversación. Un historial de estos pecados en la línea sanguínea puede abrirle la puerta a la maldición de pobreza.
- Perversión religiosa: incluye idolatría, adorar ídolos, adoración ancestral, juramentos y promesas a dioses ídolos. Un historial de estos pecados en la línea sanguínea puede

abrirle la puerta a la maldición de idolatría y a múltiples
maldiciones.

- Perversión espiritual: incluye brujería, vudú, hechicería,
adivinación, participación en lo oculto, espiritismo. Un
historial de estos pecados en la línea sanguínea puede abrirle
la puerta a múltiples maldiciones.

- Perversión conductual: incluye caminos perversos, orgullo,
rebelión, ebriedad, asesinato, regresar mal por bien,
actitudes y maneras pecaminosas, conducta impía, maltratar
a los demás, abuso, comportamiento injusto.

- Perversión familiar: incluye perversión del orden familiar,
Acab y Jezabel, hombres que no toman el liderazgo, mujeres
que dominan, hijos rebeldes, cualquier violación o descuido
del orden de Dios en la familia. Esta perversión les abre la
puerta a maldiciones sobre matrimonios y familias.

- Expresión perversa: incluye maldiciones habladas, aflicciones,
maleficios, encantos, mentira, blasfemia, obscenidad,
difamación, expresión torcida, pactos, juramentos, promesas
a ídolos, sectas, dioses falsos, encantos, embrujos.

Dolor del corazón (Lamentaciones 3:65)

El resultado de una maldición de dolor del corazón es fracaso, tragedia, frustración, muerte, destrucción, problemas familiares, problemas maritales, enfermedad, dolencia, enfermedad mental, suicidio, abortos, accidentes, depresión, tristeza, pena, dolor, irritación, tormento, desesperanza, desesperación, pobreza, escasez, fracaso en los negocios, confusión, dolor, engendrar pecados, obstáculos, culpabilidad, vergüenza, condenación, lamentación, miseria, experiencias amargas, mala fortuna, reveses, dificultades, gemido, tiempos difíciles, aflicción, calamidad, percances, caídas, recesión, congoja.

Persecución (Lamentaciones 3:66; 4:18; 5:5)

Perseguir significa acosar en una manera diseñada para lastimar, dañar o afligir; molestar, perseguir con una intención hostil, cazar, hacer huir, seguir, buscar, ir en pos de. Esto es lo que siente una persona que está funcionando bajo una maldición. El dolor los sigue a donde van, y hay una sensación de estar constantemente perseguidos, cazados y buscados en algún área de la vida.

Destrucción

La destrucción es la acción o proceso de destruir algo. Las maldiciones abren la puerta para que el espíritu de destrucción (Osmodeus) trabaje con otros espíritus para destruir ciertas áreas de la vida de una persona.

- Destrucción de la mente (espíritus de enfermedad mental, esquizofrenia, locura, demencia, confusión).
- Destrucción de las finanzas (espíritus de pobreza, escasez, deuda, fracaso financiero).
- Destrucción del cuerpo (espíritus de enfermedad, dolencia, plagas).
- Destrucción del matrimonio (espíritus de Acab, Jezabel, discusión, pelea, separación, divorcio).
- Destrucción de la familia (espíritus de muerte, accidentes, rebeldía, alcohol, pleito, Acab, Jezabel).

Las maldiciones vienen como resultado de la justicia divina de Dios que recompensa la iniquidad (perversión) de los padres en el seno de los hijos en la forma de maldiciones, provocando dolor del corazón y abriéndoles la puerta a espíritus malignos que les den el derecho legal de perseguir y destruir a través de llevar a cabo y perpetuar estratagemas malignas en la vida de quienes están bajo las maldiciones.

La iniquidad trae maldiciones. En cualquier área en que ocurra la perversión, una maldición puede venir sobre los descendientes en esa área en particular. Algunos pecados conllevan múltiples maldiciones.

Múltiples maldiciones (Jeremías 16:18)

Algunos pecados Dios los recompensa con múltiples maldiciones. Algunos pecados son abominables y dignos de muerte. La recompensa de Dios sobre estos pecados es mayor. A esto le llamamos la ley de la recompensa. Dios castiga todo pecado, pero algunos pecados reciben un castigo más pesado (múltiples maldiciones). Un ejemplo sería la brujería, la cual lleva consigo la pena de muerte: "A la hechicera no dejarás que viva" (Éxodo 22:18). Debido a que este pecado es tan detestable, Dios lo recompensará mucho más. El resultado pueden ser las maldiciones de brujería, muerte y destrucción, demencia, pobreza, enfermedad y otras.

Las múltiples maldiciones pueden venir como resultado de la idolatría (Levítico 20:1–5), consultar espíritus familiares, encantadores y adivinos (v. 6), adulterio (v. 10), incesto (vv. 11–12), homosexualidad (v. 13) y bestialidad (v. 15). Todos estos pecados llevaban consigo la pena de muerte.

Identificar maldiciones

Como lo afirmé anteriormente, la iniquidad (perversión) provoca maldiciones. El discernimiento y la detección son dos maneras principales para determinar el tipo de maldición bajo la cual puede encontrarse una persona. El discernimiento sobrenatural a través del Espíritu Santo, incluyendo la palabra de conocimiento y el discernimiento de espíritus, ha comprobado ser invaluable en casos difíciles. El don del discernimiento de espíritus puede ayudar a los obreros a identificar qué espíritu está operando en la vida de una persona, y la palabra de conocimiento puede revelar el nombre de la maldición y qué tan lejos (generaciones) debe ser quebrantada. La detección es simplemente ver los problemas y saber algo del historial de la familia de la persona por la que se está orando.

Algunas personas tienen un conocimiento limitado de los pecados que pudieron haber sido practicados por sus ancestros. La manifestación del Espíritu es necesaria en muchos de estos casos. Desde luego, nadie sabe todo lo que ha sucedido en el historial de su familia, porque nuestro conocimiento es limitado en el mejor de los casos, y Dios juzga los pecados secretos. Tener un conocimiento de las maldiciones y quebrantarlas con una oración general es bueno para todo aquel que busque liberación.

Ya que nuestro conocimiento sobre las maldiciones es limitado, debemos confiar en que el Espíritu Santo nos dé el nombre de una maldición específica, si es necesario. A veces, el Espíritu Santo presionará a los demonios para que le digan al obrero el nombre de la maldición bajo la cual están operando. Algunas maldiciones necesitan ser identificadas por nombre y quebrantadas, porque los demonios usarán esas maldiciones como un derecho legal para permanecer.

Algunos demonios son muy obstinados y no rendirán su terreno con simplemente escuchar al obrero decir: "En el nombre de Jesús, quebranto toda maldición". Incluso aquellos espíritus que no tienen derecho legal para permanecer, basados en Gálatas 3:13, continuarán intentando hacerlo si la maldición no ha sido específicamente identificada y quebrantada. Necesitamos ser tan meticulosos como sea posible y no dejar piedra sin examinar al ministrar liberación.

- Maldiciones de la matriz (Jeremías 32:18; Salmo 51:5; 58:3; Isaías 48:8). Los niños pueden nacer con maldiciones por causa de la iniquidad de los padres. David afirmó que fue concebido en iniquidad. Usted recordará, la iniquidad es la causa detrás de las maldiciones. Los hijos concebidos en adulterio, fornicación, ebriedad, rechazo y violación son especialmente vulnerables al ataque demoníaco y están abiertos a diversas maldiciones. Los demonios pueden entrar en el niño en la matriz por las maldiciones.

- Las maldiciones afectan el hogar (Proverbios 3:33; 14:1;15:25; Hechos 16:31). Aunque el Señor lidie con personas, Él también considera y lidia con la unidad familiar (hogar). La maldad (iniquidad) puede afectar a todo el hogar, incluyendo a los hijos nacidos en ese hogar. Ciertos espíritus operan en ciertos hogares debido a maldiciones.

Cómo quebrantar las maldiciones (Gálatas 3:13)

Las maldiciones son quebrantadas basadas en Gálatas 3:13, el cual habla de nuestra redención. Sin embargo, nuestra redención de las maldiciones *legal*, no automática. Lo que Jesús compró para nosotros a través de su sangre en la cruz debe ser tomada por fe. En cuanto a la salvación eterna, nosotros estamos seguros. No obstante, en cuanto a las maldiciones, los santos pueden ser afectados. Las maldiciones necesitan ser definidas para operar. Una vez que los terrenos legales son destruidos, los demonios pueden ser obligados a manifestarse y ser echados fuera en el nombre de Jesucristo. Las maldiciones son generacionales. Estas pueden afectar a muchas generaciones luego de que se ha cometido iniquidad. Algunas maldiciones necesitan ser quebrantadas cinco, diez, veinte e incluso veinticinco generaciones atrás en ambos lados de la familia.

Cómo quebrantar maldiciones de moabitas, amonitas y edomitas (2 Corintios 20)

Desatar confusión en el campo del enemigo provoca que los demonios se ataquen y se destruyan entre sí. Esta es un arma poderosa que puede ser usada para destruir el reino de Satanás. Una casa dividida contra sí misma no permanecerá (Mateo 12:25). La confusión también provoca que los espíritus malignos revelen información importante con respecto a sus planes y estrategias.

CÓMO ATAR AL TERCER OJO, EL OJO MALIGNO, EL OJO DE RA (ESPÍRITUS DE ADIVINACIÓN Y BRUJERÍA)

El tercer ojo se localiza en el centro de la frente, entre los ojos. Este espíritu saca su fuerza de otros espíritus a través del tercer ojo y alimenta con su fuerza a otros espíritus.

El espíritu del tercer ojo opera con la brujería y la adivinación (espíritus familiares) y debe ser atado y cortado para evitar que sea usado como un canal para obtener fuerza de fuerzas demoníacas en las regiones celestes. Esto se hace al ungir la frente entre los ojos con aceite (de olivo) para ungir, pidiéndole al Padre que envíe a sus ángeles para cortar a los "mensajeros" (espíritus familiares) del segundo cielo y atar al tercer ojo (cortándolo de todo espíritu de brujería o adivinación que pudiera intentar obtener fuerzas o dar información prohibida para distraer o desviar al obrero).

Pídales a los ángeles del Señor que desarraiguen a los espíritus que obtienen fuerza a través de esta fuente. El espíritu del tercer ojo generalmente se manifestará en personas que han estado involucradas en brujería y ocultismo. También está conectado con la envidia. Un ojo maligno también se refiere a la codicia y la avaricia (Mateo 20:15).

LIBERACIÓN DEL ESPÍRITU VAGABUNDO O ERRANTE

Como obrero de liberación, usted ministrará a personas que necesitarán liberación del vagabundo. Estas son personas que vagan de ciudad en ciudad, de trabajo en trabajo, de casa en casa, de iglesia en iglesia; nunca pueden establecerse o ser fijos. Son presos agobiados, como lo dice Isaías 51:14.

Estas almas son atormentadas por espíritus de pobreza, inquietud, confusión y una serie de otros que necesitan ser discernidos y echados fuera (Salmo 107:1–7). Aquellos que están atados en este tipo de esclavitud necesitan ser liberados. Las maldiciones del bastardo y del vagabundo necesitan ser quebrantados (Deuteronomio 23:2; Salmo 109:5–10; Jeremías 18:20–22; Gálatas 3:13). Necesitan saber que Dios los ama y que cuenta sus huidas (Salmo 56:8).

Luego de quebrantar maldiciones, ataque a los espíritus de pobreza, escasez, esclavitud financiera, fracaso, desesperación, depresión, soledad, huida, vagabundo, desesperanza, suicidio, inquietud, confusión, dolor, pena, lujuria, aflicción y otros conforme el Espíritu Santo lo dirija.

Apéndice B

RECURSOS DE GUERRA ESPIRITUAL, ORACIÓN Y LIBERACIÓN RECOMENDADOS

De John Eckhardt

La serie de oraciones para la batalla espiritual
Oraciones que derrotan a los demonios
Oraciones que rompen maldiciones
Oraciones que revelan el cielo en la tierra
Oraciones que activan las bendiciones
Oraciones que traen sanidad
Oraciones que mueven montañas

La serie del pacto
El pacto de Dios con usted para su familia
El pacto de Dios con usted para su rescate y liberación

De otros autores

Excuse Me… Your Rejection Is Showing [Perdone, su rechazo es evidente], de Noel y Phyl Gibson.

Cerdos en la sala, de Frank y Ida Mae Hammond.

Echarán fuera demonios, de Derek Prince.

Annihilating the Hosts of Hell [Cómo aniquilar las huestes del infierno], de Win Worley.

Battling the Hosts of Hell [Cómo pelear contra las huestes del infierno], Win Worley.

Proper Names of Demons [Nombres propios de demonios], de Win Worley.

Rooting Out Rejection and Hidden Bitterness [Cómo desarraigar el rechazo y la amargura escondida], de Win Worley.

Healing Through Deliverance [Sanidad a través de la liberación] de Peter Horrobin

Glosario

TÉRMINOS DE LIBERACIÓN Y GUERRA ESPIRITUAL

E STE GLOSARIO ESTÁ dispuesto a manera de diccionario par equipar al pueblo de Dios con una comprensión de la terminología de liberación. Gran parte de la información ha sido recopilada a partir de la experiencia y de algunas enseñanzas de otras personas involucradas en el ministerio de liberación.

Aborto
El aborto se define como una terminación prematura de la vida de un feto. Esto también puede referirse a una vida cortada en el plano espiritual.

Acab (1 Reyes 16:29)
Un rey de Israel que permitió que su esposa, Jezabel, usurpara la autoridad en su reino. El espíritu de Acab hace que los hombres sean débiles como líderes en el hogar y en la iglesia (Isaías 3:12). Este espíritu trabaja con temor de Jezabel para evitar el orden de Dios en el hogar y la iglesia. El resultado es la destrucción del sacerdocio de la familia. Esta es una maldición que debe ser quebrantada antes de que los espíritus de Acab puedan ser echados fuera. La maldición de Jezabel abre la puerta para que estos espíritus operen en una familia.

Aceite (unción)
El aceite representa la unción. La unción destruye el yugo (Isaías 10:27). Los demonios, especialmente los espíritus de brujería y control mental, detestan el aceite. El aceite también es efectivo al lidiar con el tercer ojo (vea *ojos*). Ungir la frente, las palmas e incluso el hogar (alféizar, ropa de cama, etcétera) es útil al lidiar con los espíritus malignos. La unción con aceite también puede usarse al sanar a los enfermos (Santiago 5:14). Satanás comprende la unción, porque él también fue el querubín ungido (Ezequiel 28:14–15, NTV).

Acupuntura
Una práctica originada en China, basada en brujería china, en la que ciertos puntos del cuerpo son identificados para la inserción de

agujas de acero para aliviar dolores o ciertas enfermedades. La persona que está siendo tratada sin saber forma una alianza de cooperación con los espíritus malignos a cambio de consuelo de las enfermedades controladas por espíritus demoníacos. No hay nada médica ni científicamente estable en esta práctica ocultista.

Acusador de los hermanos (Apocalipsis 12:10)

Satanás es conocido como el acusador de los hermanos. Satanás significa mentiroso en espera, adversario, enemigo, aborrecedor, acusador, opositor, contradictor. También hay un espíritu demoníaco llamado Acusador de los Hermanos que intentará operar a través de ciertos creyentes para traer discordia (Proverbios 6:19). Este espíritu hará que los santos se acusen mutuamente, señalando sus faltas y defectos de los demás (es decir, crítica). Esto en turno le abre la puerta al espíritu de contienda para que opere, trayendo confusión al Cuerpo. Si esto sucede, el enemigo ha ganado la ventaja (Santiago 3:16; 2 Corintios 2:11). Los demonios acusarán a los obreros (a menudo con mentiras) para traer división entre ellos. Nunca reciba la acusación de un demonio contra otro hermano o hermana en el Señor. Esta es una táctica del enemigo para traer división dentro de nuestras hileras. El Señor no acepta las acusaciones de Satanás contra nosotros (Proverbios 30:10). Desate la vergüenza sobre los demonios que intentan hacerlo (1 Pedro 3:16).

Adivinación (Hechos 16:16)

El acto de adivinar; predecir eventos futuros. Hay muchas formas de adivinación. Todas son abominaciones para Dios (Deuteronomio 18:10–12).

En el Antiguo Testamento, la palabra *adivinación* simplemente significa brujería. La adivinación es la falsificación de Satanás para el Espíritu Santo. Solamente hay dos avenidas por las que podemos entrar en el plano espiritual. "Entrad por la puerta estrecha" (Mateo 7:13). Jesús es la "puerta estrecha", y la única entrada a esa puerta es la salvación por su sangre, la cual nos permite acceso al plano espiritual para adorar a Dios.

Mateo 7:13 también declara: "Porque ancha es la puerta, y espacioso el camino que lleva a la perdición, y muchos son los que entran por ella". Satanás ha proporcionado demasiadas entradas espaciosas en el plano espiritual para la destrucción de nuestra alma. Recuerde que Satanás es un malhechor, y su naturaleza es pecado. Él odia a la raza humana y la única manera en que puede destruirla es hacer que el hombre quebrante las leyes de Dios.

La única manera en que el diablo puede atacar legalmente a una persona es haciendo que quebrante los mandamientos de Dios, de esta manera abriendo las puertas para su ataque. Cuando una persona busca conocer lo desconocido o eventos futuros a través de agentes sobrenaturales que no son el Espíritu Santo, esta está practicando adivinación. A lo largo de la historia, quienes practican adivinación asumen que los dioses (demonios) están en posesión de conocimiento secreto deseado por los hombres y que pueden ser inducidos a impartírselas.

A continuación se encuentra una lista de adivinos mencionados en la Palabra de Dios:

- Adivinos (Deuteronomio 18:10; Levítico 20:27; 1 Samuel 28:3; Daniel 2:27).
- Agoreros (Deuteronomio 18:10, 14; 2 Reyes 17:17; Isaías 2:6; Jeremías 27:9).
- Astrólogos (Isaías 47:13; Daniel 2:2; 4:7; 5:7).
- Consultar con espíritus familiares (Levítico 19:31; Deuteronomio 18:11).
- Encantadores (Deuteronomio 18:11, Levítico 19:31, Isaías 47:9, Jeremías 27:9).
- Falsos profetas (Jeremías 14:14; Ezequiel 13:9, 23; Mateo 7:15).
- Hechiceros (Éxodo 7:11; 22:18; Miqueas 5:12; Apocalipsis 21:8).
- Magos (Génesis 41:8; Deuteronomio 18:11; Daniel 4:7; Hechos 8:9–12; 13:6).
- Nigromantes (Deuteronomio 18:11).
- Sortílegos (Deuteronomio 18:10).
- Otras formas de adivinación incluyen: adivinación por leños (Oseas 4:12), saetas (Ezequiel 21:21), copas (Génesis 44:5), hígado (Ezequiel 21:21), sueños (Deuteronomio 13:3) y oráculos (Isaías 41:21–24). Además, también hay adivinación por intestinos, vuelo de aves, echar suertes, presagios, posición de las estrellas, lectura de manos, interpretación de sueños y señales, y cosas por el estilo.

Ágape (amor)

Ágape es el amor de Dios que se derramó en nuestro corazón por el Espíritu Santo (Romanos 5:5). Hay tres palabras principales en griego para *amor*: 1) *Ágape* es el amor semejante al de Dios; incondicional como lo expresa Juan 3:16: "Porque de tal manera amó Dios al mundo, que ha dado a su Hijo unigénito, para que todo aquel que en él cree, no se pierda, mas tenga vida eterna". Ágape quebranta el poder de los espíritus malignos y los debilita. Cuando otras tácticas parecen fracasar, ágape ha comprobado ser eficaz para echar fuera espíritus malignos. Los demonios reconocen cuando los creyentes no están caminando en ágape y no responderán al amor falso. Los demonios sacan fuerza del odio y la contienda. Desate el espíritu de amor sobre la gente que recibe oración (1 Timoteo 1:7) a través de un abrazo o hablar amor verbal durante la misma oración. Los demonios odian el amor incondicional y no pueden permanecer ni operar en una atmósfera de ágape. 2) *Eros* es el amor erótico entre amantes. 3) *Fileo* es el amor entre amigos. Eros y fileo no molestan a los demonios ni a la actividad demoníaca, porque el amor erótico y el amor fraternal pueden volverse odio. Las verdaderas características de ágape se encuentran en 1 Corintios 13.

Amargura

La amargura es uno de los espíritus que entra a través de la dura servidumbre (Éxodo 1:14). La falta de perdón lleva a la amargura. El Señor se reveló como el Sanador en Mara (Éxodo 15:23–26). *Mara* es la palabra hebrea para amargura. Hay una relación entre la amargura y la enfermedad (cáncer y artritis). Los espíritus de enfermedad tienen derecho legal para entrar y operar a través de la amargura.

Una raíz de amargura puede resultar de la falta de gracia, provocando contaminación y problemas (Hebreos 12:15). Esta es una raíz venenosa que produce hiel y ajenjo (Deuteronomio 29:18). La hiel y el ajenjo, al ser venenosos, representan la amargura, que igualmente envenena el sistema. Una persona puede estar rodeada de amargura y trabajo (Lamentaciones 3:5). La hiel y el ajenjo trabajan con la aflicción (Lamentaciones 3:19). La prostitución y el pecado sexual pueden abrirle la puerta a la amargura (ajenjo) (Proverbios 5:4). La amargura está vinculada con la envidia y la contención (Santiago 3:14).

La amargura puede entrar en los padres a través de los hijos necios (Proverbios 17:25). Una persona puede estar en "hiel de amargura", la cual lleva a la brujería y a la hechicería (Hechos 8:23).

- Ajenjo (Deuteronomio 29:18): significa maldecir; venenoso; cicuta. La amargura actúa como hiel y ajenjo; envenena el sistema (Hechos 8:23).
- Raíz de amargura (Hebreos 12:15): amargura escondida. Una raíz no puede verse, está escondida de la vista, pero finalmente brota y contamina al individuo. Algunos de los frutos de la amargura pueden verse a través de la enfermedad, el cáncer, la artritis y el reumatismo.

La amargura también resulta en un corazón que se aparta de Dios, dureza de corazón, amargura hacia Dios por los infortunios de la vida, y no apropiarse de la gracia de Dios.

Otras manifestaciones de la amargura incluyen envidia y contienda (Santiago 3:14); palabras afiladas y amargas (Salmo 64:3), y la queja (Job 23:2, NTV) (vea *huesos*).

Amuleto

Un amuleto es un objeto de superstición. Puede ser definido como un objeto material sobre el cual se dice un encantamiento o donde se escribe un encanto. Lo lleva una persona para proteger al que lo lleva contra el peligro y la enfermedad, o para servir como un escudo contra los demonios, los espíritus, la magia negra; y para traer buena suerte y buena fortuna. En el mundo antiguo, junto con muchas de las tribus primitivas del presente, cargar un amuleto era algo común de la vida diaria. Estos objetos (también conocidos como fetiches y talismanes) supuestamente repelen a los espíritus inmundos y/o le traen buena suerte al portador. En el movimiento de la Nueva Era, los amuletos normalmente se llevan o se dan como piedras preciosas o como una pieza de metal o un pergamino con signos mágicos inscritos.

Ángel del Señor, el (Éxodo 23:23; Jueces 5:23; Salmo 35:5–6)

El ángel del Señor acampa alrededor de los que le temen (Salmo 34:7). Los demonios le tienen miedo al ángel del Señor. Cuando los demonios son echados fuera en la guerra espiritual, nosotros podemos pedirle al Señor que envíe a sus ángeles a perseguirlos y atraparlos. Pídale al Señor que envíe a sus ángeles a derrotar al enemigo como polvo delante del viento y los eche fuera como lodo en las calles (Salmo 18:41, 42).

Anj

La *crux ansata*, con forma de "T" o una cruz con círculo en la parte superior, es también muy antigua y fue originalmente la anj egipcia, un símbolo de "vida". Aparece frecuentemente en el arte egipcio y está generalmente sostenida en la mano de un dios o aplicada en la nariz de un hombre muerto para darle vida en el más allá. Los egipcios la portaban como pendiente de un collar o como un talismán para prolongar la vida, y enterraban a los muertos con ella para asegurar su resurrección. El símbolo de anj también representa orgías. El anj luce como una llave que puede conectarse con el simbolismo de la llave como instrumento que abre las puertas de la muerte y abre el camino a la inmortalidad. Se encuentra en algunas tumbas paleocristianas y fue adoptado por los cristianos coptos de Egipto.

Armadura (Lucas 11:22, NVI)

Webster define *armadura* como una cubierta de defensa para el cuerpo usada en combate, una cubierta de protección. Ciertos espíritus de alto rango (hombres fuertes) tienen una armadura protectora. Jesús habló acerca de despojar al hombre fuerte de su armadura y saquear sus bienes. En Job 41:15 vemos que Leviatán tiene una armadura (escamas), lo cual es su orgullo. Algunos espíritus, cuando se encuentran en liberación, utilizarán a otros espíritus como escudos para protegerse del ataque. Se debe lidiar con estos demonios escudo antes de atacar a los espíritus de alto rango para ser exitosos. Por ejemplo, Goliat, el gigante que representa el orgullo, tenía una armadura y un escudo cuando salió a desafiar a los ejércitos de Israel (1 Samuel 17:5–7). Pídale al Señor que envíe a sus ángeles a destruir a esos demonios escudo para destruir la armadura de Satanás.

En cambio esta es la armadura que nosotros, los santos de Dios, podemos portar en la guerra espiritual:

- Armadura de Dios (Efesios 6:11–18).
- Armadura de la luz (Romanos 13:12, NVI).
- Armas de justicia (2 Corintios 6:7).

Astrología (astrólogos)

La astrología es una pseudociencia de predicción mediante las estrellas. Es un arte ocultista practicado por un astrólogo, adivino, encantador o nigromante. El método para lanzar horóscopos se hace a través de dividir un globo terráqueo en doce secciones de polo a polo. Cada sección es llamada "casa del cielo", o un "signo". Cada una con su propio "señor", el cuerpo celestial en ascendencia. Cada signo tiene un significado afortunado o desafortunado. El horóscopo de una persona está determinado por la fecha y la hora de su nacimiento, de acuerdo con el signo y la estrella en la posición de lectura en la hora de nacimiento de esa persona. El astrólogo profesa conocer los diferentes poderes e influencias que poseían al sol, la luna y los planetas. Todo esto es brujería.

Atar y desatar (Mateo 12:29; 16:19; 18:18)

Atar significa asegurar al amarrar; confinar, restringir o refrenar como con lazos: contener con autoridad legal: ejercer un efecto restrictivo o persuasivo. Arrestar, aprehender, esposar, llevar cautivo, ocuparse de, encerrar. Encadenar, esposar, encadenar, aprisionar. Restringir, contener, revisar, dominar, poner un freno, poner fin, detener. Se ata con autoridad legal. Nosotros tenemos la autoridad legal en el nombre de Jesús para atar las obras de las tinieblas en nuestra vida y en la vida de aquellos a quienes ministramos. *Desatar* significa desatar, liberar de la restricción, separar, desunir, divorciar, apartar, desenganchar, liberar, soltar, escapar, desvincularse, desamarrar, desencadenar, liberar, libertar, soltar, abrir, desconectar y perdonar. Nosotros tenemos autoridad legal, en el nombre de Jesús para soltarnos y soltar a los que ministramos de los resultados del pecado.

Atormentado (Lucas 6:18)

Atormentado, traducido de la palabra griega *ochleō*, significa intimidar, acosar o irritar. Una turba es una gran multitud desordenada empeñada en una acción alborotada o destructiva.

Autoliberación (Lucas 6:42)

Los cristianos pueden y deben ser capacitados para ministrarse liberación luego de recibir liberación de un ministro de liberación experimentado y maduro. Cada creyente tiene autoridad sobre los espíritus malignos, incluidos aquellos de su propia vida. Jesús nos dice que saquemos la viga de nuestro propio ojo. La frase *sacar* de Lucas 6:42 es *elballō*, que significa echar fuera o expulsar. Es la misma palabra griega que se utiliza con respecto a echar fuera demonios (Marcos 16:17). Luego de que una persona ha recibido liberación por parte de obreros experimentados, esta puede practicar la autoliberación. La autoliberación se experimenta de la misma manera que cuando una persona ministra a otra. La única diferencia es que la persona liberada es el propio ministro.[1]

Autoridad (Lucas 9:1)

La autoridad es el poder de influir u ordenar. Jesús le ha dado autoridad a todo creyente sobre espíritus impíos para echarlos fuera. Nuestra autoridad debe ser usada en el nombre de Jesús, y los demonios están sujetos a ese nombre (Lucas 10:17). Los demonios reconocen y deben someterse a él (Marcos 1:24). La autoridad también es una forma de protección (cobertura), y nosotros debemos obedecer a los que nos gobiernan (Hebreos 13:17). Si una persona que está recibiendo oración no se somete correctamente a la autoridad, está fácilmente expuesta al ataque demoníaco, y se le dificulta más caminar en libertad. Una parte importante de la instrucción que se le da a una persona que recibe oración es colocarse en el orden correcto en casa y en la iglesia. Sin embargo, la gente que está fuera de la protección y el plan de Dios continúa recibiendo liberación, porque la Palabra de Dios no regresará vacía, y es poderosa para la destrucción de fortalezas. Vivir en libertad es mejor que ser hecho libre temporalmente en una sesión de liberación.

Ayuno (Salmo 35:13)

Abstenerse de la comida durante un tiempo específico. El ayuno humilla el alma y quebranta el poder del orgullo y la rebelión (Leviatán). El ayuno es una señal de arrepentimiento y de tristeza santa. La humildad y el arrepentimiento son necesarios para recibir liberación. El ayuno prueba lo que está en el corazón de la persona y hace que los demonios arraigados surjan a la superficie y sean expuestos (Deuteronomio 8:2–3). Algunos espíritus solamente saldrán a través de la oración y el ayuno (Marcos 9:29).

Bahaísmo

La secta Baha'i enseña la unidad de todas las religiones y la hermandad de todos los hombres. El fundador del bahaísmo fue un persa llamado Mīrzā Ḥosayn-'Alī Nūrī. Él afirmó ser el predecesor del Mesías que vendría pronto. Su sucesor, Mīrzā Yaḥyā Ṣobḥ-e Azal, afirmó ser el Mesías. El bahaísmo resalta la "unidad" de Dios, negando la Trinidad. Enseña que Jesucristo era uno de muchos profetas y que su muerte no es más importante que la muerte de su líder. Ellos no creen que la Biblia sea inherente y afirman que sus escritos son la revelación final.

Balaam (Números 22)

Balaam es un nombre hebreo que significa "señor del pueblo, destrucción del templo, un extranjero, un peregrino". Fue llamado por Balac para maldecir al pueblo de Dios. Fue un profeta que tenía manifestaciones genuinas de visiones y profecía del Señor. Balaam es un ejemplo de cómo los ministros entran en rebelión, no obstante continúan ministrando bajo la unción del Señor (Romanos 11:29).

- Doctrina de Balaam (Apocalipsis 2:14): enseñanza que desvía de la santidad hacia el pecado y la rebeldía.
- Error de Balaam (Judas 1:11): ministros que se desvían por causa de la codicia.
- Camino de Balaam (2 Pedro 2:15): ministros que caen en una trampa por el amor al dinero.

El espíritu de Balaam coloca obstáculos en el camino del pueblo de Dios. Ate el espíritu de Balaam si lo ve operando en ministerios. Este espíritu opera en ministros que son señores sobre el pueblo de Dios (1 Pedro 5:3) (vea también *Diótrefes*).

Bases legales

Todos los demonios tienen bases legales bíblicas. Ellos no pueden atormentar según su voluntad. Pero si los demonios tienen bases legales, entonces tienen el derecho de permanecer. El pecado, la falta de perdón, las maldiciones, el ocultismo, el orgullo y los lazos impíos del alma les dan a los demonios bases legales donde permanecer. Algunos demonios sienten que tienen el derecho de permanecer, basados en la longevidad (estar en una familia durante generaciones). Renunciar y romper las maldiciones destruye las bases legales, permitiéndole así a la persona recibir liberación (vea *renuncia*).

Brujería (Gálatas 3:1)

Una persona o grupo de personas que controlan y dominan el alma de otra persona por un poder que no es el del Espíritu Santo. El Espíritu Santo nunca busca controlar ni dominarnos en ninguna manera. Hay muchas formas de brujería, pero el común denominador es el mismo: el control. Los santos pueden entrar bajo el poder de la hechicería cuando se permiten ser controlados por falsos maestros, pastores y otros santos. Muchos pastores utilizan el control mental y la manipulación y operan como señores de la herencia de Dios (1 Pedro 5:3). Un esposo que domina a su esposa, una esposa que controla a su esposo, pastores que dominan a la grey y organizaciones y sectas que dominan y controlan el alma de la gente pueden ser formas de hechicería. La gente que ha sido controlada y dominada por otros necesita liberación de espíritus de hechicería. La gente que tiene espíritus controladores o dominantes también necesita arrepentirse y recibir liberación. Mientras los creyentes caminen en santidad y permanezcan bajo la protección de la sangre de Jesús, no necesitan temer a la hechicería.

Cábala

La cábala (kab' a-la), un tipo misterioso de ciencia o conocimiento entre los rabinos judíos que supuestamente ha sido proporcionada a los antiguos judíos para revelación—específicamente a Moisés en el Sinaí—y transmitida por tradición oral, y sirve para la interpretación de pasajes difíciles de la Escritura. La ciencia consiste primordialmente en comprender la combinación de ciertas letras, palabras y números, supuestamente importantes. Cada letra, palabra, número y acento de la ley supuestamente debe contener un misterio, y el cabalista pretende incluso predecir eventos futuros por el estudio de esta ciencia.

La cábala es una filosofía mística y ocultista. Finalmente usada como un término para casi cualquier mezcla de ocultismo, hermetismo, rosacrusismo, teosofía exótica y obsesión general con algún conocimiento secreto.

La cábala fue originalmente un cuerpo de doctrina judía acerca de la naturaleza de Dios y el papel vital del hombre en el universo de Dios.

Cadenas demoníacas

Una cadena es una serie de cosas vinculadas, conectadas o asociadas juntas, de acuerdo con el diccionario de Webster. Los demonios se vinculan para formar cadenas demoníacas. Puede haber más de una cadena demoníaca en una persona. Cada cadena tiene una cantidad de espíritus con diferentes rangos de autoridad. Cuando ministre liberación, ordéneles a las cadenas que sean rotas y a los demonios que se desvinculen y salgan fuera. Normalmente el espíritu de más alto rango enviará a los espíritus de menor rango primero, antes de que finalmente salga y la cadena sea rota.

Celos (Números 5:14, 30)

El espíritu de celos rompe matrimonios y opera en los matrimonios provocando sospecha entre la pareja. Este espíritu entrará en un matrimonio cuando uno de los cónyuges sea infiel, o intentará entrar aunque ambos sean fieles (Números 5). El espíritu de celos es el furor del hombre (Proverbios 6:34) y abre la puerta a que entren espíritus de crueldad (Cantares 8:6).

Ciencia cristiana

Esta secta fue fundada por Mary Baker Eddy. Ella había estado muy enferma toda su vida, y un día mientras leía Mateo 9:1–8, ella fue sanada instantáneamente. A partir de ese incidente, ella creyó haber descubierto los principios de la ciencia cristiana. La fe de la ciencia cristiana niega a Satanás y al mal, cree que Dios es todo, no hay espacio para el pecado, la muerte, etcétera. "Todo está en tu mente". Los adeptos de la ciencia cristiana intentan sanar a la gente haciéndole creer que nunca estuvieron enfermos, y "salvarlos" al negar que nunca pudieron haber pecado. Ellos no creen en el infierno, en la expiación a través de la sangre, la Trinidad o la muerte y la resurrección de Jesucristo.

Confusión (Salmo 35:4)

En la guerra espiritual podemos pedirle al Señor que envíe confusión al campo del enemigo (Salmo 40:14; 70:2; 71:13, 24). *Confundir* significa traer a ruina, destruir, llevar a perplejidad o confusión. Los celos y la contención traen confusión al Cuerpo de Cristo (Santiago 3:16, RVC). Por otro lado, la alabanza confunde al enemigo (2 Crónicas 20:22-23).

Control mental

Los espíritus pueden controlar la mente y afectar la manera en que una persona piensa. Si los espíritus malignos pueden controlar los pensamientos, estos pueden vencer a la persona (Proverbios 23:7). El control mental es un espíritu muy importante en el arsenal de Satanás. La gente puede recibir espíritus de control mental a través de la música (rock, jazz, disco y similares), meditación, leer ciertos libros, drogas y alcohol (o cualquier cosa que altere la mente y aportille los vallados; Eclesiastés 10:8), pasividad, control de otra persona, exposición de la mente a falsas enseñanzas, psicología, pornografía, entre otras cosas.

Los espíritus de control mental también pueden ser heredados. Tienen tentáculos y se asemejan a criaturas tales como los pulpos y los calamares. Los dolores de migraña son causados por espíritus de control mental. El control mental trabaja con la demencia, la enfermedad mental, la esquizofrenia, el intelectualismo y muchos otros que operan en la mente.

El control mental le da a una persona la habilidad de controlar la mente de otra. Muchos pastores y líderes de la iglesia tienen espíritus de control mental muy poderosos. Los falsos maestros y las sectas utilizan el control mental para mantener a la gente atada a ellos.

Estos espíritus detestan la unción en la frente con aceite, y es útil atarlos. Además, ungir la parte superior, trasera y lateral (sienes) de la cabeza a veces es necesario.

Cuando una persona recibe liberación del control mental, esta puede pensar claramente, algunos por primera vez en su vida. Al atacar el control mental, vaya contra los tentáculos al pedirle al Señor que envíe ángeles que los amputen (vea *tentáculos*).

Corazón malo de incredulidad (Hebreos 3:12)

Este espíritu trabaja con los espíritus de Leviatán y de la dureza de corazón. Provoca que la gente recaiga y se aparte de Dios. El espíritu del corazón malo de incredulidad provoca incredulidad en el ministerio de liberación, hablar en lenguas, milagros, sanidad, entre otros, y debe ser destruido en la vida de quienes batallen con la duda y la incredulidad.

Pídale al Señor que destruya el corazón malo de incredulidad y que una el corazón de temor del Señor, entonces desate un espíritu de fe en la persona (Salmo 86:11; 2 Corintios 4:13).

Cubrirse la cabeza

Las mujeres deben tener señal de autoridad (la cual es la palabra griega *exousia*, que significa autoridad) en la cabeza por causa de los ángeles (1 Corintios 11:10). Esto debe observarse cuando se ora o se profetiza (v. 5). Representa sumisión a la autoridad delegada. La autoridad es una cobertura (protección) para las mujeres involucradas en la guerra espiritual. Incluso la naturaleza enseña que la mujer debe cubrirse la cabeza, porque su cabello le es dado para cubrirse (v. 15). Pablo utiliza este argumento para apoyar el uso de coberturas para la cabeza. Si a una mujer no le gusta cubrirse la cabeza, entonces que se afeite la cobertura (el cabello) que Dios le dio (vv. 5–6). Los espíritus de Jezabel reaccionan violentamente a la cubierta de la cabeza, porque este espíritu detesta la sumisión a la autoridad (vea *Jezabel*).

Cueva de Josué (Josué 10:16–27)

Los cinco reyes se escondieron en la cueva en Maceda cuando escaparon de Josué. Él ordenó que se colocaran grandes piedras en la boca de la cueva para mantenerlos ahí hasta que él pudiera regresar a matarlos. A veces al lidiar con ciertos espíritus demoníacos, mientras ministramos liberación, es necesario tenerlos guardados hasta que podamos lidiar con ellos más adelante, especialmente si el tiempo es limitado o si la persona se ha fatigado debido a la extensa liberación. Pídale al Señor que envíe a sus ángeles (espíritus ministradores) para meterlos a la cueva de Josué y que pongan una guardia (Mateo 27:66). Los demonios detestan ser encerrados y se resisten obstinadamente (Job 14:17). Las cuevas también son lugares donde al enemigo le gusta esconderse. Nosotros podemos ordenarles a los demonios que salgan de su cobertura (su escondite) cuando ministramos liberación.

Desarrollo atrofiado

El desarrollo atrofiado es un espíritu que provoca que la persona permanezca infantil e inmadura. Este es un príncipe del control mental. Opera en un área específica de la mente. Todo lo que hace funciona en la mente. Su única área meta es la regresión de los trece a los cero años, y por cada año que regresa, se manifiesta un espíritu diferente. Hay un demonio diferente asignado a cada edad, y cada (edad) demonio tiene una tarea específica.

Este espíritu opera en reversa, y su objetivo principal es detener el crecimiento de la persona (espiritual y natural). Otro de los objetivos de este espíritu es regresar a la persona a la posición del vientre y ahogarlo hasta morir. Mucha gente que experimenta estrangulamiento en el estado del sueño puede estar lidiando con este espíritu. Aunque su tarea no sea completada, le abre la puerta a los espíritus de terror nocturno, pesadilla (Yegua), y temor a la oscuridad.

El desarrollo atrofiado desea avergonzar a la persona en todo momento al manifestar las diferentes personalidades etarias, así haciendo que las palabras inmaduras o consejo infantil de la persona sean una realidad aceptada, y crear duda en la persona para ni siquiera confiar en sí misma para tomar decisiones maduras.

Este espíritu también trabaja con la esquizofrenia y los espíritus de homosexualidad y lesbianismo. Estos demonios pueden intentar crear estratagemas para la vida de una persona al maquinar eventos de violación e incesto, permitiéndoles a los espíritus de rechazo, homosexualidad, herida, temor, esquizofrenia, incapacidad de dar o recibir amor, aislamiento y odio a los hombres y a las mujeres que entren.

Otra estratagema que este espíritu maquina es el escape a través de las drogas y el alcohol. También trabaja fuertemente con Acab, Jezabel y los espíritus de prostitución al mantener deprimida a la persona con su propia vida, obligándolos a regresar a los años más felices de la infancia, mientras intenta evitar que la persona se desarrolle mentalmente.

La Palabra de Dios dice en 1 Corintios 13:11: "Cuando yo era niño, hablaba como niño, pensaba como niño, juzgaba como niño; mas cuando ya fui hombre, dejé lo que era de niño".

Aquí hay tres estados definidos que el espíritu del desarrollo atrofiado intenta utilizar o en los que el espíritu intenta obstaculizar a la persona: 1) hablar como niño, 2) comprender como niño, y 3) pensar como niño. La Palabra de Dios nos enseña el poder de la palabra hablada; la vida y la muerte están en poder de la lengua. Observe que Pablo separa y distingue las cosas que los niños hablan con aquellas que hablan los adultos. Como santos maduros de Dios debemos hablar sabiduría (cosas maduras) de la Palabra. En Hebreos 5:12–14 vemos que nuestro entendimiento debe madurar.

Si el espíritu de desarrollo atrofiado se deja sin desafiar, la persona nunca superará la etapa infantil de la vida. Los adultos que continúan jugando con juguetes y coleccionando muñecos están manifestando características infantiles. Esto podría ser un espíritu de desarrollo atrofiado que se manifiesta a través del escape de la realidad.

Destrucción (Proverbios 21:15)

Webster define *destrucción* como la acción o el proceso de destruir algo; arruinar. El espíritu de destrucción trabaja en muchas áreas y ha sido identificado como Osmodeus (Príncipe de Destrucción). Con Osmodeus trabaja Asmodeus (Príncipe de la Lujuria).

El Señor nos libera de la destrucción (Salmo 103:4). El espíritu de destrucción trabaja con otros espíritus para destruir cada aspecto de la vida de una persona. Este espíritu trabaja con espíritus de pobreza para destruir las finanzas; con el espíritu de enfermedad mental para destruir la mente; y con los espíritus de Acab y Jezabel para destruir la familia.

El espíritu de destrucción también trabaja a través de las maldiciones de destrucción del sacerdocio de la familia, destrucción de la familia y muerte y destrucción (vea *maldiciones*).

Diótrefes (3 Juan 1)

Un espíritu demoníaco que provoca que las personas en la iglesia se exalten a sí mismas, deseando tener preeminencia, maltratando a los hermanos y finalmente echándolos de la iglesia. Muchos pastores tienen este espíritu y son irrespetuosos con los demás dones del ministerio que Dios ha colocado en la iglesia. Los líderes de la iglesia deben ser dados a la hospitalidad (1 Timoteo 3:2; Tito 1:8).

Discernimiento

Revelación del plano espiritual, discriminación, percepción. La liberación incrementa su discernimiento por la experiencia adquirida al lidiar con espíritus malignos. Hay una diferencia entre una persona con un espíritu discerniente y el don de discernir espíritus.

Discernir espíritus es una manifestación del Espíritu Santo (1 Corintios 12:10). Un espíritu discerniente viene a través de la experiencia y la madurez espiritual (Hebreos 5:14). La hipocresía destruye el discernimiento (Mateo 16:3).

A través del discernimiento tenemos la habilidad de "probar los espíritus" (1 Juan 4:1). El don de discernir espíritus nos da la habilidad sobrenatural de detectar a los espíritus malignos, los espíritus angelicales, los espíritus humanos y el Espíritu de Dios.

Diseños

Un diseño es algo concebido o planeado en la mente. Es un proyecto mental o argucia en el que se exponen los medios para un fin. Un niño puede nacer con rasgos del género opuesto, porque un diseño fue puesto en ellos antes de que nacieran. El padre pudo haber deseado una niña, o si el bebé es una niña, posiblemente los padres deseaban un niño. Estos diseños parentales influyen en el comportamiento del niño. Esto en turno puede abrir al niño a permitir que espíritus perversos operen.

Un diseño puede ser colocado en una persona durante una violación, incesto o abuso. Este diseño puede moldear el carácter de una persona y es conocido como un diseño físico.

Un diseño mental o psíquico puede ser colocado sobre una persona a través de palabras y mediante la concentración sobre un individuo de una manera lujuriosa y perversa.

Cuando se ora por algunas personas, a veces es necesario quebrantar cualquier diseño que haya sido colocado sobre ellas (homosexualidad y perversión) y echar fuera los espíritus.[2]

Doctrinas de demonios (1 Timoteo 4:1)

Estas son enseñanzas promulgadas por demonios. Todas las falsas enseñanzas están inspiradas por demonios y producen esclavitud. Solo la verdad puede traer libertad (Juan 8:32). Los espíritus de herejía y error operan en esta área de falsa doctrina (1 Juan 4:6). Prohibir casarse u ordenar abstenerse de comer carne son igualmente doctrinas de demonios.

Doctrinas diversas y extrañas (Hebreos 13:9)

Los demonios influyen en la gente para que se deje llevar por diversas doctrinas que son extrañas a la Escritura.

- Doctrina corrupta (1 Timoteo 2:7): los demonios buscan corromper la doctrina. La doctrina corrompida es una doctrina influida por demonios.
- Leudar (Lucas 13:21; 1 Corintios 5:6): representa impureza y suciedad. La Palabra dice: "Un poco de levadura leuda toda la masa" (1 Corintios 5:6). La falsa doctrina afecta la habilidad de vivir en santidad (Romanos 6:17–18).

Quienes están involucrados en falsas enseñanzas necesitan liberación de espíritus de falsa doctrina, herejía, error, mentira, engaño, confusión y también los espíritus de los maestros y los grupos con los que se han involucrado. Los lazos del alma necesitan ser rotos y los espíritus echados fuera (vea *lazos del alma*).

Drogas o hechicería (Apocalipsis 9:21)

Pharmakeia (hechicería) es la palabra griega de donde se deriva la palabra *farmacia*. Muchas drogas farmacéuticas entran bajo la clasificación de hechicería. Las palabras bíblicas para *sanidad* y *médico* significan "suturar", "sanar". La verdadera medicina sana. En lugar de sanar, la mayoría de drogas alteran la mente. Esto aportilla los vallados alrededor de la mente y abre a la persona al mundo espiritual.

Farmacia significa magia, hechicería, una droga, una poción de hechizo, boticario. *Farmacéutico* significa mago, hechicero, envenenador. Los químicos utilizados por los hechiceros en la Biblia eran para facilitar al usuario a ser invadido por espíritus malignos. Visto de esta manera, muchos fuertes analgésicos, tranquilizadores y drogas que alteran la mente constituyen brujería instantánea.

Los tranquilizantes, antidepresivos y sedantes no sanan, sino solamente cubren los síntomas de haber sido endemoniado. Al ministrar a ciertas personas, posiblemente sea necesario hacer que consulten a su médico acerca de abstenerse de esos medicamentos antes de que puedan recibir liberación.

Endemoniado

Este término se toma de la palabra griega *daimonizomai*, que significa "estar endemoniado", es decir, estar de alguna manera bajo la influencia o el poder de los demonios. En la versión King James en inglés este es un verbo que generalmente se traduce por alguna frase como "estar poseído" o "estar oprimido" por espíritus (demonios). Sin embargo, no hay distinciones en el texto griego original al que corresponden estas diferentes palabras. Algunos predicadores y teólogos han realizado distinciones elaboradas entre posesión y opresión por demonios. No obstante, no hay nada en el original griego que apoye estas definiciones. Los argumentos con respecto a que los cristianos sean poseídos u oprimidos es inútil cuando consideramos que la palabra griega simplemente significa estar endemoniado.

Entre las áreas bajo influencia demoníaca se encuentran:

- Emociones: espíritus como ira, odio, temor, amargura, rechazo y herida.
- Mente: espíritus como confusión, duda, control mental y fantasía.
- Habla: espíritus como mentira, maldición, crítica y chisme.
- Sexualidad: espíritus como lujuria, adulterio, perversión, masturbación y fornicación.
- Apetito: espíritus como nicotina, alcohol y glotonería.
- Cuerpo: espíritus como enfermedad, dolencia, dolor y cansancio.

Ejecutar juicio (Salmo 149:9)

Ejecutar significa llevar a cabo por completo, poner en vigencia por completo. El juicio es una sentencia o decisión divina, una calamidad enviada por Dios. Como santos, nosotros tenemos el honor de ejecutar juicio contra el reino de las tinieblas. El juicio ya ha sido puesto sobre el reino de Satanás (Juan 12:31). Nosotros somos responsables de ejecutar este juicio. Pídale al Señor que desate esos juicios sobre los demonios. Los juicios contra los malos están escritos en la Palabra de Dios. Algunos de los juicios escritos se encuentran en Job 18:5–16; 30:3; Salmo 2:9; 18:32–41; 21:8–12; 68:1–2; 70:1–2; 71:10 y 83:9–10.

Enfermedad (dolencia)

Es una opresión del diablo (Hechos 10:38). Jesús echó fuera demonios con su palabra y sanaba a todos los enfermos (Mateo 8:16). Quienes eran atormentados por espíritus inmundos eran sanados (Lucas 6:18). Hay una cercana relación entre liberación y sanidad. A veces, los espíritus de enfermedad necesitan ser echados fuera antes de que suceda la sanidad. La razón por la que algunas personas no son sanadas, se debe a que no se ha lidiado con los espíritus. El espíritu de destrucción (Osmodeus) normalmente trabaja con la enfermedad y la dolencia para destruir el cuerpo. El espíritu de muerte normalmente entra con cualquier enfermedad de largo plazo. La brujería puede causar enfermedad y evitar la sanidad (Nahúm 3:4; 19). Los espíritus de artritis, cáncer, enfermedad y dolencia trabajan en esta categoría. Las maldiciones de enfermedad y dolencia necesitan ser rotas en algunos casos y los espíritus echados fuera (vea *maldiciones*).

Entrada de demonios

Puertas y avenidas a través de las cuales los demonios entran en una persona con bases legales.

Entrañas

Los intestinos o una de las divisiones de los intestinos; el abdomen bajo. Los espíritus de enfermedad pueden operar en las entrañas a través de la rebelión (Lamentaciones 1:20). Las maldiciones también pueden entrar en las entrañas (Salmo 109:18). Joram fue juzgado por Dios con enfermedad en sus intestinos (2 Crónicas 21:18). Las entrañas de Judas Iscariote se derramaron luego de su transgresión (Hechos 1:18). Los espíritus de enfermedad, dolencia, dolor, calambres, hechicería y maldiciones pueden operar en los intestinos y las entrañas.

Escritura automática

La escritura automática es un término espiritualista utilizado para descubrir el fenómeno que sucede en sesiones espiritistas cuando un escritor dice ser controlado por el espíritu de la persona muerta. La escritura puede suceder en un trance, en sonambulismo, caminando influido por la sugestión o bajo condiciones nerviosas anormales. Esta forma de escritura fue utilizada como medio de adivinación. Los espiritistas modernos han usado la tabla de escritura espiritista o la Ouija como instrumentos. La escritura reflejada o revertida se lee desde un reflejo. La literatura espiritista inspirada, escrita automáticamente, abundó en el siglo diecinueve. Como prueba de manifestaciones sobrenaturales, la mayoría de las personas han desacreditado la escritura automática, pero se ha utilizado en experimentos psicológicos y psicoanalíticos para explorar recuerdos subconscientes y procesos mentales y emocionales en las personas anormales. El grafólogo es quien intenta deducir el carácter de alguien mediante su letra. El grafólogo afirma hacer distinciones precisas entre sexo, edad, profesión, nacionalidad, estado de salud y naturaleza de cualquier incapacidad o enfermedad física o mental.

Espíritu

La palabra *espíritu* es tomada de la palabra hebrea *ruwach* y la palabra griega *pneuma*; ambas significan viento, aliento, aire. Los espíritus están asociados con la respiración. La mayoría de espíritus inmundos salen por la boca y la nariz. Los ejercicios de respiración practicados en el yoga, la meditación y las artes marciales pueden abrirles la puerta a los demonios debido a la relación entre la respiración y el espíritu. Los espíritus malignos son exhalados durante la liberación.

Espíritu herido (Proverbios 18:14)

La palabra *herido* (de la palabra hebrea, *naka'*) significa afligido, pesaroso, quebrantado, golpeado, herido. Las personas con espíritu herido necesitan liberación de espíritus de dolor, de profunda herida, rechazo, tristeza, pena, etcétera. Una persona puede recibir un espíritu herido a través de malas relaciones, divorcio, tragedias, violación, abuso, palabras, fracaso (es decir, una herida emocional que no sanará, Jeremías 15:18). Desechada: una persona que ha sido rechazada (Jeremías 30:17); causa mucho quebranto y dolor (Jeremías 10:19). La liberación es la clave (Salmo 109:21–22).

Espíritus inmundos (espíritus fétidos)

A los espíritus inmundos les gustan las condiciones fétidas, insufribles, ofensivas, apestosas y destructivas donde habitar, y olores nocivos que oler. Los espíritus inmundos se sienten incómodos viviendo en cuerpos y casas limpios. Una persona con un espíritu inmundo en su interior puede ser llevado por su propio espíritu humano a limpiarse al tomar varias duchas o al lavarse constantemente las manos. A veces, los espíritus inmundos se marchan voluntariamente cuando una persona intenta limpiarse. Ellos se marcharán y dejarán el lugar vacío, barrido y guarnecido, pero regresarán con siete peores (Mateo 12:43–45).[3] Entre las criaturas inmundas que son tipos (simbólicos) de demonios están: el buitre, el cuervo, el búho, el cormorán, el murciélago, la comadreja, el ratón, la salamandra, el caracol, el cerdo, el halcón, el azor, la avestruz, los dragones (chacales), el sátiro (cabra, fauno, diablo) y las ranas (Levítico 11; Isaías 13:21; Apocalipsis 16:13; 18:2).

Espíritu perverso (Isaías 19:14)

Perverso significa estar distorsionado, falso, torcido, cometer iniquidad, pervertir. La perversión es desviarse de lo correcto. No tiene que ser sexo; podría ser cualquier cosa. Si usted conduce por la calle del lado izquierdo en lugar del derecho, estaría pervirtiendo las leyes de los Estados Unidos. El espíritu de perversión causa que una persona yerre, se salga del camino, se desvíe de lo correcto, se vuelva torcida, se dé la vuelta. La perversión en el carácter sexual incluye la homosexualidad, el lesbianismo, el sexo oral, el sexo anal, la masturbación, el incesto, la bestialidad y similares. En lo natural, lo que está torcido no puede enderezarse (Eclesiastés 1:15). Sin embargo, por el poder de Dios sí se puede (Lucas 3:5–6).

Otras referencias bíblicas incluyen camino perverso (Números 22:32), una generación perversa (Mateo 17:17), una mujer perversa (1 Samuel 20:30), labios perversos (Proverbios 4:24), un corazón perverso (Proverbios 12:8) y un evangelio pervertido (Gálatas 1:7).

Espíritus religiosos

Hay muchas manifestaciones diferentes de espíritus religiosos. Todo lo religioso no es necesariamente Dios. Las siguientes son maneras de detectar espíritus religiosos:

- Un vehículo para la adoración y la gracia se vuelve objeto y enfoque de nuestra atención y adoración, es decir, el bautismo, la cena del Señor, los dones espirituales, ciertas liturgias y formas de adoración, entre otras cosas.
- Escritos de la iglesia o explicaciones de la Escritura se vuelven tan importantes (y gradualmente más importantes) que la Escritura misma, mientras que quienes las han escrito, estudiado y comprendido son exaltados en turno.
- Perseguir niveles o experiencias sobrenaturales, y creer que tales siempre son Dios.
- Siempre operar en el plano del alma, confundiéndolo con el Espíritu y creyendo que cualquier cosa emocionalmente cargada de matices espirituales es Dios.
- Temer todo lo emocional e insistir que mantengamos nuestra religión en un plano mental seguro pero elevado.
- Transformar en ley e insistir sobre ciertos rituales, ritos, métodos, práctica y fórmulas de la iglesia como la única manera de preparar, alabar, confesar, etcétera.

- Construir muros doctrinales, alentar puestos y posiciones en el Cuerpo de Cristo, lo cual conduce a la separación, el orgullo y la exclusividad.

- El liderazgo se vuelve dominante y controlador, insistente en la fuerte sumisión (a menudo cuestionada), porque ellos son quienes deben escuchar del Señor.

Referencias a espíritus religiosos en la Escritura:

- Mateo 15:9, 13–14; 22–29, 23:4–32: vana adoración, guías ciegos de ciegos, tradición, error, ignorar la Escritura y el poder de Dios, cargas pesadas, hipocresía, amor a la posición, títulos religiosos, orgullo, obstrucción, obstruir a los demás, incredulidad, codicia, maldición, inmisericorde, infiel, injusto, ceguera, extorsión, exceso, muerte, impureza, iniquidad, farisaísmo, asesinato.

- Marcos 8:17: falta de percepción, falta de comprensión, dureza de corazón.

- Lucas 16:15: farisaísmo.

- Juan 10:12–13: lobo, mercenario.

- Hechos 20:29: lobos rapaces.

- Romanos 8:15: esclavitud.

- 2 Corintios 4:2; 11:4, 13: astucia deshonesta, tratar la Palabra de Dios con engaño, otro Jesús, otro espíritu, otro evangelio, falsos apóstoles, obreros engañadores, ángel de luz.

- Gálatas 2:4; 3:1; 4:9–10: falsos hermanos; hechicería; regresar a los débiles y pobres rudimentos; desear estar en esclavitud; observar los días, los meses, los tiempos y los años.

- Efesios 4:14: viento de doctrina, estratagema de hombres, astucia.

- Filipenses 3:2: perros, malos obreros, mutiladores.

- Colosenses 2:8, 16: filosofía, hueca sutiliza, tradición de hombres, juzgar comida o bebida, luna nueva, días de reposo, adorar a los ángeles, conforme a los rudimentos del mundo (no tocar, no probar, no tratar), mandamientos y doctrinas de hombres.

- 2 Tesalonicenses 2:7–12: misterio de la iniquidad, poder, pecados, maravillas mentirosas, engaño de iniquidad, poder engañoso, placer en la injusticia.

- 1 Timoteo 1:6; 4:1–5; 6:5: vana palabrería, espíritus engañadores, doctrinas de demonios, hipocresía de mentirosos, prohibir casarse, ordenar abstenerse de alimentos, disputas necias, piedad como fuente de ganancia.
- 2 Timoteo 2:16; 3:5, 13; 4:3–4: profanas y vanas palabrerías, apariencia de piedad (pero niegan su eficacia), constante aprendizaje, nunca llegan al conocimiento de la verdad, no sufren la sana doctrina, comezón de oír, se apartan de la verdad, se tornan a fábulas, engañadores.
- Tito 1:14, 3:9: fábulas judaicas, cuestiones necias, genealogías, contenciones, discusiones acerca de la ley, herejía.
- Hebreos 5:11; 13:9: tardos para oír, doctrinas diversas y extrañas.
- 2 Pedro 2:1–18: falsos maestros, herejías destructoras, camino peligroso, codicia, palabras fingidas, concupiscencia, desprecian el señorío, atrevido, contumaces, gozan de deleites, se recrean en errores, adulterio, seducen almas inconstantes, amor al dinero, palabras vanas e infladas, disolusiones.
- 1 Juan 2:22: mentiroso, anticristo.
- 2 Juan 1: transgredir, no permanecer en la doctrina de Cristo.
- 3 Juan 1: preeminencia del amor, palabras maliciosas, echar fuera a los hermanos.
- Apocalipsis 2, 3: doctrina de Balaam, Jezabel, falsa profeta, engaño, fornicación, doctrina de los nicolaítas, tibio.

Esquizofrenia (doble ánimo)

Esta es una perturbación y desintegración de la personalidad. También es conocida como doble ánimo, el cual provoca inestabilidad en el carácter y la vida de una persona (Santiago 1:8). Las personalidades demoníacas de rechazo (expresión o manifestación al interior) y la rebeldía (expresión o manifestación al exterior) han tomado el control causando una personalidad dividida. La esquizofrenia comienza con el rechazo, el cual en turno le abre la puerta a la rebelión. Este patrón normalmente comienza en la niñez y puede ser heredado.

Los espíritus que operan bajo rechazo incluyen lujuria, fantasía, perversidad, suicidio, culpabilidad, orgullo, vanidad, soledad, temores, buscar atención, inferioridad, retraimiento, sensibilidad, frustración, impaciencia, afección exagerada por los animales, autorrechazo, envidia, desánimo, desesperación, desaliento, desesperanza, no merecimiento y vergüenza.

Los espíritus que operan bajo la rebeldía incluyen acusación, egoísmo, orgullo, odio, resentimiento, violencia, desobediencia, desconfianza, sospecha, persecución, tenacidad, obstinación, amargura, ira, no ser enseñable, control, brujería, posesividad, falta de perdón, represalia, autoengaño y un afecto exagerado por los animales.[4]

A través de la liberación, el esquizofrénico puede volverse una persona estable con la personalidad formada a la imagen de Cristo.

Gadarenos (Marcos 5)

Gadarenos es una palabra griega derivada de una raíz hebrea (*gadara*), que significa afortunado, organizado, reunido, marchar, cercado, fortificado. *Gadara* significa cercado. Esto significa que el enemigo está bien cercado y organizado. Jesús echó fuera una Legión (un espíritu gobernador) del endemoniado gadareno. El espíritu de los gadarenos está también detrás de una oposición organizada contra el ministerio de liberación (Lucas 8:37), la cual viene como resultado del temor a la liberación.

Grupos de demonios

Los espíritus demoníacos trabajan en grupos y rara vez están solos. Hay un líder u "hombre fuerte" sobre cada grupo.

Herencia o heredad (Salmo 16:6)

La definición del diccionario de la palabra *herencia* es la adquisición de una posesión, condición o atributo de generaciones pasadas. La gente hereda las fortalezas y las debilidades de sus ancestros.

Una herencia santa protege a la persona del ataque demoníaco. Una herencia impía puede abrir la puerta para que espíritus demoníacos entran a través de la línea sanguínea. Un ejemplo de herencia santa se muestra cuando Leví pagó los diezmos en los lomos de Abraham, y fue colocado en su cuenta aunque él todavía no había nacido (Hebreos 7:9). Es importante que les transmitamos una herencia santa a nuestros hijos.

Hombre fuerte (Mateo 12:29)

El espíritu gobernante sobre un grupo de demonios en una persona, una familia, iglesia, ciudad o nación. Nosotros debemos atar al hombre fuerte (Mateo 12:29). El hombre fuerte puede ser cualquier espíritu (orgullo, ira, enfermedad, etcétera). El hombre fuerte considera el cuerpo de la persona como su casa. Normalmente el hombre fuerte enviará a los espíritus de rango menor para pelear antes de que pueda encontrársele y echarlo fuera.

Huesos (artritis y reumatismo; vea también amargura)

Los huesos sanos son esenciales para una buena salud. El temor del Señor es medicina para los huesos (Proverbios 3:7–8). El tuétano lubrica los huesos y evita que las coyunturas duelan (artritis). Los huesos sanos deben recibir suficiente humedad para evitar que se sequen y se quiebren, causándoles que se quiebren fácilmente (Job 21:24).

La Biblia dice: "El espíritu triste seca los huesos" (Proverbios 17:22). Esta condición del espíritu es el resultado del dolor y la pena (Proverbios 15:13), afecta el tuétano y abre la puerta a espíritus de artritis, cáncer en los huesos, y enfermedades sanguíneas graves como leucemia. Los espíritus malignos pueden irritar los huesos (Lucas 6:18; Salmo 6:2). La envidia y los celos pueden causar que los huesos se carcoman (Proverbios 14:30). Las maldiciones de brujería pueden afectar los huesos (Salmo 109:17–18).

Los espíritus de dolor que operan en los huesos pueden ser el resultado del orgullo (Job 33:17–19). La sequía del verano, los huesos secos, la falta de humedad en los huesos producen huesos malsanos. ¡La liberación de la falta de perdón, el dolor, la pena y la aflicción harán que los huesos se regocijen (Salmo 35:9–10)!

Cuando se ministra a personas con problemas en los huesos, asegúrese de hacer que renuncien al orgullo y la falta de perdón, y vaya contra los espíritus de aflicción, tristeza, corazón herido, corrupción, envidia, celos, amargura, raíz de amargura, falta de perdón, odio, artritis, reumatismo, dolor, orgullo, maldiciones, control mental vinculado con la memoria (un espíritu que constantemente le recuerda la herida a la persona) y enfermedades de la médula [tuétano], coyunturas y músculos.

Íncubo y Súcubo

Estos son espíritus malignos que se recuestan sobre el individuo durante el sueño, especialmente teniendo relaciones sexuales con una persona mientras duerme. Son espíritus que oprimen o cargan a una persona al igual que una pesadilla. Íncubo ataca a las mujeres, mientras que Súcubo ataca a los hombres. Estos espíritus operan a través de hechizos, pecado sexual, perversión y maldiciones de lujuria (prostitución). Son espíritus inmundos que provocan sueños lujuriosos y luego atormentan a la persona con culpabilidad y condenación.

Quemos (1 Reyes 11:7, 33): dios demonio de los moabitas, cuyo nombre significa subyugador, opresor, vencedor, un íncubo, oculto, fuego ansioso, fogón.

Moab y Amón nacieron del incesto entre Lot y sus hijas (Génesis 9:30–38). Rompa las maldiciones de Moab y Amón, la perversión, el incesto y la prostitución, y ordénele a Quemos y a otros espíritus relacionados que salgan fuera.

Infierno

Hay diferentes palabras traducidas como "infierno" en la Biblia:

- Hades (Lucas 16:23–26): el lugar temporal (prisión) para los desobedientes.
- Infierno de fuego (Mateo 5:22): el lugar de tormento final para los hombres y los espíritus malignos (Gehena, lago de fuego). Gehena era el valle de Hinom, donde el pueblo judío sacrificaba a ídolos y hacían que sus hijos pasaran por el fuego para Moloc. Este lugar más tarde se convirtió en un lugar de desecho de residuos (la palabra griega *Gehena*). Tofet y Gehena son imágenes del infierno (Jeremías 7:31–32; 19:6, 11–14).
- Tártaro (2 Pedro 2:4): una prisión temporal para los espíritus desobedientes guardados en cadenas de oscuridad hasta el juicio. Los demonios le temen a este lugar y tiemblan al mencionarse. Algunos espíritus obstinados incluso se marcharán al mencionarlo.
- Abismo (Lucas 8:31): el pozo del abismo (Apocalipsis 9:1; 11:7; 17:8; 20:1–3), un lugar temporal de langostas demoníacas que serán liberadas en el futuro. Satanás estará atado ahí antes de ser echado al lago de fuego.

Intercesión

Intercesión es tomada de la palabra hebrea *paga* que significa golpear, infringir con violencia, colisionar. Este es el aspecto de la intercesión que envuelve la guerra espiritual. El intercesor es violento en el espíritu contra los poderes de las tinieblas (Mateo 11:12).

Entre las referencias a la intercesión se encuentran:

- Violento (Mateo 11:12): de la palabra griega *biastes*, que significa fuerte, contundente, que utiliza la fuerza.
- Lucha (Colosenses 2:1): de la palabra griega *agon,* que significa competencia, contienda, pelea, un esfuerzo o ansiedad. La lucha espiritual en intercesión, pelear contra los poderes de las tinieblas (Efesios 6:12). La intercesión es levantar un estandarte contra el enemigo (vea *lenguas*).

- Bandera (Isaías 59:19): de la palabra hebrea *nuwc*, que significa desvanecer, perseguir, hacer huir. El intercesor se para en la brecha y establece un vallado (Ezequiel 22:30).

- Guardas (Isaías 62:6): de la palabra hebrea *shamar*, que significa estar erizado, guardar, proteger, ocuparse de. Las oraciones del intercesor sirven como un vallado contra los poderes de las tinieblas.

- Reparador de portillos (Isaías 58:12): de la palabra hebrea *gadar*, que significa encerrar o rodear, cerrar, vallado, hacer un muro. (Portillo es la palabra hebrea *perets*, que significa fisura o hueco). El intercesor es un reparador de portillos, cierra huecos y evita que el enemigo entre. Los demonios entran a través de portillos (Eclesiastés 10:8).

- Nehemías (Nehemías 1:3): Nehemías reparó los portillos de los muros de Jerusalén. Su nombre significa consuelo del Señor. El Espíritu Santo es nuestro consolador (la palabra griega *paraclete*, que significa sustituto, abogado, consolador, ayudador). El Espíritu Santo nos ayuda a orar (Romanos 8:26).

La intercesión del Espíritu Santo a través de nosotros repara los portillos, cierra los huecos, levanta una bandera y mantiene al enemigo fuera. La intercesión, atar y desatar, y las lenguas son poderosas armas para derrotar al enemigo. La intercesión para quienes reciben liberación, los ayuda a mantenerla. Quienes necesitan liberación pero no se someten a la oración, no pueden ser obligados. En tales casos, la intercesión es la clave.

Interrogación

Identificar los hechos a través de hacer preguntas. Una de las tácticas que utilizan los abogados para vencer a sus oponentes. La mayoría de los demonios de alto rango tienen un gran conocimiento y perspectiva del reino de Satanás. Cualquier demonio que proporcione información a través de revelar planes o estrategias puede ser utilizado para destruir el reino de Satanás y será degradado.

A través de la interrogación, se puede obligar a los espíritus de alto rango (a través del Espíritu Santo) a revelar información importante y a la vez provocar su derrota por medio de la degradación y la humillación (1 Corintios 1:27–28). Algunos espíritus no pueden marcharse hasta revelar cierta información, si se los ordena el Espíritu Santo. Esta información a menudo es valiosa para el obrero de liberación.

Se nos prohíbe recibir información de un espíritu familiar (Levítico 19:31). Sin embargo, no todos los espíritus son espíritus familiares. No debemos interrogar a los demonios por curiosidad o para obtener dirección en nuestra vida (vea *adivinación*). La interrogación es la obra del Espíritu Santo a través de nosotros.

Islam, espíritu del

Un demonio religioso expresamente anticristo, cuya salvación está basada en las obras.

De acuerdo con la doctrina islámica, Dios les dio a ciertos hombres el poder para comunicarse con Él a través de sus ángeles. Los mayores profetas fueron Adán, Noé, la casa de Abraham, Moisés, Jesús y Mahoma. Los musulmanes aceptan los milagros y el nacimiento virginal de Jesús, pero niegan su divinidad y su crucifixión. Ellos consideran a Mahoma como él último y el más autoritario de todos los profetas...

Como lo ejemplifica el Corán, el libro sagrado del islam, Alá es un dios rígido, sin alma, quien no muestra misericordia. Para él, el hombre es simplemente un esclavo, sin poder de decisión. Alá demanda completa sumisión de todas las criaturas. Él es el egoísmo llevado a su extremo lógico, un terrible tirano que solamente puede dar órdenes. La fe en un dios semejante conduce solamente a un deprimente fatalismo. Alá no es un dios que se reveló a sí mismo, sino un dios al que Mahoma le dio una posición única.[5]

Jezabel (1 Reyes 16:31)

El espíritu de Jezabel hace que las esposas abandonen la cobertura de su esposo. Es un nombre hebreo que significa no tocado, intocable, que no cohabita, sin esposo, adúltero, vulgar, promiscuo. El espíritu se caracteriza por el dominio, el control y la manipulación del esposo, en lugar de la sumisión a su autoridad. El espíritu de Jezabel también opera en la iglesia con espíritus de engaño, fornicación e idolatría (Apocalipsis 2:20). Trabaja con el espíritu de Acab en los hombres, pero detesta al espíritu de Elías (Malaquías 4:5–6). Es un espíritu muy religioso y le encanta operar en la iglesia. Se ha sabido que este espíritu opera tanto en hombres como en mujeres. Jezabel era muy religiosa y la devota sacerdotisa de Baal.

Atalía (2 Reyes 11:1): hija de Acab y Jezabel, quien se casó en la familia real de Judá. Ella tenía el mismo espíritu que su madre al usurpar la autoridad en el reino de Judá; un ejemplo de cómo se transfiere este espíritu de madres jezabélicas a sus hijas. Estos espíritus también operan a través de maldiciones de destrucción del sacerdocio de la familia, destrucción de la familia y de Acab y Jezabel (vea *maldiciones*).

Jueces (Job 29:11-17)

En los tiempos bíblicos, los jueces también eran llamados libertadores. Eran responsables de ejecutar juicio sobre los malvados. Nosotros podemos frenar la mandíbula de los malvados y arrancar el botín de sus dientes. El botín son quienes están siendo cautivos por los espíritus malignos.

Isaías 1:26 promete una doble restauración de liberación y consejo. Ambos se necesitan en estos postreros días. Recuerde, un juez es un libertador. El libro de Jueces registra los relatos de los libertadores de Israel.

Quienes están irritados y oprimidos necesitan jueces que los liberen de la mano del enemigo. El Señor será ese juez (Jueces 2:16, 18). Cuando muere el juez, el pueblo regresa a la esclavitud (Jueces 2:19). Nunca podemos permitir que muera el ministerio de liberación. Podemos orar que el Señor restaure jueces si hay una falta de un genuino ministerio de liberación.

Los jueces son responsables de ejecutar juicio y liberar a la gente de la mano del malvado (Jeremías 21:12). De acuerdo con Salmo 82:4, se les ordena a los jueces: "Librad al afligido y al necesitado; libradlo de mano de los impíos".

Cuando no hay jueces, el pueblo del Señor termina atrapado en los hoyos y escondido en prisión. Ellos se vuelven presa para las fuerzas de las tinieblas. El Señor pregunta quién escuchará esta palabra que explique el triste apuro del pueblo de Dios cuando no hay liberación (Isaías 42:22-23). Lamentablemente, muchos ignoran esta palabra y no hacen nada. El enemigo puede derribar (fragmentar) el alma de muchas personas donde "no haya quien me libre" (Salmo 7:1-2). El enemigo confabula con perseguir y tomar el alma de los santos cuando no haya nadie quien los libre (Salmo 71:10-11). Él depreda a los débiles. La liberación es muy importante para destruir y cancelar los planes del maligno.

Lazos del alma

Un lazo entre dos personas. Las almas (mente, voluntad y emociones) de dos personas entretejidas o unidas. Un lazo, una unión de almas para bien o para mal. Hay lazos del alma santos e impíos.

Legión (Marcos 5)

Una legión es un regimiento romano (3000 a 6000) que significa "muchos". Las personas que tienen una legión no necesariamente tienen que estar en la condición del endemoniado gadareno. Una persona puede tener muchos espíritus demoníacos y lucir bastante normal. Estos espíritus detestan dejar una zona específica o incluso un país, por el tiempo que pasan instalándose, organizándose y llevando a cabo sus planes malignos (vea *gadarenos*).

Lenguas

Esta es una manifestación de estar lleno del Espíritu Santo y también es un arma poderosa en la guerra espiritual. Las lenguas les proporcionan descanso y frescura a los obreros a medida que se involucran en la guerra espiritual (Israel 20:11–12). Esto es importante debido al agotamiento espiritual del ministerio de liberación. Jesús echó fuera demonios por el Espíritu Santo. A través del Espíritu Santo y las lenguas, nosotros también podemos echar fuera espíritus demoníacos. Orar en lenguas también nos mantiene edificados para poder fortalecernos en el Señor y el poder de su fuerza (1 Corintios 14:4; Judas 1:20; Efesios 6:10–12).

También hay un espíritu demoníaco llamado falsas lenguas que falsifica la genuina manifestación del Espíritu Santo.

Lugares secos (Mateo 12:43)

Lugares secos se refiere a tierras salvajes, lugares de desecho y el desierto. Los demonios detestan y temen los lugares secos, porque no hay gente que poseer. Los demonios detestan la lectura de Job 30:3–7, que habla de que el maligno es llevado al desierto (vea *espíritus impuros*).

Maldiciones (Proverbios 3:33; vea también destrucción)

El diccionario de Webster define *maldición* como un espíritu o un infortunio que viene como respuesta a la imprecación o como retribución. Además es el juicio y la ira de Dios contra el pecado y aquellos que lo aborrecen (Éxodo 20:5). Las maldiciones les dan a los demonios el derecho legal de entrar en la línea sanguínea y llevar a cabo sus planes malvados.

Maldito (objetos y símbolos)

Ciertos objetos y símbolos que están relacionados con el mal o con los espíritus malignos. Cuando poseemos objetos malditos, nosotros podemos recibir una maldición (Josué 6:18). Los símbolos ocultistas tales como el pentagrama (la estrella de cinco picos), el anj (la cruz con un círculo en la parte superior), el cuerno italiano (el cuerno serpenteante), las estatuas de Buda (espíritu de muerte), los dragones (Leviatán) no deben tomarse a la ligera. Detrás de todo ídolo se encuentra un demonio. Los espíritus detrás de la astrología y los signos del horóscopo pueden actuar como guías espirituales. Si no se lidia con estos demonios a través de la guerra espiritual, ellos pueden operar a través de maldiciones habladas y tener un derecho legal para operar tan pronto como nazca un niño. Una persona puede tender hacia las guías espirituales y dar excusas por su manera de actuar. Luego hay ciertos juegos, tales como *Dungeons & Dragons* [Calabozos y dragones] y la tabla de la Ouija que están cercanamente asociados con el ocultismo. Estos artículos y símbolos deben ser destruidos en el nombre de Jesús. Todos los creyentes pueden apoyarse en Gálatas 3:13.

Manifestaciones

Algo que se percibe fácilmente por el tacto y la vista. Los demonios son invisibles, pero cuando se manifiestan, sus características son visibles a través de la gente. Las manifestaciones demoníacas difieren debido a que las personalidades de los demonios varían. Algunos demonios son pasivos y se van sin una manifestación visible, mientras que otros son violentos y se manifiestan en un alboroto. Algunos demonios son muy obstinados y se resisten a la expulsión. Algunos son parlanchines y jactanciosos, mientras que otros son callados y reservados. A la mayoría no le gusta manifestarse, porque eso normalmente resulta en su exposición y expulsión. Los espíritus de hechicería se manifiestan en las manos (Miqueas 5:12). Los espíritus de lujuria pueden manifestarse a través de los ojos (lágrimas). La locura y la demencia pueden manifestarse con una risa demente. La ira y el odio se manifiestan con rabia. Los demonios tienden a actuar conforme a su personalidad. Otras manifestaciones incluyen movimientos serpentinos, silbidos, grandes voces (Hechos 8:7), personas que se caen o son tiradas al suelo (Marcos 9:20), olores fétidos y más.

Muñecos

La palabra *muñeco* se deriva de la palabra griega *eidolon*, que significa ídolo. Los muñecos antiguos eran pensados para que poseyeran poderes místicos. Servían para propósitos religiosos y a menudo eran enterrados con los muertos para proporcionarles compañía. Los espíritus malignos pueden operar a través de muñecos que provocan pesadillas, temor e insomnio en los niños. Incluso osos de peluche aparentemente inofensivos son sospechosos.

Los niños a menudo son atraídos a lazos impíos del alma con muñecos y otros animales de felpa (por ejemplo, al seguir la disciplina, algunos niños pueden golpear violentamente a sus muñecos o en momentos de juego simularán con sus muñecos los golpes que ellos mismos han recibido, o pueden abrazar y acurrucarse con un muñeco o un oso de peluche, produciendo así lazos del alma mediante el falso consuelo que les es convenientemente proporcionado por el diablo).

El diablo hablará a la mente del niño tal como habla a la mente de un adulto. Recuerde que él no sabe jugar limpio. De ahí la importancia de que capacitemos a nuestros hijos en la Palabra a temprana edad: 1) ellos podrán resistir los ataques del diablo, y 2) guardarán su mente con la Palabra al entender la verdadera disciplina.

Ocultismo

Oculto significa algo no revelado, secreto o misterioso. El ocultismo les da terrenos legales a los demonios para operar. Se puede renunciar a la participación ocultista pasada o presente para recibir liberación (Hechos 19:18; vea también *terrenos legales* y *renuncia*).

Dentro de la participación ocultista se encuentra:

- La predicción de la suerte, lectura de la mano, mirar la bola de cristal, lectura de cartas, lectura de las hojas de té, análisis de la escritura, juegos de ocultismo (es decir, la ouija, *Dungeons & Dragons*, entre otros), percepción extrasensorial, telepatía, cábala.
- Horóscopos, clarividencia, vudú, péndulos, astrología (o cualquier cosa que prediga su futuro o consulte su vida), lectores y asesores.
- Prácticas mágicas y espiritismo, médiums y sesiones espiritistas, mesas giratorias, levitación, nigromancia, comunicarse con los muertos o con guías espirituales, escritura automática, adivinación, radiestesia o rabdomancia con palos bifurcados u otros objetos para agua, aceite, minerales, etcétera.
- Poderes psíquicos, hipnosis, autohipnosis, auras, metafísica, trances, visiones, sueños, supersticiones.
- Hechicería, magia negra, amuletos, artículos de la buena suerte, hechizos, fetiches, amuletos, talismanes, anj, magia, horóscopos, encantos, pociones, brujería, maldiciones.
- Materialización o aporte, espíritus, apariciones, duendes, sanidad a través de verrugas o quemado de amuletos; espiritualismo, psíquicos, sanidad espiritual o metafísica; diagnóstico con varillas o péndulos; acupuntura.[6]

Ojos (Lucas 11:34)

La condición espiritual de una persona puede verse a través de los ojos. La mayoría de demonios intentan evitar el contacto visual con los obreros de liberación. La luz espiritual reflejada en los ojos del creyente los debilita (1 Juan 1:5). La mayoría de los demonios se manifiesta con los ojos cerrados de una persona. Ordenarles a los demonios que lo miren a los ojos los debilitará.

Los ojos vidriosos son señal de estar endemoniado (pasividad o control mental). Los espíritus de lujuria, tristeza, dolor, pena y rechazo a menudo saldrán por los ojos en forma de lágrimas. El espíritu de adulterio también puede encontrarse en los ojos (2 Pedro 2:14).

Los espíritus de ojos dispersos y de la lujuria de los ojos trabajarán junto con el espíritu de fantasía. El espíritu de muerte se manifiesta en el globo ocular de la persona cuando se quedan en blanco. El tercer ojo, el ojo maligno y el ojo de Ra operan con la brujería y la adivinación.

Orgullo

La autoestima exagerada, la opinión exaltada de sí mismo, la altivez, la arrogancia. El orgullo se manifiesta como el espíritu de Leviatán (Job 41), el rey sobre los hijos de la soberbia (v. 34). Leviatán es un espíritu gobernador de orgullo que provoca que la gente sea obstinada y terca (v. 22). Él también es responsable de la dureza de corazón (v. 24). Leviatán es conocido como la serpiente tortuosa, la serpiente veloz y el dragón (Isaías 27:1). Este espíritu detesta Salmo 74:14.

Otras manifestaciones del orgullo incluyen la maldición y la mentira (Salmo 59:12); la contienda (Proverbios 13:10; 28:25); ebriedad (Isaías 28:3); ira (Proverbios 21:24); pleito; desobediencia, rebelión y obstinación (Nehemías 9:16, 29); discusión y pugna (1 Timoteo 6:4; 2 Timoteo 3:2); no buscar al Señor (Salmo 10:4).

Otro Jesús (2 Corintios 11:4)

Un espíritu demoníaco que imita a Jesús; un falso Jesús. Generalmente se encuentra en sectas que no predican al Jesús de la Biblia y transgreden la doctrina de Cristo al negar su divinidad, Mesianismo, y/o que no conoció pecado, además niegan su nacimiento virginal o su humanidad (es decir, la iglesia católica romana, los testigos de Jehová, la Unidad, los musulmanes negros, los mormones y religiones similares). Hay demonios que pueden identificarse con el nombre de Jesús. Si esto ocurre, usted sabe que está lidiando con otro Jesús. Solamente hay un Señor Jesucristo (Efesios 4:5). Nos ha pasado en ocasiones que al estar ministrando liberación, al ordenarles a los demonios que salgan fuera en el nombre de Jesús, ellos responden preguntando: "¿Cuál Jesús?".

Cuando esto suceda, usted debe ordenarles que salgan en el nombre del "Señor Jesucristo", porque aunque hay falsos Jesús y falsos Cristos, solamente hay un solo *Señor Jesucristo*.

Pan de los hijos, el (Mateo 15:21–28)

Jesús se refiere a la liberación como el "pan de los hijos". La liberación no es para los no salvos, sino para los hijos de Dios. Dios les dará a los no salvos su misericordia, pero como hijos de Dios es parte de nuestro pacto (Colosenses 1:12). Esto debería eliminar la confusión de algunos acerca de si los cristianos pueden tener demonios.

Pasividad

El diccionario de Webster define *pasividad* como falta de energía y voluntad, letargo; intentar no tomar parte activa ni dominante; no activo ni operante; inerte. La pasividad es peligrosa, porque abre la puerta para que los demonios entren y operen. Nosotros debemos resistir al diablo (Santiago 4:7). Los espíritus religiosos operan a través de la pasividad, provocando que los santos reciban cualquier espíritu, pensando que es el Espíritu Santo, porque suena y se siente religioso. Nosotros debemos probar los espíritus y examinarlo todo (2 Juan 4:1; 1 Tesalonicenses 5:21).

- Pasividad del cuerpo: abandonar el cuerpo a cualquier espíritu; permitir que la holgazanería, la pereza y el cansancio controlen el cuerpo; no tomar autoridad sobre el cuerpo.
- Pasividad de las emociones: permitir que vengan y vayan estados de ánimo sin resistencia; no tomar autoridad del alma; permitir que la depresión, la tristeza, la autocompasión, etcétera., dominen las emociones sin resistencia.
- Pasividad de la mente: no tomar control de los pensamientos (2 Corintios 10:5), soñar despierto, fantasear, falta de concentración, utilizar drogas y alcohol; permitir que cualquier cosa entre en la mente.
- Pasividad de la voluntad: no tomar decisiones activas; no actuar sobre las decisiones tomadas; permitir que otros tomen todas las decisiones; indecisión; no ejercitar la voluntad.

Portero

Existen espíritus demoníacos que son porteros (o guardas) y hacen posible que otros espíritus entren o dejen a la persona. Estos porteros necesitan ser echados fuera con el fin de evitar que los espíritus entren o vuelvan a entrar a la persona.

En el Antiguo Testamento, la puerta era el lugar de autoridad. Poseer la puerta de su enemigo significa ejercer dominio sobre él. Quien controlaba las puertas de la ciudad tenía dominio sobre la ciudad (Génesis 22:17; Jueces 5:8; Deuteronomio 28:52, 55).

A veces, cuando los espíritus son echados fuera de una persona, el portero (si no es expuesto) permanecerá detrás con el propósito de abrirles la puerta para que vuelvan a entrar. Es necesario atar y destruir a los porteros para evitar que Satanás vuelva a construir su reino en una persona.

Prostitución

Los espíritus de lujuria y fornicación están relacionados con la idolatría (adulterio espiritual). El espíritu de prostitución trabaja con Jezabel (2 Reyes 9:22) y provoca que la gente yerre (Oseas 5:4). Este espíritu también trabaja con la hechicería (Nahúm 3:4). Este es el espíritu que Israel trajo de Egipto, provocándoles cometer idolatría y fornicación (Ezequiel 23:3–8). El espíritu de prostitución quita el corazón, lo cual resulta en la incapacidad de amar al Señor (Oseas 4:11, JBS). El espíritu de prostitución opera a través de la maldición de prostitución y les abre la puerta a los espíritus de lujuria, prostitución, adulterio y fornicación.

Psíquico (oración psíquica)

Los espíritus psíquicos pueden ser heredados, dándole a la gente manifestaciones de percepción extrasensorial, telepatía, premoniciones y otros fenómenos psíquicos. Estas manifestaciones son demoníacas y con obras falsas del Espíritu Santo. Las personas con ancestros que estuvieron involucrados en el ocultismo son más susceptibles a estos espíritus.

Las oraciones psíquicas son oraciones del alma realizadas por una persona para presionar al espíritu y a la mente de otra persona a que se acerquen a que cambian a su manera de pensar. La gente que confiesa y declara a ciertas personas como sus cónyuges y ora por ellos, puede operar sin saberlo en el plano de la oración psíquica. Esto puede afectar a la persona por la que se ora, causándole tomar decisiones o actuar en una manera que no es la voluntad de Dios. Es de igual manera una forma de hechicería, porque Dios nunca planeó que fuéramos títeres ni robots controlados por los demás. Las oraciones siempre deben estar dirigidas al Padre, en el nombre de Jesús, y dirigidas por el Espíritu Santo.[7]

Rebelión (1 Samuel 15:23)

Rebelión significa oponerse o desobedecer a una autoridad o control. La rebelión es la puerta de entrada a la sien. La autoridad está para nuestra protección. Cuando una persona se rebela contra la autoridad legítima, renuncia a la protección que Dios le ha dado y está abierta al ataque demoníaco. La obstinación, la terquedad, el orgullo, no ser enseñable y la tenacidad son manifestaciones de la rebelión. Dios detesta la rebelión y la clasifica como hechicería. La gente rebelde normalmente tiene fuertes espíritus de hechicería.

- Absalón (2 Samuel 15): representa el orgullo, la vanidad, la amargura y la rebelión. Absalón se amargó contra David. Una de las palabras hebreas para rebelión significa amargo. Existe una relación entre amargura y rebelión.
- Coré (Números 16): representa la rebelión y la contradicción (hablar contra la autoridad). Coré dirigió una rebelión contra Moisés. La Biblia se refiere a la rebelión de Coré (Judas 1:11).
- Mensajero cruel (Proverbios 17:11): un ángel malvado enviado contra una persona rebelde. Un espíritu irritaba a Saúl por causa de su rebelión.

Las personas rebeldes están endemoniadas y necesitan renunciar a la rebeldía, someterse a la autoridad y recibir liberación.

Renuncia (2 Corintios 4:2)

Renunciar significa darse por vencido, rehusarse o dimitir, normalmente con una declaración formal; negarse a seguir, obedecer o reconocer más, repudiar. Se necesita renunciar a sectas, ocultismo y ciertas relaciones, hábitos, pecados y actitudes antes de la liberación. Esto remueve las bases legales que los demonios tienen para permanecer (vea *bases legales*). Se necesita renunciar y quebrantar los lazos impíos del alma, y echar fuera los demonios (vea *lazos del alma*).

Reprender (Marcos 17:18)

Reprender significa burlarse de, ridiculizar, dar una reprimenda, voltear o sobajar; reprobando a los espíritus malignos por lo que dicen y hacen. Los espíritus demoníacos pueden ser reprendidos cuando se manifiestan violentamente con maldición, blasfemia y mentira.

Reyes (Salmos 149:8)

Existen espíritus de alto rango llamados reyes. Un rey es quien detenta una posición preeminente. Leviatán es el rey del orgullo (Job

41:34). Nosotros tenemos el honor de atar reyes con cadenas (Salmo 149:8). El Señor quebrantará a los reyes en el día de su ira (Salmo 110:5). Josué destruyó a treinta y un reyes (Josué 12:1–34). Cada ciudad que Josué destruyó tenía un rey sobre ella. Satanás ha asignado a un rey para cada ciudad, y esos reyes necesitan ser atados. También hay espíritus de mayor rango conocidos como reyes principales.

Rey de los espantos (Job 18:14): los demonios le temen a este rey y se aterran al mencionar este versículo. *Espanto* significa un estado de intenso temor o un aspecto aterrador. Los espantos deben hacer temer a los malignos por todos lados y hacerlos huir (Job 18:11). Este versículo en particular es eficaz para causar que los demonios obstinados se manifiesten. Desate el terror del Señor sobre los demonios en guerra espiritual (Génesis 35:5).

Temor

Una emoción desagradable y a menudo fuerte provocada por una expectación o consciencia de peligro; terror, temor o alarma en la presencia de otros. El temor es una de las mayores armas de Satanás contra un creyente. Es el polo opuesto a la fe. Algunas referencias bíblicas que incluyen temor son:

- Apolión: el espíritu gobernante de temor (Apocalipsis 9:11). Los espíritus escorpión de temor que causan tormento (Apocalipsis 9:1–11; 1 Juan 4:18). El perfecto amor echa fuera el temor. Las personas criadas en una atmósfera carente de amor (es decir, rechazo, contienda, violencia, etcétera) usualmente tienen espíritus de temor.
- Emitas (Deuteronomio 2:10–11): los gigantes significan lo terrible, formidable, terrores, objetos de terror.

Temor de la muerte (Salmo 55:4)

- Heteos: una de las tribus que habitaban la tierra de Canaán, quienes fueron expulsados por los israelitas. Heteo significa quebrar en pedazos, desgarrar, consternación, terror, pavor.
- Refaítas (Génesis 15:20): los gigantes que significan tristeza, terrores, temores, los temerosos, los fuertes.
- Espíritu de esclavitud (Romanos 8:15): causa temor (reincidencia, pérdida de la salvación, etcétera).
- Temor repentino (Proverbios 3:25)

Tentáculos

Son extremidades finas, flexibles en algunos vertebrados, utilizadas para sentir o agarrar. Los tentáculos se encuentran en criaturas tales como el pulpo y el calamar. Los espíritus de control mental se parecen a estas criaturas en el plano espiritual y también tienen tentáculos para sentir y agarrar. En la guerra espiritual, estos tentáculos necesitan ser cortados de la mente de quienes son afectados por el control mental. Esto rompe el poder del control mental y acelera la liberación (Salmo 58:7; 107:1; 129:4). El espíritu de pulpo (control mental) tiene ocho tentáculos, mientras que algunos espíritus de control mental tienen diez tentáculos, semejantes al calamar (vea *control mental*).

Transferencia

Esto significa transportarse de una persona, lugar o situación a otra; causar pasar de uno al otro. Los espíritus pueden ser transferidos de una persona a otra a través de la línea sanguínea (herencia), por asociación (lazos del alma), a través de la imposición de manos e incluso sin contacto físico (es decir, las oraciones psíquicas, la brujería y las maldiciones). Eliseo recibió una doble porción de la unción del Espíritu de Elías (2 Reyes 2:15), y Moisés le transfirió a Josué el espíritu de sabiduría a través de la imposición de manos (Deuteronomio 34:9). Los falsos maestros pueden transmitirles otro espíritu a los creyentes a través de sus enseñanzas (2 Corintios 11:4). Absalón le transfirió su espíritu rebelde a Israel a través de robarles el corazón (2 Samuel 15).

Cuando se ministra liberación, a menudo es necesario atar cualquier transferencia de espíritus entre obreros y aquellos por los que se está orando. Los demonios de una persona pueden darle fuerza a los espíritus de la otra a través de la transferencia. A veces, los demonios pueden transferirse sin que dos personas se toquen. En ese caso, pídale al Señor que envíe a sus ángeles para bloquear cualquier transferencia.

Ubicación demoníaca

Los demonios pueden ubicarse en la mente, la voluntad, las emociones, la conciencia o la memoria. Ellos pueden esconderse en el corazón, en diferentes partes del cuerpo, en la sangre, los huesos, los músculos, los ojos, los oídos y el habla (la lengua), la sexualidad, el apetito y los sistemas del cuerpo (nervioso, respiratorio, endocrino, circulatorio, digestivo, etcétera). Es importante ser guiado por el Espíritu Santo para sacar a estos espíritus de esas áreas de la persona. Necesitamos ser tan precisos como sea posible al cubrir cada área, sin dejar ninguna piedra sin voltear. Los espíritus de enfermedad pueden operar en cualquier parte u órgano del cuerpo donde ha habido enfermedad o dolencia.

Vagabundo (errante)

De la palabra hebrea *nuwd* que significa errar arriba y abajo, un fugitivo. La primera persona en identificarse como errante en la Biblia fue Caín (Génesis 4:12). Él se volvió vagabundo como resultado de haber asesinado a su hermano.

Vómito

Webster define el vómito como impureza, suciedad, escupir, expulsar violentamente o abundantemente. Esto puede significar regresar a los viejos pecados y a la influencia demoníaca (2 Pedro 2:22). A veces en la liberación, la persona expulsará violentamente (vomitará) la impureza cuando los demonios sean echados fuera. La tierra de Canaán vomitó a sus habitantes (tipos de espíritus malignos) (Levítico 18:28; 20:22).

Zarcillos (orejas perforadas, joyería)

La mayoría de referencias a zarcillos en la Biblia se asocian con la prostitución y la idolatría. Jacob le ordenó al pueblo que abandonara los dioses extraños en sus manos, y todos los zarcillos de sus orejas (Génesis 35:4). Aarón ayudó al pueblo a desprenderse de los zarcillos de oro para hacer el becerro de oro (Éxodo 32:2–4). Gedeón tomó los zarcillos de oro de los madianitas y moldeó el efod. Israel se prostituyó después en pos de eso (Jueces 8:24–27). La joyería fue una manifestación de orgullo en las hijas de Sion (Isaías 3:16–26). Dios permitió que se portaran zarcillos en Ezequiel 16:12, mientras no se conectara con la idolatría. Lamentablemente, en Oseas 2:13, Israel tomó las joyas que le habían dado y fue a prostituirse detrás de Balaam.

En Éxodo 21:5, hay una conexión entre perforarse el oído y la esclavitud. Ciertos zarcillos pueden tener espíritus de lujuria apegados. El problema no es necesariamente los zarcillos, sino la perforación en la oreja.

Si hay una conexión encontrada al orar por personas con la oreja(s) perforada, quebrante toda maldición de lujuria, idolatría, orgullo, esclavitud y cautiverio. Además, en algunas circunstancias, mientras se ministra liberación, se ha encontrado relación entre problemas femeninos (calambres, dolor y cosas similares) con las orejas perforadas.

NOTAS

Capítulo 1—La liberación es una expresión de la misericordia y de la compasión de Dios

1. Blue Letter Bible, s.v. "checed", www.blueletterbible.org (consultado el 22 de abril de 2014).
2. Blue Letter Bible, s.v. "racham", www.blueletterbible.org (consultado el 22 de abril de 2014).
3. Merriam-Webster Online, s.v. "endure", www.merriam-webster.com (consultado el 22 de abril de 2014).
4. Merriam-Webster Online, s.v. "forever", www.merriam-webster.com (consultado el 22 de abril de 2014).

Capítulo 2—El pan de los hijos

1. Merriam-Webster Online s.v. "sustenance", www.merriam-webster.com (consultado el 23 de abril de 2014).
2. Merriam-Webster Online, s.v. "staple", www.merriam-webster.com (consultado el 23 de abril de 2014).
3. Merriam-Webster Online, s.v. "principal", www.merriam-webster.com (consultado el 23 de abril de 2014).
4. R. K. Harrison, *The Psalms for Today* [Salmos para la actualidad] (Zondervan, 1961).

Capítulo 3—¿Necesita liberación?

1. Frank e Ida Hammond, *Cerdos en la sala* (Impact Christian Books, 1973).
2. Wikipedia.org, "G. I. Joe", http://en.wikipedia.org.

Capítulo 4—¡Sacúdase y libérese!

1. Hammond, *Cerdos en la sala*.
2. *Merriam-Webster's Collegiate Dictionary*, 11ª edición (Merriam-Webster Incorporated, 2003), s.v. "bind".
3. Merriam-Webster Online, s.v. "trauma", www.merriam-webster.com (consultado el 24 de abril de 2014).
4. Win Worley, *Battling the Hosts of Hell* [Luchar con los ejércitos del infierno] (N.p.: H. B. C. Publications, 1976).

Capítulo 5—Sane a los que necesitan ser curados

1. *Merriam-Webster's Collegiate Dictionary*, 11ª edición (Merriam-Webster Incorporated, 2003), s.v. "virtue".

Capítulo 6—¡Échelo fuera!

1. Blueletterbible.org, s.v. "*elegchō*", www.blueletterbible.org (consultado el 26 de abril de 2014).
2. Win Worley, *Annihilating the Hosts of Hell* [Aniquilar los ejércitos del infierno] (N.p. H. B. C. Publications, 1981).

Capítulo 10—Las armas de nuestra milicia, parte 2
(Alabanza, adoración y lo profético)
1. David Blomgren, Douglas Christoffel y Dean Smith, eds., *Restoring Praise and Worship in Church* (Revival Press, 1999).
2. George H. Warnock, *Coronado con aceite* (G. H. Warnock, 1989). Revisado en www.georgewarnock.com (consultado el 28 de abril de 2014).

Capítulo 12—Doble ánimo: el plan maestro de
Dios para destruir a la humanidad
1. Chuck D. Pierce y Robert Heidler, *A Time to Prosper* (Regal, 2013).
2. Hammond, *Cerdos en la sala.*
3. Win Worley, *Rooting Out Rejection and Hidden Bitterness* [Desarraigar el rechazo y la amargura escondida] (WRW Publications LTD, 1991).
4. Freedictionary.com, s.v. "megalomania", www.thefreedictionary.com (consultado el 29 de abril de 2014).
5. Derek Prince, *The Seeking of Control* [La búsqueda de control] www.scribd.com (consultado el 29 de abril de 2014).
6. Hissheep.org, "A Controlling Spirit–Poison in the Pot" [Un espíritu controlador: veneno en la olla].
7. Freedictionary.com, s.v. "possessive", www.thefreedictionary.com (consultado el 29 de abril de 2014).
8. Bruce E. Levine, "How Teenage Rebellion Has Become a Mental Illness" [Cómo la rebeldía adolescente se ha vuelto una enfermedad mental], AlterNet, www.alternet.org (consultado el 29 de abril de 2014).

Capítulo 13—Leviatán, rey del orgullo
1. Charles Fillmore, *Metaphysical Bible Dictionary* [Diccionario bíblico metafísico] (Start Publishing, LLC, 2012).

Capítulo 14—Behemot
1. *Merriam-Webster's Collegiate Dictionary* 11ª edición (Merriam-Webster Incorporated, 2003), s.v. "behemoth".
2. History.com, "Martin Luther Excommunicated" [Martín Lutero excomulgado], www.history.com (consultado el 30 de abril de 2014).

Capítulo 15—Belial, el gobernador maligno
1. *Merriam-Webster's Collegiate Dictionary*, 11ª edición (Merriam-Webster Incorporated, 2003), s.v. "wicked".
2. Merriam-Webster's Collegiate Dictionary, 11ª edición (Merriam-Webster Incorporated, 2003), s.v. "worthless".
3. Merriam-Webster's Collegiate Dictionary, 11ª edición (Merriam-Webster Incorporated, 2003), s.v. "despicable".
4. Merriam-Webster's Collegiate Dictionary, 11ª edición (Merriam-Webster Incorporated, 2003), s.v. "apostasy".
5. Harrison, *Salmos para la actualidad.*
6. *The New Testament: A Translation in the Language of the People* (Kregel Publications, 1959) citado en Curtis Vaughn, ed., *The Word: The Bible From 26 Translations* (Mathis Publishers, 1991).

7. *The Emphasized Bible: A Translation by J. B. Rotherham* (Kregel Publications 1959) citado en Curtis Vaughn ed., *The Word: the Bible From 26 Translations* (Mathis Publishers, 1991).

CAPÍTULO 16—DEMONIOS MARINOS Y OTROS ESPÍRITUS ANIMALES

1. R. Rusell Bixler, *Earth, Fire, and Sea* [Tierra, fuego y mar] (Baldwin Manor, 1986).
2. Gerhard Kittel, *Diccionario Teológico del Nuevo Testamento* (William B. Crusade, 1979).
3. George Johnson y Don Tanner, The Bible and the Bermuda Triangle (Good News Crusade, 1979).
4. Esto fue inspirado por el artículo de Thom C. Minnick, "The Lion and the Hyena" [El león y la hiena], www.takeheartministries.org (consultado el 30 de abril de 2014).
5. *Ibíd.*

CONCLUSIÓN—LA LIBERACIÓN Y LA GUERRA ESPIRITUAL
HACEN AVANZAR EL REINO DE DIOS

1. Camille Paglia, citado de un chat de America Online, 1995, "Western Culture" [Cultura occidental], Jahsonic.com, www.jahsonic.com (consultado el 16 de mayo de 2014).
2. Theological Dictionary of the New Testament [Diccionario Teológico del Nuevo Testamento], s.v. "Porneia, núm. Strong 4202", SearchGods Word.com, www.biblestudytools.com (consultado el 16 de mayo de 2013).
3. Doyle Lynch, "Being a Light in the Midst of a Crooked and Perverse Generation" [Ser luz en medio de una generación torcida y perversa], DigtheBible.org, www.digbible.org (consultado el 16 de mayo de 2014).

APÉNDICE A—ESTRATEGIAS DEL MINISTERIO Y LA GUERRA
ESPIRITUAL PARA SITUACIONES ESPECÍFICAS

1. Derek Prince Ministries, "Seven Indications of a Curse" [Siete indicios de una maldición], www.dpmuk.org (consultado el 30 de abril de 2014).

GLOSARIO—TÉRMINOS DE LIBERACIÓN Y GUERRA ESPIRITUAL

1. Hammond, *Cerdos en la sala.*
2. Irene Arrington Park, *The Homosexual and the Perverse Spirit* [El homosexual y el espíritu perverso] (folleto). Para más información visite: www.cdmin.com.
3. Mary Garrison, *Binding, Loosing and Knowledge* [Atar, desatar y el conocimiento] (Mary Garrison, 1982).
4. Win Worley, *Proper Names of Demons* [Los nombres propios de los demonios] (WRW Publication, n.d.).
5. Marius Baar, *The Unholy War* [La guerra impía], trad. al inglés Victor Carpenter (Thomas Nelson Publishers, 1980).
6. Worley, *Battling the Hosts of Hell.*
7. Worley, *Annihilating the Hosts of Hell.*

CASA
CREACIÓN

Te invitamos a que visites nuestra página
web donde podrás apreciar la pasión por
la publicación de libros y Biblias:

www.casacreacion.com

f @CASACREACION

@CASACREACION

@CASACREACION

Para vivir la Palabra